회생무사 11

초판 1쇄 발행 2025년 2월 21일

지은이 ı 성상현
발행인 ı 최원영
편집장 ı 이호준
편집디자인 ı 박민솔
영업 ı 김민원 조은걸

펴낸곳 ı ㈜ 디앤씨미디어
등록 ı 2002년 4월 25일 제20-260호
주소 ı 서울시 구로구 디지털로32길 30 코오롱디지털타워빌란트 1301-1308호
전화 ı 02-333-2513(대표)
팩시밀리 ı 02-333-2514
E-mail ı papy_dnc@dncmedia.co.kr
블로그 ı blog.naver.com/gnpdl7

ISBN 979-11-364-5983-1 04810
ISBN 979-11-364-5380-8 (SET)

※ 저자와 협의하여 인지는 붙이지 않습니다.
※ 이 책은 ㈜ 디앤씨미디어(파피루스)가 저작권자와의 계약에 따라 발행한 것으로 본사와 저자의 허락 없이는 어떠한 형태나 수단으로도 내용을 이용할 수 없습니다.

1장 ······ 7

2장 ······ 77

3장 ······ 151

4장 ······ 227

5장 ······ 291

回生武士

1장

1장

 얼마나 시간이 지난 것일까.
 장평이 눈을 떴을 때, 낯익은 세 사람이 그의 곁에 앉거나 서 있었다.
 흉수대마 북궁산도와 혼돈대마 파리하. 그리고…….
 "……천마."
 금빛 서기를 두른 갈색 피부의 청년. 마교의 교주인 천마 일물자였다.
 "아니, 교주님이라고 불러 드려야 하나?"
 "천마, 일물자, 교주. 어찌 부르건 상관없네. 부르기 편한 대로 부르게."
 "패배자라고 불러도 되나?"
 장평의 조롱 섞인 목소리에는 가시가 돋혀 있었다.

"그러고 싶다면 그리하게."

당사자인 일물자는 점잖게 고개만 끄덕였지만, 파리하는 발끈하며 장평을 노려보았다.

"무례하다. 장평!"

"우리가 예의를 차릴 사이였나?"

"그래야 하는 사이가 되었지. 다 죽어 가던 널 돌보며 동방을 가로지른 순간부터!"

"살려 달라고 한 적 없다."

장평이 퉁명스럽게 말하자, 파리하는 이를 악물고 주먹을 쥐었다. 그 순간, 일물자는 점잖게 고개를 저었다.

"그의 말이 맞다. 그는 우리에게 살려 달라 한 적 없으니, 살려 준 것을 빚이라 부를 것도 없다."

"하지만 우린…… 장평의 목숨값을……."

"그 또한 장평에게 청구할 바가 아니다."

말문이 막힌 파리하는 이를 악물고 장평을 노려보았다. 있는 힘껏 움켜쥔 그녀의 주먹이 바르르 떨리고 있었다.

그러자 북궁산도는 조용히 파리하의 주먹에 손을 얹고 고개를 내저었다.

"……치잇!"

파리하는 주먹을 풀고 팔짱을 꼈다.

그들이 대화를 나누는 동안, 장평은 그들을 유심히 지켜 보고 있었다.

"내 기억과는 다른 모습이군."

장평은 냉소적인 목소리로 말했다.

"풍채가 당당해지고 아름다움이 더해졌어."

북궁산도는 왼팔이 잘려 나갔는지 왼 소매가 헐렁했고, 파리하의 얼굴에는 얼굴 전체를 가로지르는 큰 상흔이 새겨져 있었다. 오른쪽 눈동자가 빛이 바랜 것을 보니, 아마도 시력을 잃은 모양이었다.

그나마 멀쩡한 일물자조차도 목덜미를 비롯한 수많은 곳에 자잘한 상흔이 호랑이의 가죽무늬처럼 뒤덮여 있었다.

적잖은 고초를 겪은 모양이었다.

"돌아오는 길은 길고 위험했지."

일물자는 고개를 끄덕였다.

"각지의 무림인들이 앞을 막아서고, 조금이라도 발이 느려지면 우리가 뿌리친 고수들도 규합해 쫓아 온 추격대와 사투를 벌여야 했네. 언제나 느끼는 점이지만, 중화의 저력은 참으로 바닥이 보이지 않더군."

"알고 있었으면 싸움을 걸지 말았어야지."

"우리가 시작한 전쟁은 아니었다네."

일물자는 넌지시 말하고 있었다.

마교와 중화와의 끝없는 전쟁은, 중화 쪽이 먼저 시작한 것이라고.

장평은 논점을 돌리며 조롱했다.

"북경까지 아득바득 기어들어 온 사람이 할 말이 아니군."

"그 또한, 내가 시작한 일이 아님은 잘 알고 있을 텐데?"

"잘 모르겠는데?"

장평은 비웃음을 담아 말했다.

"패배자들의 구질구질한 사연까지 알 필요가 있나?"

"이 배은망덕한……!"

파리하가 이를 악물자, 일물자는 눈빛으로 제지했다. 그의 금빛 눈동자가 장평을 비췄다.

지혜로움과 친절함. 그리고 동정심이 담긴 그 눈에, 장평이 담겨 있었다.

"……."

한순간, 마음이 흔들렸다.

장평은 시선을 돌리며 빈정거렸다.

"확실히, 천마라는 이름값은 하는 모양이군. 나도 모르게 존경심과 경외심이 치밀어 오르는 것을 보니."

"자연스러운 현상일세."

"친절하고 소탈한 우리들의 친구 용태계처럼?"

장평의 악의 섞인 말에도 불구하고, 일물자는 점잖게 설명했다.

"용태계가 북경에 자신의 기류를 풀어 놓았듯이, 나 또한 십만대산에 나의 기를 비축해 두었네. 용태계의 재침공을 대비하기 위함이었지."

"하지만 넌 북경에 왔지."

장평은 이를 악물었다.

"너는 제 발로 북경에 왔어……."
"그래. 나는 북경에 갔네."
일물자는 점잖게 고개를 끄덕였다.
"내 실책이었지. 잘못된 가설을 세웠고, 잘못된 판단을 했네. 그로 인해 너무나도 큰 대가를 치렀네."
"그래. 네 잘못이야. 일이 이렇게 된 것은, 모두 다 네 잘못이야."
장평은 이를 악물었다.
"네가 망쳤어. 모두 다! 내 혼례식도, 제국과 무림. 그리고 마교의 미래를 포함한 모든 것을! 용태계가 바로 옆에 있는데, 나를 백면야차라고 착각한 네 멍청함 때문에 모든 것이 끝장났어!"
장평은 짐승처럼 울부짖었다.
"어떻게 얼굴 한번 안 보고 사람을 판단할 수 있지? 보자마자 알아챘으면서, 왜 보기도 전에 판단했지?! 누가 백면야차인지 왜 그렇게 쉽게 판단해 버린 거냐고!"
그러나, 그 격렬한 비난을 듣는 일물자는 차분하기 짝이 없었다. 궁지에 몰린 것은 오히려 격노하여 비난하고 있는 장평이었다.
"……."
일물자가 동요하지 않자, 장평은 고개를 돌려 파리하를 노려보았다.
"과학자라며! 현자라며! 지혜롭고 현명하다며! 효율적이며 교활하다며! 시건방은 한껏 떨어댔으면서, 어떻게 한 번도 성공하지 못할 수가 있나? 단 한 번조차도?!"

"넌 날 비난할 자격이 없어. 장평!"

파리하는 경멸스러운 눈으로 장평을 노려보았다.

"너는 사기를 쳤어. 회귀라는 반칙을 썼다고!"

"널 파훼하는 것에는 전생의 기억조차 필요 없었다. 너는 그저 무능해서 졌을 뿐이야!"

"이 배은망덕한……!"

참다못한 파리하가 장풍을 장전한 순간, 북궁산도의 발이 그녀의 발을 밟아 몸을 붙들었다.

휘릭!

그와 동시에, 북궁산도의 옷소매가 파리하의 손을 휘감고 장풍을 흩어 버렸다.

"놔요!"

완전히 제압당한 파리하가 뿌리치려 하자, 북궁산도는 착잡한 표정으로 고개를 내저었다.

일물자는 장평을 바라보았다.

"자네가 하고 싶은 말은 알겠네. 착각하고 오판했고 무능했다는 비난의 말이로군."

"그래!"

"그렇다면 묻겠네. 자네는 지금 누구에게 말하고 있는 것인가?"

"누구긴 누구겠나? 무능하고 어리석은 패배자에게 하는 말이지!"

"우리에게 하는 말이라는 뜻인가?"

"그래!"

일물자는 연민이 담긴 그윽한 눈으로 장평을 바라보았다.

"그 말이 사실이라면, 왜 그리 고통스러운 표정을 짓고 있는 것인가?"

"……!"

일물자의 금빛 눈동자가 장평을 비추고 있었다. 분명 장평 자신의 얼굴임에도 불구하고, 낯설기 짝이 없었다. 수십 년은 늙은 듯한 눈빛과, 고통에 찌그러진 표정 모두가.

"착각했다. 오판했다. 잘못된 사람을 의심하여 백면야차를 찾지 못했다. 그 때문에 모든 것을 잃었다. 이렇게 되지 않으려고 노력했는데, 결국은 이렇게 되어 버렸다. 자네와 나 모두가 겪은 일이지."

일물자는 차분한 목소리로 말했다.

"그러니 묻겠네. 자책인가, 질책인가? 아니면…… 둘 다인가?"

"나는…… 나는……."

잠시 주저하던 장평은 애써 비웃음을 머금었다.

"……질책하고 있는 거다. 너희들의 무능함을."

"그런가……."

일물자는 장평을 바라보았다.

"죽고 싶은가?"

협박이나 압박이 아니었다. 비난이나 질책도 아니었다.

일물자의 질문은 그저 질문일 뿐이었다.

"……."

그렇기에, 더 숨이 막혀왔다.

정곡을 찔린 장평은 이를 악물었다. 그 모습을 본 일물자는 한숨을 내쉬었다.

"그렇군. 죽고 싶은 거로군……."

"……."

긴 정적이 있었다.

음울하고 고통스러운 정적이.

침묵을 깬 것은 장평이었다.

"……죽여줘."

결국 체념한 장평은 읊조렸다.

"너는 모든 힘을 잃었고, 나는 모든 기회를 잃었어. 용태계는 무적이고, 백면야차를 막을 수는 없어. 우린 졌고, 더 살아 봤자 고통만 길어질 뿐이야."

"……."

"죽여 줘. 다시 생각하기 전에, 날 죽여 줘."

결국 무너진 장평은 흐느꼈다.

"생각하는 걸 멈출 수 없어. 추억을 떠올리면 잃어버렸다는 사실이 떠오르고, 생각하면 현실이 떠올라. 무슨 생각을 해도 견딜 수 없이 괴로워. 그러니 제발…… 내 생각을 멈춰 줘."

"죽으면 끝나는 건가?"

일물자는 장평을 바라보았다.

"자네가 죽는다고 이 모든 일들이 없던 일이 되는 것인가?"

"헛소리하지 말고 죽이기나 해!"

장평은 울부짖었다.

"덜떨어진 훈계나 사이비 교주의 설교는 필요 없으니까!"

"설교하거나 훈계가 아닐세. 질문이었네."

"무슨 질문?"

"자네가 죽으면 이대로 끝이 나는 건지, 아니면…… 다시 한번 회귀하는지를."

그 순간, 장평의 눈동자가 커졌다.

"회귀……?"

장평은 회귀자였다.

후회에 바빠 미처 떠올리지 못했지만, 그는 이미 회귀한 사람이었다.

장평의 가슴이 두근거리는 것을 느꼈다.

'다시 시작할 수 있다면?'

전생의 '장평'은 흔해 빠진 첩보원에 불과했다. 무력도 정보도 부족한 탓에, 고독을 심은 백면야차의 명령대로 움직일 뿐이었다.

그러나, 이번 삶은 달랐다.

세계관을 터득한 절정고수가 되었고, 무림맹의 중역이 되었다. 마교의 본질을 깨달았고, 백면야차의 대적자로서 협력할 수 있음도 확인했다.

그리고 무엇보다도…….

"백면야차가 용태계라는 것을 아는 상태로 시작할 수 있다면……?"

……답을 가진 채 시작할 수 있었다.

그토록 간절히 찾아왔던 질문의 답을.

"대운표국이 위기에 빠졌을 때, 혈조대마를 죽이지 않고 십만대산에 찾아간다면? 너희들에게 내 정체를 밝히고 용태계가 백면야차임을 가르쳐 준다면? 마교의 첩보망이 건재한 채로 혈조대마의 지원을 받으며 활동할 수 있다면?"

장평의 눈에 점점 생기가 차오르기 시작했다.

"첫 작전부터 대패한 용윤은 지금처럼 전권을 얻을 수 없겠지. 통합되지 않은 첩보기관들을 상대하는 것은 어렵지 않을 것이고, 정보의 우위를 이용해 그들을 속이거나 조종할 수도 있을 거야. 백리흠을 통해서 청소반과 접촉할 수 있고, 자유를 제공하는 것으로 북경 중심에 동조자를 만들 수도 있을 거야."

뜬구름 같은 가정들이었다. 그러나, 장평은 이 가정들을 현실로 이룰 수 있음을 확신했다.

"척착호를 영입하여 마교도로 키우고, 외도대마 현염의 유목민 대공세를 성공시키며, 그가 준비했던 비전무공들의 파훼법을 이용해 정파들을 제압하거나 협박한다면?"

할 수 있었다. 현실적으로 가능한 일들만 나열했음에도,

전혀 다른 세상이 빚어지고 있었다.

"기연에 대한 정보와 보물들로 하오문과 거래하고, 안휘성의 가뭄을 이용해 개방과 협력하면서 남궁세가를 비롯한 무장세가들을 이권으로서 회유시킨다면?"

가능성이라는 화폭에, 일필휘지로 미래가 그려지고 있었다. 그야말로 천의무봉. 완벽한 미래로 향하는 최선의 길이.

"생각해봐. 천마. 만약 네가 나를 만난다면 어땠을지를."

장평은 눈을 빛내며 일물자를 바라보았다.

"내가 회귀의 원흉이 아니라는 것을 알아챈 네가, 용태계가 백면야차라는 사실을 들은 너희들이, 지금 내가 세운 계획을 들으면 어떻게 했겠어?"

"협력하겠지. 약간의 의심이나 신중함은 있겠지만, 결국은 진실임을 확인하고 자네의 지식과 정보들을 십분 활용하겠지."

"날 믿게 하려면, 내가 어떻게 하면 되지?"

"내 앞에 나타나기만 하면 되네."

일물자는 엄숙한 표정으로 말했다.

"시간의 세계관을 가진 나는, 시간 왜곡의 인과(因果)를 구분할 수 있네. 직접 볼 수만 있다면, 자네가 시간 왜곡의 원인이 아니라 결과임을 한눈에 알아챌 수 있겠지."

"용태계와 비교하지 않아도 되는 건가? 나만 보아도 확신할 수 있는 건가?"

"자네 하나면 되네. 인과를 역산하는 것은 어렵지 않고, 시간의 비명소리는 북경에 머무는 용태계를 따라다닐 테니까."

"그렇다면, 내가 마교로 오기만 하면 되겠군. 아버지를 노리는 혈조대마와 접촉해서, 그대로 십만대산으로 오기만 하면 돼. 절망곡을 통해서, 너를 만나기만 하면 돼!"

장평은 가슴이 두근거리는 것을 느꼈다.

"바로 잡을 수 있다. 모든 실수들을 방지하고, 모든 오판들을 정정할 수 있어. 적이었던 자들과 협력할 수 있고, 아군으로 만들 수 있는 자들과 함께할 수 있어."

장평의 목소리에는 열기가 깃들어 있었다. 좀 전의 불타오르는 악의가 아닌, 따스하고 달콤한 희망이 번져가고 있었다.

"다시 시작하면 돼. 다시 시작하면 내가 잃어버린 모든 것을 되찾을 수 있어. 완벽한 미래를 쟁취할 수 있다고!"

몸이 조금이라도 움직일 수 있는 상태였다면, 춤이라도 췄을 것이다. 북궁산도를 부서질 듯 끌어안으며, 일물자와 악수를 했을 것이다.

왠지 모르게 착잡한 표정을 짓고 있는 파리하의 발이라도 핥아 줄 수 있었다.

다시 시작할 수 있다면.

그래. 다시 시작할 수만 있다면……

"……?"

그 순간, 장평은 찬물을 뒤집어쓴 기분이 들었다.

'뭐지?'

즐거워하는 것은 장평뿐. 마교도들은 조금도 웃고 있지 않았기 때문이었다. 그들은 난처한 표정으로 서로 시선을 교환할 뿐이었다.

"……왜 그러지? 내 계획에 문제라도 있나?"

"아닐세. 자네의 계획대로 모든 정보를 활용하고 모든 변수를 통제할 수 있다면, 우리는 자네가 약속한 결과를 얻어낼 수 있겠지."

"그럼 왜 그렇게 뚱한 표정을 짓……."

일물자는 착잡한 표정으로 말했다.

"회귀하기만 하면 말이다."

"그게 무슨……."

그 순간, 장평은 깨달았다.

"회귀…… 하기만 하면……?"

전생의 '장평'이 우연히 회생옥을 부쉈을 뿐. 장평 본인은 회귀 현상에 대해서는 아는 것이 없다는 것을.

"회귀는…… 회귀를 하려면……."

회귀하는 방법은 물론, 그 원리조차도.

"회귀를 하려면 어떻게 해야 하지?"

일물자의 날카로운 질문은 장평이 생각하지 못했던 부분을 지적하고 있었다. 다른 두 사람의 반응을 볼 때, 갑자기 던진 질문은 아닌 모양이었다.

"……회귀에 대한 연구를 하고 있었나?"

"그래. 연구했다."

"언제부터?"

"처음부터."

일물자는 처음 시간의 이변을 목격한 순간부터, 신뢰할 수 있는 과학자들과 함께 시간에 대한 연구를 하고 있었다.

장평이 회귀자라는 것을 확신했던 순간부터 회귀에 대한 세부항목에 대한 집중연구를 진행하고 있었고.

뒤늦게, 그것도 남궁연연 한 사람에게만 떠넘겼던 장평 일행보다 이해도가 높은 것은 당연한 일이었다.

"어떻게 회귀했는지를 가르쳐주면 고맙겠군."

"……회생옥이야."

장평은 애써 마음을 다잡았다.

"원리나 사용법은 잘 모르겠지만, 내 회귀는 회생옥이 부서진 여파로 일어난 일이야. 용태계가 청소반이 지키고 있는 회생옥을 회수하기 전에 우리가 가로채서 연구한다면……."

그 순간, 장평은 멈칫했다.

'회생옥을 청소반이 지키고 있다고? 내가 이런 걸 알고 있었나?'

장평은 혼란스러운 표정으로 북궁산도를 바라보았다.

"혹시 내가 기절했었나?"

"무슨 의미예요?"

"글자 그대로의 질문이야. 내가 말하던 도중에 기절하지 않았냐고."

"아니요. 기절 안 했는데요?"

"이러면 안 되는데……?"

장평은 초조함을 느꼈다.

"회생옥에 대해 기억이 나면 안 되는데……?"

하지만, 기억이 났다. 지금까지는 기억하지 못했던, 회생옥에 관련된 기억이.

장평은 혼란스러운 표정을 지었다.

"분명히…… 전에는 아예 생각조차 할 수 없었는데……?"

혼란스러워하는 장평을 보며, 일물자는 물었다.

"비현실적인 일이라도 겪었나? 자네나 용태계가 아닌 다른 누군가가 개입한 일을?"

"그래."

"내가 묻는 것도 그것이었네. 장평."

일물자는 심각한 표정으로 물었다.

"회귀는 정확히 어떤 원리로 이뤄지는 건가? 그리고 그게 자네에게만 가능한 일인가?"

"무슨 의미지?"

"자네가 회귀했듯이, 백면야차 용태계도 회귀할 수 있냐는 의미일세."

"……!"

"자네가 원하는 결과를 얻을 때까지 회귀를 반복할 수 있다면, 백면야차 용태계도 회귀를 반복할 수 있겠지. 만족스러운 결과를 얻거나…… 불만족스러운 결과를 바꾸기 위해서."

"내가 바꾼 과거를…… 용태계가 다시 바꾼다고……?"
"그러면 다시 원래대로 돌아가겠지. 지금의 이 결과대로."
"……."
장평의 미소가 흐려지고 있었다. 그러나, 일물자의 말은 아직 끝난 것이 아니었다.
"그리고, 회귀할 수 있는 자가 자네와 용태계 둘뿐이라고 확신할 수 있나? 꼭 회귀에 국한하지 않고, 어떠한 형태나 방식으로건 시간에 간섭하거나 왜곡시킬 수 있는 존재에 대한 가능성은?"
"……!"
"회귀한 자네의 영향으로 다른 사람들의 미래가 바뀌듯이, 회귀를 반복하고 있는 자네에게 영향력을 발휘할 수 있는 또 다른 누군가가 존재할 가능성은 없고?"
그 순간, 장평은 떠올렸다.
희고 검은 두 노인을.
회생옥을 기억하지 못하게 막았던 누군가와, 세계관의 파열을 겪었던 장평을 붙잡아 준 한숨 소리를.
"……있어."
그들은 존재하고 있었다.
정체도 의도도 모르겠지만, 분명 존재했다.
"……아니, 있었어."
아니. 존재했었다.
"지금도 존재하는지는 확신할 수 없지만……."

최소한, 장평이 회생옥에 대해 생각하는 것을 막고 있던 무언가는 사라진 것이 분명했다.
 그러나, 장평은 자신의 사고에 간섭하던 무언가가 사라진 것에 반가움을 느끼지 않았다.
 '만약, 이대로 끝이라면?'
 그가 느낀 것은 두려움이었다.
 '시간과 회귀 같은 비현실적인 일들은 끝난 것이라면? 나는 내게 주어진 기회를 모두 써버렸고, 이 세상에서 계속 살아가야 한다면?'
 장평의 머릿속에 불길한 무언가가 스멀스멀 번져가고 있었다. 간신히 밝혔던 희망의 등불이, 절망의 늪 밑으로 침몰하고 있었다.
 일물자는 진중한 표정으로 물었다.
 "그렇다면 자네에게 개입하는 자들은 누구고, 무슨 의도로 개입하고 있던 거지?"
 "몰라……."
 늪과 같은 절망이 또다시 그를 삼키고 있었다. 똑같은 절망과 고통이었지만, 바뀐 것이 있었다.
 "나는…… 아무것도 몰라……."
 잠시나마 사방을 밝혀 주었던 촛불이. 회귀라는 이름의 부질없는 희망조차 꺼졌다는 것을.
 "……후."
 피곤했다. 너무나도 피곤해서, 떠오르는 말이 하나밖에 없었다.

"죽여줘……."

희망을 잃고 완전히 무너진 장평을 보며, 일물자는 착잡한 표정을 지었다. 그가 장평에게 듣고 싶었던 것 또한 희망이었기 때문이었다.

"……용기를 내게. 장평."

일물자는 장평의 손에 자신의 손을 얹었다.

"설령 회귀가 불가능하다 해도, 이번 삶과 이 세상에서 할 수 있는 일이 남아 있을 걸세."

"불가능해. 천마. 불가능하다고. 우리의 적은 용태계야. 제국과 무림맹을 틀어쥔 미쳐 버린 파괴신이란 말이야."

장평은 절망감이 뚝뚝 묻어나는 목소리로 속삭였다.

"나는 들켰고, 너희는 부서졌어. 이미 한 번 실패한 일을, 예전보다 절망적인 상황에서 성공시켜야 한다고."

"알고 있네. 우리가 실패했다는 것은 자네보다 잘 알고 있지."

일물자는 장평을 바라보았다.

"하지만, 아직 끝난 것은 아닐세. 함께 협력하고 지혜를 모은다면……."

"난 끝났어."

장평은 지그시 눈을 감았다. 더 이상 대화하기 싫다는 의미였다.

"날 죽여."

"왜 죽으려는 거지?"

일물자는 점잖은 목소리로 물었다.

"회귀를 시도하는 것인가? 아니면 그냥 단순히 삶을 중단하는 것인가?"

"아무래도 좋아. 회귀건. 죽음이건."

장평은 지친 목소리로 읊조렸다.

"가망 없는 현실에 매달리느니, 다음 기회를 노리는 편이 낫겠지."

"다음 기회인가……."

장평을 내려다보던 일물자는 체념의 한숨을 내쉬었다.

"자네의 뜻은 잘 알겠네. 장평."

일물자가 손을 뻗자, 탁자 위에 두었던 긴 꾸러미가 날아와 손에 잡혔다.

흑검이었다.

일물자는 천천히 꾸러미를 풀고 검집에서 검을 뽑았다.

스르릉.

흑검의 검신이 특유의 빛을 발했다.

"물자……?"

북궁산도가 눈살을 찌푸리고 장평이 목을 연 그 순간.

피잉!

일물자의 손에 들려 있던 흑검이 그대로 솟구쳐서 천장에 꽂혔다. 검은 검신이 보이지 않을 정도로 깊게 박혀서, 의자나 탁자 위로 올라가야 검을 잡을 수 있는 높이였다.

"……지금 뭐 하는 거지?"

"말했잖나. 자네의 목숨은 자네 것이라고."

일물자는 차분한 목소리로 말했다.

"지금까지 있었던 일들은 탓하지 않겠네. 이제부터도 아무것도 강요하지 않겠네. 자네가 죽인 사람들의 혈채도 논하지 않을 것이고, 자네를 살려 준 목숨값을 요구하지도 않겠네."

"그럼 죽여 줘."

"아니. 그럴 수 없네."

일물자는 고개를 저었다.

"자네는 환자로서 내 집에 들어왔으니, 건강을 되찾을 때까지는 그 누구도 자네를 해치게 놔둘 수는 없네."

일물자는 자리에서 일어나며 말했다.

"자네 자신을 포함한 누구도."

"자살할 힘이 생길 때까지 살려준다고? 조롱이나 농담 같은 건가?"

"조롱하지 않네. 장평. 자네는 나를 비롯한 그 누구에게도 조롱받을 이유가 없네."

일물자는 진중한 눈으로 장평을 바라보았다.

"자네는 최선을 다해 백면야차에게 맞서 싸웠네. 이런 결과를 막으려고 최선을 다했지."

"그게 문제야. 천마. 나는 싸웠어. 최선을 다해 싸웠는데…… 졌잖아. 그게 문제라고."

장평은 흐느꼈다.

"회귀까지 했으니 져선 안 되는데…… 져버렸다고……."

"……그럴지도 모르지. 하지만, 그렇다 하더라도 자네를 비난하지는 않겠네."

일물자는 조용히 고개를 저었다.

"실수를 했다는 점에서도, 졌다는 점에서도 우리들 또한 자네와 다르지 않으니까."

"……"

"쉬게. 장평. 죽을 힘을 되찾기 위해서라도."

몸을 돌린 일물자의 뒷모습에는 허전함과 쓸쓸함이 감돌고 있었다. 그 모습을 본 장평은 깨달았다.

'그 또한 고통 받고 있구나.'

오판으로 인해 소중한 사람을 잃었다는 점에서는, 그 또한 자신과 다르지 않다는 것을……

"……칫."

못마땅한 표정의 파리하가 일물자와 함께 따라 나갔고, 걱정스러운 얼굴의 북궁산도도 결국 체념한 듯 조용히 몸을 돌렸다.

"쉬어요. 장평."

그리고, 정적이 있었다.

그와 동시에, 아무도 없는 방 이곳 저곳에서 조롱과 비난들이 들려오기 시작했다.

"아, 제발……."

피할 곳도, 도망칠 곳도 없었다.

장평 자신의 머릿속에서부터 피어나는 생각들에서는……

"죽여…… 제발…… 멈춰 줘……."

아득히 멀게만 느껴지는 흑검을 향해 손을 뻗으며, 장평은 절규했다.
 "더 이상…… 생각하고 싶지 않단 말이야!"

　　　　　　　＊　＊　＊

 몸에는 열이 오르고 있었고, 머릿 속은 몽롱했다.
 낮과 밤의 구분조차 불가능했다.
 장평은 가끔 눈을 떴고, 오래 지나지 않아 눈을 감았다.
 사람들이 오가는 인기척이 비몽사몽 중에 느껴졌고, 몇몇은 직접 눈으로 보기도 했다.
 대부분의 경우는 독특한 형태의 흰 의복을 입은 외국인들이었다. 아마도 의원으로 보이는 그들은 장평의 몸을 살피고 약을 먹였다.
 "살리지 마……."
 장평이 간청할 때마다 눈만 멀뚱멀뚱 뜨는 것이, 아예 한어를 모르는 모양이었다.
 그러나 장평은 애걸했다.
 "죽여 줘……."
 못 알아들어도 상관없었다. 어차피, 할 수 있는 일도 없었으니까.
 "생각이 다가온단 말이야……."
 장평이 가장 자주 마주하는 것은 다른 사람이 아니었다. 현실도 아니었다.

생각들이었다. 장평 본인의 생각.

그가 살아 온 삶의 순간들이 스쳐 지나갔다.

성취로 보였던 실수들. 무림맹의 일원으로서 혈조대마를 비롯한 대마들을 무찔렀던 기억들이 떠올랐다.

백면야차라는 사실도 모르는 채, 용태계에게 마음을 열고 의지했던 추억들이 떠올랐다.

과거는 바뀌지 않았다. 똑같은 말과 똑같은 장면이 펼쳐질 뿐이었다.

그러나, 이제 장평은 진실을 알고 있었다.

당시에는 최선이라고 믿었던 판단들이, 최악의 결과를 불러왔다는 것을.

후회한다. 후회한다. 후회한다.

'차라리 죽었다면 좋았을 것을. 아무것도 이루지 못하고 죽었다면, 이보다는 덜 괴로웠을 것을.'

살아 온 모든 시간이 고통스러웠다. 결정한 모든 판단이 후회스러웠다.

'연랑을 사랑하지 말았어야 했다. 공주님을 끌어들이지 말았어야 했다. 나 홀로 짊어져서 나 혼자 파멸해야 했다.'

다른 후회들도 아프고 괴롭지만, 사랑이 머물던 자리는 다른 어떤 상처보다도 크고 깊었다.

'회귀로 인해 바뀐 것은, 그녀들의 불행뿐이로구나!'

멈추고 싶어도 멈출 수 없었고, 피하고 싶어도 피할 수 없었다.

장평은 생각했다.

〈장평……〉

용태계에게 자신이 회귀자임을 밝히던 그 순간이 떠올랐다. 푸른 신부복을 입었던 남궁연연의 조심스러운 만류와, 그 만류를 뿌리치고 백면야차 앞에서 회귀자임을 말했던 그 순간이.

'그녀가 옳았다. 그녀가 옳았어.'

남궁연연은 늘 옳았고, 마지막 순간까지 그랬다.

〈'백면야차'는 어떻게 무림맹에서 암약할 수 있었던 거야? 무림지존인 용태계가 버티고 있는 무림맹에서?〉

〈용태계 본인이 '백면야차'가 아니라면, 그 누가 '백면야차'일 수 있겠어?〉

반박할 수 없었다.

반박할 수 없으면, 받아들여야 했다.

그게 현명한 판단이었고, 장평다운 일이었다. 심지어 정답이기까지 했다.

'마음 따위가 무엇이라고. 목적 따위가 무엇이라고.'

하지만 장평은 사람의 마음에 집착했다.

아름다운 사내의 아름다운 삶을 보았기에.

사람의 마음을 포기하지 않고 의로움을 관철하는 선봉신개 범소를 보았기에, 주제넘게도 사람처럼 살아보려 했다.

'나는 사람답게 살 능력이 없었는데. 내가 맞서는 백면야차는 사람이 아니었는데.'

자만했다. 사람으로서 남궁연연을 마주했고 사랑으로서 용윤과의 오해를 풀어냈기에, 선의로서 청소반을 포섭했고 설득할 수 있었기에 근거 없는 확신을 품었다.

사람의 마음이, 진실된 선의와 상냥한 호의는 사람을 설득할 수 있다고 믿어 버렸다.

'용태계는 사람이 아니라는 것을 이미 알고 있으면서도, 사람의 방식을 취했어!'

붉은 혼례복을 입은 용윤이 흐느끼고 있었다.

〈내가…… 내가 그의 등을 떠밀었어…… 내가……〉

아니라고 말해주고 싶었다.

내가 착각했고, 내가 잘못했다고.

네 잘못이 아니라고 말해주고 싶었다.

황족으로서 의무를 다하기 위해 외강해야만 하는 그녀를 도와주고 싶었다. 사실은 내유하며 정이 많은 용윤을 위로해 주고 싶었다.

하지만 장평은 비참하게 쓰러져 있었다.

죽어 가는 패배자로서, 신음소리 하나 내지 못하는 상태로 지켜보아야 했다.

〈미소. 너는 공주다. 곧 황제가 될 것이고. 그러니 너는, 너만은 나를 오라버니라고 부르며 의지해도 좋다.〉

〈나는 언제나, 네 곁에 있을 테니까.〉

부서지고 무너진 용윤이, 장평의 품에 안겨 행복을 속삭이던 그녀가, 족쇄와 사슬에 묶여 인세를 걷는 미친 신의 새장에 처박히는 모습을.

"아…… 아아……."

고통스러운 신음소리가 귀에 들려왔다. 마침 깨어있던 모양이었다.

그러나, 아무래도 좋은 일이었다.

"돌아가야 해…… 되돌려야 해……."

장평은 흐느꼈다.

돌아가야 했다. 북경으로 돌아가 용태계를 무찔러야 했다. 과거로 돌아가 이 모든 파국을 막아야만 했다.

패배를 곱씹으며 절망하는 대신, 뭐라도 해야만 했다.

"누구던 좋아. 누구던!"

장평은 절규했다.

"흰 노인과 검은 노인! 한숨 소리! 회생옥! 누구건 좋고 무슨 속셈이건 상관없으니까, 내게 한 번 더 기회를 줘!"

작은 방 안은 조용하고 아늑했다. 피비린내와 약초의 냄새. 그리고 병자의 악취와 패배자의 축축한 절망감만이 느껴질 뿐이었다.

"잘할 수 있어…… 이번에는 잘할 수 있단 말이야…… 그러니까…… 제발……."

구걸에 지치면 좌절. 좌절에 지치면 자해.

장평은 혀를 깨물었다.

고문이나 심문에 익숙한 장평은 잘 알고 있었다. 혀를 깨물어서 잘라낸다 해도, 죽음으로 이어지는 않는다는 것을.

그러나 그는 힘 빠진 턱으로 혀를 깨물려 노력했다. 아무리 손을 뻗어도 닿지 않을 흑검에 손을 뻗는 것과 마찬가지로.

"제발…… 죽여 줘……."

그 순간. 혹은 얼마간의 시간이 지난 후였다.

문이 열리는 것과 동시에, 끔찍한 냉기가 안으로 밀려들어왔다.

'춥다.'

추웠다.

비몽사몽하던 장평이, 정신이 번쩍 들 정도의 냉기였다.

장평은 반가움을 느꼈다.

패배자와 병자의 악취를 밀어내는 찬 바람 덕분에, 추위에 떨 수 있었다.

생각하는 고통에 비하면, 추위는 반가울 지경이었다.

"오래간만이군요. 장평 대협."

우아한 목소리는 귀에 익었다.

두터운 방한복을 입은 갈색 피부의 미녀가 지적인 눈동자로 장평을 바라보고 있었다.

"술야……."

마교의 외교관. 술야가.

* * *

그녀는 문을 닫고 집 안으로 들어왔다.

방한복을 벽에 건 술야는 익숙한 손놀림으로 난로 위에

주전자를 얹었다.

　장평은 그저 그 모습을 지켜볼 뿐이었다.

　그녀가 장평의 머리맡에 앉아 찻잔을 건넬 때까지.

　"이게 뭐지?"

　생전 처음 보는 검은 차였다. 장평이 묻자, 술야는 우아한 미소를 지으며 말했다.

　"원두차(原豆茶)예요. 남방의 볶은 콩을 우려낸 흑차(黑茶)죠. 집중력과 두뇌 회전에 좋아서 과학자들이 즐겨 마시곤 해요."

　술야는 원두차의 향기를 음미했다.

　"그리웠어요. 고향만큼이나."

　편안하고 만족스러운 미소를 보며, 장평은 미심쩍은 표정으로 원두차를 홀짝였다.

　"……쓰군."

　"염소 젖이나 설탕을 넣어 드릴까요?"

　"아니. 됐다."

　장평은 찻잔을 내려놓았다.

　"생각하고 싶지 않다."

　술야는 눈을 동그랗게 떴다. 장평답지 않은 장평의 말에 놀란 모양이었다.

　"……그렇군요."

　그러나, 술야는 다시 평소처럼 우아하고 여유로운 미소를 지었다. 그녀도 장평이 겪은 일들에 대해 잘 알고 있기 때문이리라.

"작별 인사를 건넬 때는, 이렇게 빨리 다시 뵙게 될 줄은 몰랐어요. 십만대산에 저보다 먼저 도착하실 줄도 몰랐고요."

"그래. 그랬지."

장평은 착잡한 표정으로 말했다.

"우리가 설령 다시 만난다 하더라도, 최소한 수십 년 뒤에나 보게 될 거라고 생각했었지……."

"세상일이란 뜻대로 되지 않는 법이니까요."

"내 착오는 거기서부터 시작되었지. 마교의 습격은 두 달의 여유가 있을 거라는 착각에서부터."

"제가 사과하길 바라시나요?"

"아니."

술야는 마교의 습격이 있을 거라고 말했을 뿐, 언제 올 거라는 얘기는 한 적이 없었다.

자신의 철수가 두 달 정도 걸린다고 말하면서도, 십만대산에서 통보받은 것은 아무것도 없다고 경고했었다.

탓할 수는 없었다. 그녀는 호의로서 경고했을 뿐이고, 십만대산이 자신을 속이고 있다는 것도 미리 말해 주었으니까.

술야는 장평을 바라보았다.

"그렇다면…… 자책하고 계시는 거군요."

"그래. 내가 잘못한 거니까."

장평은 고통스러운 표정으로 속삭였다.

"그때, 그 자리여선 안 되었어."

아직 시간이 있다고 생각했다. 그래서 시간을 낭비했고, 혼례식을 준비했다.

하지만 마교는 예상보다 빠르게 쳐들어왔고, 허를 찔린 장평은 그 자리에서 결단을 내려야 했었다.

"떠볼 수도 있었고, 속일 수도 있었어. 용태계는 나를 믿고 있었으니, 다른 방식으로 접근할 수 있었어. 천금 같은 시간을 혼례 준비 따위로 소모하지 않았더라면…… 혼례날에 도박을 하지 않을 수도 있었지……."

"실수였지요. 제 실수였고, 장평 대협의 실수였지요."

술야의 담담한 말에는 동정심과 위로가 녹아 있었다.

"하지만, 사람은 누구나 실수를 하기 마련이지요."

"아니. 나는 아니야."

장평은 고개를 저었다.

"나는 실수하지 말아야 했어."

"회귀자니까요?"

"그래."

술야는 말없이 장평을 바라보았다.

"침묵하지 마. 술야."

장평은 초조한 표정으로 말했다.

"무슨 말이건 좋아. 비난이나 모욕이라도 상관없으니 말을 해 줘. 내 생각이 나를 붙들지 못하게 대화를 계속해 줘."

"……장평 대협."

장평은 초조하고 불안해하며 애걸하고 있었다. 마약에

중독된 사람이 금단현상을 겪는 것처럼 부서지고 무너져 있었다.

천당각에서의 장평과는 다른 사람이었다.

칼날처럼 예리하고 정제된 모습만 보아왔던 술야는, 초조하게 매달리는 장평의 모습에 착잡한 표정을 지을 수밖에 없었다…….

"……."

술야가 아무 말도 하지 않자, 장평은 보채듯이 물었다.

"십만대산에는 언제 온 거지?"

"오늘이요."

"저번 만남 이후로 두 달이 지난 건가?"

"예."

장평은 쓸쓸함을 느꼈다.

그가 비몽사몽하는 사이, 벌써 두 달이나 지났다는 사실에.

"중원은 어떻지?"

"바뀐 건 거의 없어요."

"황제가 살해당했는데도?"

"황제의 이름을 기억하는 사람들은 북경 사람들 정도일 걸요."

술야는 담담한 표정으로 말했.

"애초부터 조정 중신들의 태반은 적장자인 용태계를 옹립하려 하고 있었죠. 그들을 막는 것이 바로 용태계 본인이었고요."

"……그렇겠지."

장평은 북궁산도와 처음 만났던 밤을 떠올렸다. 황궁에서 반란이 일어났고, 용태계가 직접 나서서 그들을 쓸어버리던 밤을.

지금 생각해 보면, 아마도 그 반란도 용태계를 황제로 옹립하기 위한 반란이었으리라. 그렇기에 굳이 용태계가 직접 나서서 토벌한 것이었고.

"지금은?"

"미소공주 용윤이 새로운 황제로 즉위했다고 하더군요."

"……용윤?"

장평은 떨리는 목소리로 물었다.

"그녀는…… 무사한가?"

"북경의 일을 북경 밖에서 알기는 쉽지 않죠. 하지만 굳이 황제로 즉위시켰다면, 최소한 살아 있는 건 분명하겠죠."

"……."

장평은 가슴이 욱신거림을 느꼈다.

장평이 기억하는 용윤의 마지막 모습은, 비통하게 절규하는 것이었으니까…….

"남궁연연에 대해서는……."

"들은 것이 없어요."

"그래. 그렇겠지……."

제국의 여제로 등극한 용윤과는 달리, 남궁연연은 일개 세가의 버려진 딸에 불과했다. 소문이 나기에는 너무 사소한 인물이었다.

"북경에서의 일 때문에 무림인들이 이를 바득바득 갈고 있긴 하더군요. 마교도놈들이 감히 황궁에 난입하여 황제 폐하를 시해하고 황족들을 도륙했다면서."

"사실이 아니야."

"북경의 일을 북경 밖에서 알기는 쉽지 않고, 황궁의 일을 황궁 밖의 사람들이 알기는 어렵죠. 그러니, 들려오는 대로 믿을 수밖에요."

술야는 차분함과 착잡함이 뒤섞인 목소리로 말했다.

"천마와 대마들이 북경에 쳐들어오는 초유의 사태가 벌어졌고, 놀랍게도 그 유명한 파사현성 장평은 마교도들과 한통속인 배신자였죠. 무슨 일이 일어난들 의심스럽겠어요?"

"나는 배신자가 아니야……."

"우린 알죠. 저들은 모르고요."

술야는 웃으며 말했다.

"무림맹주가 직접 벤 대마들의 수급을 등 뒤에 놓고 선언하는데, 그 어떤 어리석은 무림인이 간특한 마교 놈들의 변명을 믿어 주겠어요?"

"……."

"무림인들이 등을 돌린 이상, 장평 대협도 우리와 같은 배를 탄 거예요. 좋건 싫건 우리 마교와 함께 할 수밖에 없죠."

그녀는 장평을 바라보았다.

"그러니, 협력하지 않겠어요?"

"마교는 부서졌고, 나는 들통났다. 내가 협력한다고 해서 뭐가 바뀔지 모르겠군."

"장평 대협의 회귀가 들통났고 우리의 무력은 반감했으니, 더더욱 힘을 합쳐야지요."

"무의미하다."

"장평 대협에 대해, 많은 얘기를 들었어요. 전과는 달라지셨다는 말을요."

술야의 그윽한 눈동자가 장평에게 향했다.

"저는 그들의 말을 믿지 않았죠. 제 눈으로 직접 보기 전까지는, 속단하지 않겠다고요."

"직접 보니 어떤가?"

"그들의 말이 맞군요."

장평은 냉소했다.

"패배자에게 대체 뭘 기대한 거지?"

"장평을 기대했어요."

"내가 장평이야."

"당신은 제가 기억하는 장평이 아니에요."

"아니, 네가 잘못 본 거야."

장평은 이를 악물었다.

"나는 패배자였어. 내 삶을 낭비했고, 백면야차의 도구로 쓰였지. 천운이 따라 회귀까지 했는데도 다시 한번 실패했지."

"……"

"내가 장평이야. 술야. 지금의 네가 보고 있는 초라한 패배자가 진짜 장평이라고."

"……제가 기억하던 장평은요?"

"내 거짓말 중 하나였지. 전생의 기억이라는 반칙을 써 놓고, 시치미를 떼고 있는 거였어."

"그게 전부는 아닐 거예요."

술야는 장평을 바라보았다.

"천상각에서의 장평이 전부 거짓말은 아닐 거예요. 전생의 기억은 기억일 뿐. 그 기억으로 판단을 내린 것은 장평 대협일 테니까요."

"전생의 나는 허접한 말단 첩보원이었다. 천상각은 커녕 네 존재조차도 모르던 하찮은 인생이었지……."

장평은 지친 표정을 지었다.

"다른 얘기를 해 주면 안 되겠나? 나를 상대로 장평다움에 대해 논하는 것 말고, 조금쯤은 흥미가 가는 주제는 없나?"

술야는 마침내 깨달았다.

"정말로, 삶에 아무런 미련이 없군요……."

그녀가 인정했던 천상각의 장평은, 그녀가 사랑했던 침착하고 예리한 첩보원은 허구에 불과했다는 것을.

음울하고 자포자기한 지금의 장평이 진짜 장평이며, 그가 하는 말들은 진심이라는 것을.

"정말로, 제가 착각한 거군요……."

술야는 긴 한숨과 함께 받아들여야 했다…….

장평은 씁쓸한 표정으로 말했다.

"실망시켰다면 미안하군."

"사과할 필요 없어요. 제멋대로 착각한 거니까요. 하지만……."

그 순간, 술아는 장평의 비쩍 마른 손등에 자신의 손을 얹었다.

"……지금부터라도 다시 시작해 볼 생각은 없나요?"

"마교는 부서졌고, 나는 들통났다. 결과가 뻔한, 무의미한 싸움이지."

"그렇다고 포기할 건가요?"

"질 게 뻔한 싸움을 왜 해야 하지? 차라리 다음 기회를 노리는 편이 낫지 않나?"

"정말로 다음 기회가 있을 것 같나요?"

"죽어 보면 알겠지. 그걸로 끝이건, 아니면 또 다른 회귀건. 아무런 희망도 없는 지금의 삶보다는 낫겠지."

"다음 기회는 없어요. 장평."

술아는 고개를 내저었다.

"설령 당신에게는 다음 기회가 있다 해도, 당신이 말하는 다음 기회에는 우리들이 포함되어 있지 않아요."

"……!"

장평은 움찔했다.

"다른…… 사람들……?"

지금까지 한 번도 생각해 본 적 없는 일이기 때문이었다.

"장평 대협이 회귀한 다음에 무슨 일이 벌어질지는 아무도 모르죠. 회귀하는 순간 세상 모든 것이 사라지게 될지. 아니면 장평 대협만 없어지고 이 세상은 남아 있을지. 겪어 보기 전에는 알 수 없겠죠."

"……."

"하지만 만약 세상이 남겨진다면, 우리는 남아 있게 되겠죠. 우리가 남아 있게 된다면 제국과 백면야차도 남아 있겠죠. 그렇다면 우리는 계속 싸워야 해요. 장평 대협의 말대로 부서진 마교에서, 어떻게든 발버둥 쳐야겠죠."

술야는 조용히 장평을 바라보았다.

"그래도 떠나겠다면, 말리지는 않겠어요. 하지만 정말로 떠날 거라면, 기억이라도 나눠줘요. 아무리 사소해도 좋으니, 우리에게 단서라도 남겨줘요."

"……내가 해 줄 수 있는 조언은 하나뿐이야."

"그게 뭐죠?"

"희망을 갖지 마. 술야. 너흰 이길 수 없어."

장평은 음울한 눈빛으로 술야를 바라보았다.

"내 전생에서, 너흰 이미 졌어. 몇 년 정도는 더 버틸지도 모르겠지만, 흑암대마보다 서열이 높은 모든 이가 죽었지. 피의 혼례식이 없는 상황에서도. 그러니…… 너도 받아들여."

"절망을요?"

"현실을."

술야는 장평을 바라보았다.

"생각해 줄 생각조차 없나요?"
"생각하고 싶지 않아."
"……."

긴 침묵 속이 있었다. 술야는 기다렸고, 장평은 침묵했다.

결국, 술야는 긴 한숨을 내쉬었다.

"다시 만나지 말았어야 했군요. 다시 만나지 않았다면, 북경에서의 작별을 아름다운 추억으로 남길 수라도 있었을 텐데……."

"……사과해야 하나?"

"하지 마세요. 받아들일 수 없을 것 같으니까."

술야는 천천히 자리에서 일어났다. 식어버린 원두차를 모두 마신 그녀는 아무 말 없이 두꺼운 방한복을 걸쳤다.

"잘 가세요. 장평."

술야는 뒤도 돌아보지 않으며 문을 열었다.

"다음번에는, 지금보다는 잘 풀리기를 빌어드리죠."

* * *

눈밭을 걷던 술야가 발을 멈춘 곳은, 장평이 머물던 곳에서 그리 멀지 않은 작은 오두막이었다.

"……어떻게 됐어?"

초조하게 기다리고 있던 파리하가 조심스럽게 묻자, 술야는 아무 말 없이 고개만 저었다.

"하지만…… 그는……."

뭔가를 말하려 하던 파리하는 결국 입안에서 맴돌던 말을 꿀꺽 삼켰다.

"그렇구나. 장평은…… 정말 끝난 거구나……."

파리하는 의자에 털썩 주저앉았다.

타오르는 모닥불을 바라보며, 그녀는 술야에게 가도 좋다는 손짓을 했다.

"……고생 많았어. 술야. 돌아가서 쉬어."

"예."

술야가 눈보라 너머로 사라지자, 파리하는 착잡한 표정을 지었다.

"이젠 정말…… '대업'밖에 없는 건가……?"

타닥!

모닥불 속 장작에서 불씨가 튀었다.

"어쩌다가 '대업'이 우리의 마지막 희망이 되었단 말인가? 이런 상황만은 피하려고 최선을 다했는데, 어쩌다 여기까지 몰렸단 말인가?"

파리하는 절망스러운 얼굴로 탄식했다.

"성공해도 자멸인 최악책에 의지해야 할 정도로?"

* * *

그리고 며칠이 지났다.

마교의 의술은 확실히 우수했다. 장평의 몸은 그의 예

상보다 훨씬 빠르게 회복하기 시작했다.

감각이 돌아왔고, 사지에 힘이 돌아왔다. 지팡이를 짚는다면 느리나마 걸음을 걸을 수 있을 정도였다.

그러나 장평이 제일 반가운 것은, 감각이 돌아왔다는 점이었다.

"……으윽."

온몸이 아팠다. 가만히 있어도 둔탁하고 묵직한 통증들이 샘솟았고, 조금이라도 움직이면 송곳으로 관절을 후벼파는 통증들에 이를 악물어야 했다.

하지만, 육신의 고통은 선물처럼 달콤했다.

생각하지 않을 수 있었으니까.

그리고 두 번째로 반가운 점은, 어쨌건 움직일 수는 있다는 것이었다.

"흑검……."

장평은 지팡이를 휘둘러 천장에 박힌 흑검을 떨어트리려 했다. 그러나 지팡이가 닿으려면 몸을 꼿꼿이 세워야 했고, 그것은 쉬운 일이 아니었다.

"윽!"

찌르는 듯한 통증 때문이었다.

하지만 장평은 멈추지 않았다.

눈앞의 목표에 집중할 수 있다면, 생각할 필요가 없었으니까.

탁!

수십 수백 번의 시도가 이어지자 가끔 지팡이가 닿을

때도 있었다.
 그러나, 흑검은 미동조차 없이 단단하게 박혀 있었다.
 '뭐지?'
 생각해 보면, 이상한 일이었다.
 금석을 두부처럼 썰어 버리는 흑검의 예리함을 감안하면, 나무로 된 천장에 박혀 있는 것 자체가 이상한 일이었다. 매끄러운 절단면 탓에, 검의 무게조차 감당하지 못하고 떨어졌어야 했다.
 '왜 떨어지지 않는 거지?'
 장평은 문득, 말이 안 되는 생각을 품었다.
 '흑검이 스스로 박혀 있는 것인가? 내가 자결하는 것을 막기 위해서?'
 장평은 피식 웃었다.
 '쇳덩이의 마음을 헤아리려 하다니. 나도 어지간히 망가진 모양이군.'
 똑. 똑또독. 똑똑똑.
 문에서 장난스러운 소리가 들려왔다.
 의원이나 식사는 분명히 아니었다.
 그들은 문을 두드리는 일이 없었다.
 "누구지?"
 "면회객이요."
 북궁산도의 목소리였다.
 "들어가도 돼요?"
 "안 된다고 하면 안 들어올 건가?"

"아뇨!"
"……."
 장평이 말문이 막힌 사이, 북궁산도는 문을 열고 안으로 들어왔다.
 "보고 싶었어요. 장평 대협."
 그녀는 해맑은 미소를 지었다.
 "잘 있었어요?"
 큰 키임에도 불구하고 상체는 날씬했고, 길고 날씬한 다리는 신기할 정도로 가늘었다.
 흐드러진, 그러나 늘어지지는 않은 풍만한 가슴은 얇고 단단한 허리로 이어졌다.
 허리 아래에서부터 급격하게 꺾이는 여체의 윤곽은, 육감적이고 탄력 있는 둔부로 이어지기 위함이었다.
 그 어떤 중원인도 가질 수 없는 풍만하고 육감적인 여체였다.
 왼쪽 팔을 잃은 탓에 옷소매가 헐렁하다는 것이 부조리하다 느껴질 정도였다.
 "왜 아무 대답이 없어요? 혹시 제 이름 잊어버렸어요?"
 "아니."
 그러나, 그녀의 얼굴은 폭력적이기까지 한 여체와는 달리 어린아이처럼 순진하고 명랑했다. 크고 둥근 눈에는 반가움의 빛으로 반짝이고 있었고, 입술은 즐거움의 미소가 가득했다.
 "기억하고 있다면 다행이고요."

흉수대마 북궁산도는 계절에 맞지 않는 얇은 옷을 걸친 채 웃고 있었다. 장평은 그녀의 왼쪽 옷소매가 헐렁함을 애써 외면하며 물었다.
"무슨 일로 왔지?"
"같이 살려고요."
"……뭘 하러 왔다고?"
"동거하려고 왔다고요."
장평은 혼란스러움을 느꼈다.
"나와?"
"예. 장평 대협과요."
"……나는 동거에 동의한 적이 없는데."
"하지만, 절 쫓아낼 힘은 없잖아요?"
"……."
장평은 말문이 막혔다.
그렇게, 북궁산도와의 동거가 시작되었다.
……장평의 의향은 무시한 동거가.

* * *

"쿠울……."
다음 날 아침. 장평이 눈을 떴을 때, 북궁산도는 장평의 침대에서 코를 골고 있었다.
"……."
그러나, 그것을 동침이라고 할 수는 없었다.

얇은 잠옷 차림의 북궁산도가 코를 골고 있는 곳은 장평의 이불 밖.

추위 탓에 겨울 이불을 몇 겹이나 덮은 탓에, 장평은 사람이 위에 있다는 무게감조차 느끼지 못할 정도였다.

"……일어나."

장평은 짜증스럽게 이불을 걷었고, 북궁산도는 이불에 감긴 채 침대 밖으로 굴러떨어졌다.

"아야야야……."

침대에서 거꾸로 떨어진 북궁산도는 여러모로 흐트러진 모습이었다.

입가와 볼은 자는 동안 흘린 침에 젖었고, 반짝이는 머리카락은 볼에 달라붙어 있었다.

"에헤헤. 장평이다."

거꾸로 떨어진 상태. 그것도 아직도 반쯤 잠에 취한 멍한 상태였지만, 장평을 발견한 북궁산도는 활짝 웃었다.

"좋은 아침이에요. 잘 잤어요?"

그러나 목 위의 얼빠진 모습과는 달리, 목 아래의 풍경은 폭력적이었다.

낙낙하고 얇은 잠옷은 그녀의 육감적인 몸매를 감추기엔 역부족이었다. 오히려 잠옷 사이로 슬몃슬몃 보이는 앙가슴과 복부를 강조하는 연출처럼 느껴질 정도였다.

"덕분에 편안한 밤을 보냈다."

하지만, 장평은 불쾌한 표정으로 냉소했다. 뒤틀리고 꼬여 있는 목소리였다.

"잘 잤다니 다행이네요."

그러나, 정작 북궁산도는 고개를 끄덕이며 만족스러운 미소로 답할 뿐이었다.

"……"

말문이 막힌 장평은 그제서야 깨달았다.

'얘 원래 이랬지.'

장평은 체념했다.

그러자 북궁산도는 자리에서 일어나 배를 벅벅 긁었다. 그녀는 나른하게 하품을 하면서 화덕으로 향했다.

"아침 먹을래요?"

"그래."

"먹고 싶은 거 있어요?"

"쌀국수. 고수 넣지 말고."

"미안해요. 생각해 보니, 보리가루랑 양젖밖에 없네요."

장평은 짜증스러운 표정으로 말했다.

"그럼 대체 왜 물어봤지?"

"그러게요?"

북궁산도는 배시시 웃으며 화덕에서 간단한 식사를 만들었다.

보리가루를 반죽해 넓게 구운 전에, 구운 닭고기와 채소들을 비롯한 반찬들을 곁들인 조촐한 식사였다.

처음 보는 음식들에 장평이 잠시 주저하자, 북궁산도는 보리전을 뜯어 닭고기를 싸 먹었다.

장평이 조심스럽게 따라하자, 그녀는 생글생글 웃으며 그 모습을 지켜보았다.

"……왜 웃지?"

"좋아서요."

"뭐가?"

"사랑스러운 사람이랑 나른한 아침을 함께하는 것이요."

"난 싫다. 사랑스럽다는 말도, 그리고 네 미소나 눈빛도 내겐 조롱으로 느껴질 뿐이다."

장평의 음침한 말에, 북궁산도는 고개를 갸웃거렸다.

"제가 왜 장평 대협을 조롱하겠어요?"

"조롱하려는 것이 아니라면, 내 곁에 있을 이유가 없으니까."

"전 장평 대협이 좋아요."

"난 사랑 받을 자격이 없다."

"왜요?"

"실수했으니까."

"실수는 누구나 해요."

"난 아니다."

장평은 이를 악물었다.

"나는 실수하지 말아야 했어. 회귀까지 했으면서, 실패해서는 안 되었단 말이야."

"그래서 포기하는 건가요?"

"그래."

"그렇군요. 이것이, '다시 시작할 수 있는 사람'의 사고

방식이로군요."

"……그래."

장평은 음울한 표정으로 말했다.

"이기기엔 너무 늦었는데, 포기하지 말아야 할 이유가 있나? 처음부터 다시 시작할 수 있는데?"

"없는 것 같네요."

북궁산도는 선선히 고개를 끄덕였다.

"……뭐?"

예상치 못한 반응에, 장평은 당혹감을 느꼈다.

"날 설득하지 않는 건가? 질책하거나 비난하지도 않는 건가?"

"예."

"……그럼 대체 왜 온 거지?"

혼란스러워하는 장평을 보며, 북궁산도는 미소를 지으며 말했다.

"곁에 있고 싶어서요."

"……이해할 수 없군."

장평은 북궁산도를 바라보았다.

"네가 무슨 생각을 하는지, 도무지 이해할 수가 없어……."

생각해 보면, 그녀는 장평과 가장 오래. 그리고 가장 자주 마주친 마교도였다.

그러나 장평은 북궁산도가 무슨 생각을 하는지 도무지 이해할 수가 없었다.

책사로서 음모를 꾸미던 파리하는 어렵잖게 생각을 읽을 수 있는 것과 정반대였다.

"예전의 나를 사랑하는 것은 이해할 수 있다. 나는 승자였고 유능했으니까. 하지만, 지금의 나는 정반대의 존재가 되었지. 속수무책의 무능한 패배자가."

"……."

"말해 봐라. 북궁산도. 넌 대체 내게 뭘 바라는 거지? 지금의 내게 무엇이 남아 있다고?"

"저는 똑똑한 사람이 좋아요."

북궁산도는 장평을 바라보았다.

"별종인 저를 이해할 수 있을 정도로 똑똑한 사람이요."

장평은 고개를 절레절레 내저었다.

"무슨 말을 하는지 모르겠군……."

* * *

긴 정적 끝에, 북궁산도는 장평에게 보리전에 꿀을 발라 건넸다.

아무 말 없이, 아침 식사가 재개되었다.

그리고, 평범한 일상도.

* * *

북궁산도와의 동거는 여러모로 장평의 예상 밖이었다.

북궁산도는 집 안에서 키우는 대형견처럼 장평의 곁을 맴돌았다. 장평이 바라는 것이 있으면 해 주고, 싫어하면 얌전히 물러났다.

　장평과 함께하는 것 자체가 목적이자 행복인 것처럼…….

　'그녀는 대체 왜 내 곁에 있는 것일까?'

　장평은 수없이 물었지만, 단 한 번도 답을 얻을 수 없었다.

　'패배자인 나에게 뭘 기대하기에?'

　　　　　　　　＊　＊　＊

　그러는 사이, 날이 가면 갈수록 장평의 몸 상태는 호전되었다.

　날씨가 점점 따뜻해지고 장평의 체력이 돌아오자, 북궁산도는 장평과 함께 바깥 나들이를 다니곤 했다.

　십만대산이란 이름답게, 주위의 지평선은 모두 산봉우리로 가득했다. 만년설에 덮여있는 산맥들은 장엄했고, 발밑을 바라보면 까마득했다.

　그리고, 이 경이로운 산세는 그 안자락에 사람들을 감추고 있었다.

　산등성이에는 밭이 보였고, 숲 사이로 난 도로가 보였다. 이국적인 집과 건물들 사이에서, 두툼한 방한복을 입은 사람들이 활발하게 돌아다니고 있었다.

　북궁산도와 함께 시장을 돌아다니며, 장평은 호기심과

신기함에 흠뻑 젖어 들었다.

사람들의 살색은 제각각이었고, 자세히 보면 이목구비 또한 모두 향토색이 짙었다.

그러나, 정말 놀라운 것은 장평을 보는 사람들이 신기한 표정을 짓고 있다는 점이었다.

그들의 입장에서, 중원인을 마주하는 것은 드문 일이기 때문이리라.

그 순간, 장평은 '평범'에 대한 개념이 상대적인 것이었음을 깨달았다.

홍모귀와 오귀자들. 그리고 산인과 천축인 등의 '외국인'들이, '평범한' 한족인 장평을 신기한 눈으로 보고 있지 않은가?

'신기하다.'

장평이 보고 듣는 것 모두가 낯설었고, 먹고 마시는 모든 것이 새로웠다.

그것은…… 아무리 폄하한다 해도 흥미로운 일이었다. 가장 열중한 순간들에는, 머릿속에서 그를 조롱하는 좌절감조차도 잊어버릴 정도로.

그러나 아무리 신기하고 흥미로운 낮을 보냈어도, 밤이 되고 침대에 누울 때가 되면 잔혹한 현실은 의기양양하게 되돌아왔다.

악의에 찬 고문자들은 장평을 쥐어 짜냈다. 체불된 고통은 폭리였고, 추심은 가혹했다.

"회귀하지 말았어야 했다. 이럴 줄 알았으면, 차라리

회생옥을 부수지 말았어야 했어!"

대낮에 느꼈던 신기함과 즐거움이 한스럽고 저주스러워질 정도였다.

"회귀까지 해 가며 이룬 것이, 고작해야 연랑과 공주님을 불행에 끌어들인 것이라니!"

그러나, 장평은 혼자가 아니었다.

장평이 죄책감과 패배감에 울먹일 때마다 어느새 다가온 북궁산도가 그의 곁에서 체온을 나누어 주고 있었다.

때로는 끌어안고 때로는 다독이며 때로는 함께 누운 채로. 아무 말 없는 그녀의 체온은 긴 밤을 함께하며 장평의 고통을 누그러트리곤 했다.

기나긴 밤 동안 활개치는 질 나쁜 손님들을 외면하기 위해, 장평은 북궁산도의 체온에 매달렸다.

점점 더 깊이, 점점 더 오랫동안……

* * *

어느 날 밤.

"……왜지?"

패배감에 피폐해진 장평이 쉰 목소리로 속삭였다.

"너는 왜 내 곁에 있는 거지?"

북궁산도는 늘 비슷한 대답을 하곤 했다. 곁에 있고 싶다던지, 똑똑한 사람이 좋다던지 하는 모호한 말만을.

그러나, 북궁산도의 대답은 평소와는 달랐다.

"같아서요."

"무엇이?"

"당신은 별종이에요. 장평. 회귀자인 당신은 미래를 향해 걷고 있죠. 현재를, 그리고 현재에 속한 모든 사람을 버리면서까지요."

"……비난하는 건가?"

"비난하지 않아요. 장평. 세상 모든 사람은 당신이 도망친다고 비난하더라도, 저만은 당신을 비난하지 않을 거예요."

앙상하게 마른 장평의 몸을 쓰다듬으며, 북궁산도는 조용히 읊조렸다.

"저도, 현재를 사는 사람이 아니니까요."

"그게 무슨 소리지?"

"우린 똑같은 도망자예요. 당신이 현재를 버리고 미래를 향해 도망치고 있듯이, 저는 미래에서 도망치고 있는 중이에요."

북궁산도는 담담한 목소리로 말했다.

"제가 맞이하게 될, 최악의 죽음에서요."

"그게 무슨 소리지?"

장평의 말에, 북궁산도는 쓸쓸한 미소를 지었다.

"저는 '죽음'의 세계관을 가지고 있어요."

장평은 그녀의 특기. 아니, 특징을 떠올렸다.

일정한 반경 내부의 모든 것을 쇠약하게 만들어 죽음으로 몰고 가는 특유의 살기를.

"혹한동살기?"

북궁산도는 고개를 끄덕였다.

"저는 물론이고 그 누구도 완벽하게 통제할 수 없는 힘이죠."

"그래 보이더군."

생각해 보면, 북궁산도의 혹한동살기는 아군에게도 피해를 입히곤 했다. 봉마인으로 내력 자체를 봉하면 봉했지, 한 번 풀어놓으면 세밀한 조종이 불가능하다는 뜻이었다.

"처음 세계관을 각성했을 때, 저는 제 죽음들을 보았어요. 미래의 저는 늙어 죽기도 했고, 누군가에게 살해당하기도 했어요. 병들거나 굶주려서 죽기도 했죠. 그 모든 것이 제가 겪을 수 있거나 겪어야 하는 죽음이었죠."

"피할 수는 없었나?"

"죽음을 피할 수는 없어요. 장평. 사람도, 별도, 우주도, 점점 차가워지다가 죽음을 맞이하는 것이 성자필쇠(盛者必衰)의 운명이지요."

그녀의 목소리는 나긋나긋했지만, 장평은 그 안에서 무언가를 느낄 수 있었다.

북궁산도의 말은 단순한 미신이 아니라는 것을.

그녀가 세계관을 통해 천지만물의 섭리를. 거대하고 거스를 수 없는 운명을 인지하고 이해했다는 것을 납득할 수밖에 없었다.

"그렇다면, 세상에는 정말로 운명이란 것이 존재하는

건가?"

 장평은 착잡한 표정으로 물었다.

 "운명으로 미래가 정해져 있다면, 내가 아무리 회귀해 봤자 무의미한 일이 되는 건가?"

 "아뇨."

 "네가 말했잖나. 네 죽음은 정해져 있고, 그 운명을 피할 수는 없다고."

 "피할 수는 없죠. 하지만…… 고를 수는 있었어요."

 북궁산도는 담담한 목소리로 말했다.

 "땔감을 준비하면 동사(凍死)는 피할 수 있어요. 식량을 비축하면 아사(餓死)도 피할 수 있죠. 약이 있으면 병사(病死)를, 죽을 자리를 피하면 사고사(事故死)를 면할 수 있고요."

 "……그렇군."

 장평은 깨달았다.

 "그렇게 너는 여기까지 온 것인가? 사람으로서 도착할 수 있는 지고(至高)의 무위까지?"

 "예."

 "그런데도 아직 여정이 끝나지 않은 모양이군."

 "평생을 들여 둘까지는 줄였죠. 이제는 두 가지의 죽음이 남아 있어요. 제가 만족할 수 있는 죽음과, 피하고 싶은 죽음이요."

 "그게 뭐지?"

 "운이 나쁘다면, 저는 외롭고 쓸쓸하게 죽음을 맞을 거예요. 아무도 모르는 곳에서 애도받지 못하는 최후를 맞이하겠죠."

"운이 좋다면?"

"운이 좋다면, 저는 사랑하는 사람의 품에서 죽을 수 있겠죠."

북궁산도는 아련한 미소를 지었다.

"제가 사랑하고 저를 사랑하는 사람의 품에서, 아무런 여한이 없는 안식을 맞이하겠죠."

그 순간, 장평은 깨달았다.

그녀가 왜 똑똑한 사람을 좋아했는지. 그리고 회귀자인 장평에게 기대야만 했는지를.

"그렇다면, 널 이해하고 공감할 수 있어야겠군. 미래를 위해 현재를 소모하는 너의 상황을."

"예."

북궁산도는 장평의 등에 얼굴을 묻으며 속삭였다.

"그러니, 제 여정을 완결해 줘요. 장평. 저를 이해할 수 있는 유일한 사람으로서, 외로운 죽음에서 도망칠 수 있도록 절 사랑해 줘요."

"미안하다. 북궁산도."

장평은 착잡한 표정으로 말했다.

"나는…… 네가 원하던 죽음을 줄 수 없을지도 모른다."

"알아요. 장평 대협은 이미 이번 삶을 포기했다는 걸."

"……!"

"하지만, 괜찮아요. 저도 이미 제 여정을 포기하고 있었으니까요. 누구에게도 이해받지 못하는 별종의 삶도, 이미 몇십 년이나 되풀이했는걸요."

그녀는 장평을 끌어안은 채 속삭였다.

"대신에, 약속해 줘요."

"무엇을?"

"다음 번에 만나는 북궁산도에게는, 먼저 손을 내밀어 주겠다고요."

"……산도."

"그녀도 저처럼 평생 도망쳤을 거예요. 그녀도 저처럼 체념하고 포기했을 거예요. 그런 그녀에게, 행운이 되고 기적이 되어 주세요. 지금의 저는 얻지 못했던, 만족스러운 죽음을 선물해 주세요……."

가슴 속에서 치밀어 오르는 무언가를 견뎌내기 위해, 장평은 이를 악물어야만 했다.

그는 젖어 드는 목소리를 간신히 억누르며 말했다.

"……이번 삶에서는 전생을 완전히 기억하지 못했다. 다음 삶에서도 이 약속을 기억할 수 없을지도 모른다."

"괜찮아요. 장평. 북궁산도라면 누구나 염원하고, 언제나 부탁할 테니까요. 천 번을 잊어버리면 천 번을, 만 번을 잊으면 만 번을 부탁할 테니까요……."

"빌어먹게도 거창한 얘기로군……."

두 눈에서 뜨거운 눈물이 흘러내렸다.

장평은 결국 흐느낄 수밖에 없었다.

"나 같은 패배자가 짊어지고 가기에는…… 지나치게 무거운 얘기야……."
"알아요. 그러니, 제가 갈 수 있는 곳까지는 배웅해드릴게요."
북궁산도는 장평의 손에 자신의 손을 얹었다.
"죽음이 우리 둘을 갈라놓는 날까지는요."

* * *

그리고, 시간이 지났다.
겨울의 정점을 넘자, 끔찍한 혹한도 기세가 꺾이기 시작했다. 평지의 사람들에게는 여전히 사람 잡을 추위였지만, 십만대산 사람들은 벌써 봄의 소리가 들려오는 모양이었다.
그리고, 북궁산도는 장평의 곁에 있었다.
"흥흐흥."
콧노래를 부르며 식사를 준비하고, 낯선 간식을 곁들인 이국적인 차와 마셨다.
"맛있어요?"
"짜다."
"암염이 많은 동네니까요."
무엇이 그리 웃긴 것인지, 그녀는 까르르 웃었다.
"자. 환기하죠."
"……하지 마."

장평이 가장 곤란한 순간은, 환기하려 들 때였다.

"추워. 나는 너와 달리 한서불침 깨졌다고."

"나쁜 공기는 나빠요. 의학자들이 말하기로는, 나쁜 공기 때문에 전염병에 걸릴 수도 있다고 했어요."

"전염병으로 죽을 가능성보다 얼어죽을 가능성이 더 높아 보이는군……."

"알아요. 하지만, 그래도 환기하는 습관을 들이도록 해요."

북궁산도는 장평을 바라보았다.

"장평 대협의 기나긴 여정 동안, 전염병에 걸리는 일이 없도록……."

"……산도."

장평의 눈동자가 흔들리는 그 순간, 북궁산도는 잽싸게 달려가 창문들을 열었다.

"얍!"

"……!"

당황한 장평은 이불 속으로 몸을 날렸다. 그는 의기양양한 북궁산도를 보며 투덜거렸다.

"……날 속였군."

"그래요. 속였죠."

북궁산도는 해맑은 미소를 지었다.

"거짓말을 잘하는 사람에게 배웠거든요!"

"……."

잠시 침묵하던 장평은 애써 태연한 척 투덜거렸다.

"……추워. 문 닫아."
"이불도 탈탈 턴 다음에요."
"경고하겠어. 내 이불에 손대지 마."
"싫다면요?"
"화낼 거다."
"음…… 하지만 이불을 털긴 털어야 하는데……."
잠시 고민하던 북궁산도는 장난스러운 미소를 지었다.
"이런 말 들어 본 적 있어요?"
"무슨 말?"
"허락보다 용서가 쉽다는 말이요!"
"?!"
북궁산도는 장평의 이불들을 빼앗고 탈탈 털었다. 무력한 장평은 오들오들 떨면서 푸념할 뿐이었다.
"……추워."
북궁산도는 침대 위에 올라와 장평의 곁에 앉았다.
"안아 줄까요?"
"……추워."
"……아."
장평의 퉁명스러운 말에, 북궁산도는 뭔가를 깨달았다.
"제가 당신을 안아줘도 될까요?"
"……추워."
"괜찮다는 거죠?"
장평은 퉁명스럽게 말했다.
"……추워."

북궁산도는 장평을 끌어안았다. 그녀의 포근한 품속에서, 장평은 추위를 덜 수 있었다.

'어디까지나 추위를 피하기 위함이다.'

장평은 그녀의 품 안으로 파고들었다. 장평의 깡마르고 쇠약한 몸과, 북궁산도의 풍만하고 생기 넘치는 몸이 가능한 많이 포개질 수 있도록……

"……"

밤이 깊어지면, 생각이 많아지곤 했다.

그를 도려내는 후회와 무력감들이 잠시 손길을 늦출 때마다, 장평은 그의 곁에서 잠들어 있는 북궁산도를 바라보곤 했다.

'회귀가 정말로 답일까?'

북궁산도의 고백을 들은 이후, 회귀가 최선이라는 확신이 흐려지고 있었다. 형언(形言)하기에는 모호한 무언가가, 계속 마음에 걸렸다.

'어쩌면 아직 할 수 있는 것이 있지 않을까?'

장평은 용기를 내어 생각해 보기 시작했다.

고통스럽고 후회스러운 현 상황을 직시했다.

'할 수 있는 것이 없다.'

그러나, 결론은 변하지 않았다.

장평이 삶에 미련을 갖는다 해서, 상황이 변하는 것은 아니었으니까.

'용태계와 싸우는 것조차 불가능하다. 무림 전체가 적이고 중원 전체가 적지인데, 흥수대마가 쌓아 둔 첩보자

산마저도 내 손으로 모두 제거했으니까.'

마교를 증오했던 장평이기에 잘 알고 있었다. 용태계에게 향하기 위해서는 그야말로 혈로를 뚫으며 나아가야 한다는 것을.

'설령 천운이 따라 용태계와 싸울 수 있다 해도……. 용태계를 죽일 전력이 부족하다…….'

광소하는 용태계가 천마를 비롯한 대마들을 압도적으로 가지고 놀던 끔찍한 장면을 떠올리며, 장평은 좌절할 수밖에 없었다.

'이번 삶은 끝났다. 이번 삶에서는 할 수 있는 일은 없다.'

장평은 흐느꼈다.

'그런데, 나는 왜 미련을 갖는 것인가? 이제와서 뭘 할 수 있다고?'

흐느끼는 장평의 손에, 부드럽고 따뜻한 손이 섞였다.

"……괜찮아요. 장평."

어느새 잠에서 깬 북궁산도의 손이었다.

그녀는 평화로운 미소를 지었다.

"다 잘 될 거예요……."

"너는 아니야."

장평은 울먹였다.

"내가 언젠가 백면야차를 죽일 수 있다 해도, 언젠가 북궁산도의 여정을 멈춰준다 해도. 네겐 아무것도 줄 수 없어…… 나를 안아주고 나를 위로해 주는 너에게는……

아무런 보답도 해 줄 수 없어…….."
"괜찮아요. 장평. 전 충분히 보답 받았어요."
북궁산도는 상냥한 목소리로 말했다.
"장평이라는 선물을요……."
흐느낌 속에서 밤을 지새운 끝에, 여명이 터 올랐다.
탕탕탕.
간신히 선잠에 든 장평은 문을 두드리는 소리에 눈을 떴다.
"누구지?"
의원이 올 시간은 아니었다.
의아한 장평을 보며, 북궁산도는 조용한 목소리로 말했다.
"제 손님이에요."
침대에서 일어난 그녀는 문을 열었다.
문밖에는 낯익은 사람이 서 있었다.
빛을 잃은 오른쪽 눈과 총기를 잃은 왼쪽 눈으로, 집 안을 바라보는 갈색 피부의 여자가.
"파리하……."
"……장평."
잠시 경멸 섞인 눈으로 장평을 노려본 그녀는, 고개를 돌려 북궁산도에게 말했다.
"신앙총의 준비가 거의 끝났어요."
"……벌써?"
"벌써라뇨? 언니는 아직 정리가 안 끝난 건가요?"

"응……."

파리하는 착잡한 표정으로 북궁산도를 바라보았다.

"그래도, 늦출 수는 없어요."

"시간은 얼마나 있어?"

"정오까지는 시작해야 해요."

"그래. 알았어. 그때까지 정리할게."

파리하는 몸을 돌려 눈밭으로 멀어져 갔다.

"……무슨 준비를 하는 거지? 뭘 정리하겠다는 거고?"

장평이 불안한 표정으로 묻자, 북궁산도는 문을 닫고 장평을 바라보았다.

"아무래도, 저와의 인연은 여기까지인 것 같네요."

"설명해 줘. 산도. 지금 대체 무슨 일이 벌어지고 있는지를."

북궁산도는 담담한 표정으로 말했다.

"회귀자의 존재를 의심했을 때부터, 교주님과 과학자들은 네 가지 대책을 준비했어요. 최선과 차선. 차악과 최악의 네 가지 계획을요."

"……백리흠."

마교에 첩보원을 잠입시키는 것이 무림맹 첩보부의 백면야차 작전. 천마는 백면야차 작전을 역이용해 백리흠을 십만대산 안으로 불러들였다.

임무를 완수한 백리흠을 통해서, '불가능을 가능하게 만드는 자'에게. 아직은 정체를 특정하지 못한 회귀자에게 전언을 전하기 위해서.

"'너무 늦기 전에 시간을 석방하라.' 그 말은…… 너희의 마지막 경고였지."

"그게 우리의 최선책이었죠. 회귀자에게 우리는 네 존재를 알고 있다고 경고해서, 스스로 포기하게 만드는 것이요."

"차선책은?"

"백면야차로 추정되는 회귀자. 장평 대협을 우리들의 손으로 직접 제거하는 것이었죠."

"실패했지."

"예."

회귀자인 장평은 백면야차가 아니었다. 진짜 백면야차인 용태계는 마교의 전력을 다해도 죽일 수 없었다.

"그렇다면, 차악책이 지금 마교가 준비 중인 일인가?"

"아뇨."

북궁산도는 고개를 저었다.

"우리의 차악책은 장평 당신이었어요. 당신의 기억과 지식 속에서, 어떻게든 돌파구를 찾아보는 것이었지요."

"그렇다면 마교는 지금……."

장평의 눈동자가 흔들렸다.

"예. 우리에게 남은 최악책을 실행하려 하는 것이에요. 최후의 최후까지 남겨두었던 최후의 수를요."

"그게 대체 뭐지?"

"중력은 시간에 간섭할 수 있다는 것이 관측되었어요. 더 강한 중력이라면 더 강하게 시간에 간섭할 수 있겠죠."

문밖에서, 거친 바람이 불어왔다.

북궁산도는 담담한 목소리로 장평을 바라보았다.

"그렇다면, 초고중력 특이점을 만들어내는 것으로 백면야차에 의해 왜곡된 시간을 바로잡을 수 있을지도 몰라요."

"그게 '대업'인가?"

"예."

"무모한 계획이다. 중력이 시간에 간섭할 수 있다는 것을 제외한 모든 것이 근거 없는 희망사항에 불과하잖나. 너희가 원하는 결과가 나온다는 보장이 어디에 있지?"

"없죠."

북궁산도는 담담한 목소리로 말했다.

"십중팔구. 아니, 백중구십구는 실패할 거예요. 운이 좋으면 우리들의 자멸로 끝나겠고, 운이 나쁘다면 폭주하는 중력에 의해 지구 자체가 파열되겠죠."

"그걸 알면서도 실행하려는 건가?"

"다른 수가 없으니까요."

"실패가 분명한 짓을, 왜 하려는 거지?"

"이 실험은 실패한다는 사실을 보여주려고요."

"누구에게?"

"장평 대협에게, 그리고 장평 대협이 맞이할 다음번의 마교에게요."

북궁산도는 평화로운 미소를 지으며 말했다.

"우리들의 파멸을 기억해 줘요. 그리고 다음 삶의 우리들에게 전해 주세요. 너희들은 우리보다는 잘 할 수 있을 거라는 희망과 함께요."

"……가지 마. 산도."

장평의 애원은 자신의 예상보다도 간절했다.

"아직…… 아직 희망이 있을지도 몰라."

"다음 세상에게 선물할게요."

"나는 네게 해 준 것이 아무것도 없어!"

장평의 절절한 외침에, 북궁산도는 당혹스러움을 느꼈다.

"장평. 당신은……."

그러나, 흔들림은 한순간뿐. 북궁산도는 평화로운 미소를 지었다.

"그렇다면, 그 마음도 다음 번의 북궁산도에게 선물할게요."

"산도……!"

"장평 대협이 다시 한번 북궁산도를 마주하게 된다면……."

북궁산도는 장난스러운 미소를 지었다.

"……보자마자 꼬셔서 동침해 버려요. 제가 당신에게 첫눈에 반했던 것처럼, 다음 번 북궁산도도 당신에게 홀딱 반할게 분명하니까요."

장평은 깨달았다.

그가 천마에게 협력하길 거부했듯이, 술야의 요청을 거절했듯이, 지금 이 순간 북궁산도를 붙잡을 방법이 없다는 것을.

할 수 있는 것은 작별인사뿐이었다.

돌아올 수 없는 길을 떠나는 북궁산도에게, 가능한 아름답고 따스한 이별을 선물하는 수밖에 없었다…….

"……그래. 약속하지."

의연해야 했다. 차분해야 했다.

그 무수한 다짐이 무색하게, 장평의 두 눈에서 눈물이 흘러내렸다.

"북궁산도가…… 다시 내 앞에 나타난다면…… 반드시 꼬셔서…… 평생을 함께하도록 하지……."

장평이 흐느끼면서도 어떻게든 말을 마치자, 북궁산도는 환한 미소를 지었다.

"가능한 상냥하게 대해 줘요. 그 노처녀는, 팔순이 넘도록 연애 경험이 없을 테니까요……."

삐걱.

그녀는 문을 열고, 걸음을 옮겼다.

"잘 가요. 사랑스러운 장평 대협."

그리고 눈밭 위에는, 발자국만이 남았다.

이 세상의 종말로 이어지는 발자국이.

回生武士

2장

2장

장평은 무너졌고, 무릎을 꿇은 채로 흐느꼈다.

얼마나 지났을까.

눈물이 멈추고 멍하니 앉아 있다는 것을 깨달았을 때, 장평의 눈에 보이는 것은 발자국이었다.

'산도는…… 갔구나…….'

그 순간.

키잉-

기묘한 공명음과 함께 무형의 파동이 원을 그리며 퍼져 나갔다.

장평은 그 방향으로 눈을 돌렸다. 파동의 진원지를 중심으로 사물의 모든 윤곽이 아지랑이처럼 일렁이기 시작했다.

대업. 세상을 끝낼 마교의 실험이 시작된 것이었다.

'그녀의 여정은 여기서 끝나는 거구나.'

그는 멍한 눈으로 지평선까지 이어진 발자국을 바라보았다.

'나의 회귀가 시작되는 이 순간에······.'

* * *

쿠궁······ 쿠궁······.

특이점은 끝없이 확장되고 있었다.

초고중력 특이점의 실험장소는 교주와 다른 이들의 명상지. 신앙총이었다.

십만대산의 성지이자 과학자로서 거듭나는 자들의 출발점. 신앙총.

그러나 실타래에서 튀어나온 실밥처럼 특이점에서 이탈한 중력채찍이 신앙총의 모든 것을 갈아엎고 있었다.

하지만, 일물자는 주변을 돌아보지 않았다.

'실패했다.'

내공이 특이점에 빨려 들어가고 있었다.

그가 수십 년 동안 신앙총에 비축해 둔 기운(氣雲)은 이미 소진된 지 오래. 일물자의 통제력을 넘어선 특이점의 흡입력은, 내공은 물론 생명의 정수인 진원지기까지 속수무책으로 빨아들이고 있었다.

'멈춰야 한다. 이대로 가면 십만대산 정도가 아니라······

이 행성 전체가······.'

일물자의 눈에는 보였다.

특이점은 점점 지구의 중력에 간섭하기 시작했다. 조금만 더 강해지면 자전을 방해할 수준이고, 일물자와 북궁산도의 내공과 생명력을 완전히 빨아들이면 상상할 수 없는 수준까지 성장하리라는 것을.

'······부서진다. 균형을 잃은 지구 자체의 중력 때문에!'

글자 그대로, 지구가 으깨지는 모습이 현실처럼 생생히 떠올랐다. 그야말로 상상조차 할 수 없었던 공포와 절망을 마주하며, 일물자는 악의에 찬 즐거움을 느꼈다.

'지식이 늘었다.'

통제가 불가능할 뿐, 특이점의 생성 자체는 성공이었다. 일물자는 자신의 생명과 지구의 파멸을 앞둔 상황에서도, 한 사람의 과학자로서 실험이 성공했다는 것에 만족을 느꼈다.

그리고 그와 동시에······.

'백면야차는 실패했다.'

행성 그 자체가 부서진다면, 그 잘난 백면야차도 세상을 다스릴 수는 없으리라. 운이 좋다면 행성의 붕괴에 휩쓸려 최후를 맞을 것이고, 불행히 다시 한번 회귀한다 해도 처음부터 시작해야 하리라.

그리고 그때는 높은 확률로 장평도 존재할 것이다······.

'이 실험을 기억하게. 장평. 다음 번 삶에서도 자네가 실패한다면, 이런 방식으로 자폭하면 된다고 전해 주게나.'

일물자는 비릿한 냉소를 지었다.

'이제 알겠느냐, 백면야차? 파괴신 따위에게 얕보일 정도로 인류는 하찮지 않다는 것을?'

인류의 존엄을 쟁취하는 이 만족스러운 죽음에 여한이 있다면, 최후까지 함께 하고 있는 오랜 벗, 북궁산도에 대한 것이었다.

'산도. 어쩌면 자네에게는…….'

그녀는 담담한 표정으로 파멸을 향해 끌려가고 있었지만, 일물자는 그 담담함에 안쓰러움을 느꼈다.

'시간이 더 필요했던 건지도 모르겠군…….'

그 순간, 북궁산도는 일물자의 시선을 눈치 챘는지 고개를 돌렸다.

이심전심이라 했던가. 오랜 벗은 눈빛만으로도 서로의 뜻을 알 수 있었다.

그러나 북궁산도는 그저, 장난스러운 미소를 지을 뿐이었다. 아무런 미련 없는 그녀의 미소에, 일물자는 씁쓸한 미소를 지었다.

'다음 번에는 더 잘해 보게나. 장평…….'

* * *

장평은 한숨을 내쉬었다.

"후……."

신기할 정도로 머리가 맑았다. 눈물로 응어리를 풀어

낸 덕분인지, 아니면 세상의 종말을 앞두고 있어서인지는 모르겠지만 피의 혼례식 이후 그 어느 때보다도 머리가 맑았다.

'다음 삶을 구상하자.'

장평은 담담하게 생각에 잠겼다.

'혈조대마와 만나자마자 십만대산으로 바로 오는 편이 좋겠다. 천마는 나를 보자마자 내가 회귀자라는 것을 알아 볼 거라고 했으니, 처음부터 협력해서 백면야차를 대비하자.'

그 순간, 장평은 멈칫했다.

'그러면 연랑은? 공주님은?'

장평이 무림맹에 가지 않고 십만대산으로 오게 된다면, 무림맹에 있는 남궁연연과는 만날 수 없었다. 그리고 마교와 협력한다면 용윤과는 적이 될 가능성이 높았다.

'공주님과는 표행길에서 마주칠 테니 그 자리에서 좋은 인상을 남겨야 할까? 마교에 투신했지만 말이 통하는 놈 정도로 기억되면 될까?'

장평은 고개를 저었다.

'불가능하다. 의심 많은 공주님이 마교도 따위에게 마음을 열 리가 없다.'

그 순간, 장평의 머릿속에서, 무언가가 꾸물렁거리기 시작했다.

'마교와 협력하고 백면야차를 잡는다면, 공주님은 나를 용태계를 죽인 원수로 기억할 것이다.'

검고 탁한 무언가. 북궁산도와 함께하던 시절 느꼈던 형언하기 힘든 무언가가 형체를 갖추기 시작했다.

그리고 그것은, 한 사내의 모습으로 장평의 눈앞에 나타났다.

고통과 원한으로 피폐해진 중년인.

최초의 '백면야차'의 손에서 회생옥을 부쉈던 '최초의 장평'이 장평 앞에 서 있었다.

쇠약해진 장평이 보는 환각일까? 아니면 부서지는 세계 속에서 나타난 오류?

어느 쪽이건 상관없었다.

어차피, 그는 장평에게 등을 돌린 채로 서 있을 뿐이었으니까.

"마교에 가면 공주님을 잃는다. 공주님을 잃지 않기 위해서는 무림맹에 남아야 한다."

장평은 마침내 깨달았다.

단순하고도 당연한 진리를.

"무언가를 선택한다는 것은, 선택하지 않은 무언가를 포기한다는 뜻이니까······."

장평은 '최초의 장평'을 바라보았다.

그는 백면야차에게 삶을 포함한 모든 것을 빼앗겼다.

사랑도, 우정도 모르는 고독한 자. 오직 증오만을 가질 수 있던 '최초의 장평'은, 아무런 주저 없이 증오할 수 있었다.

〈백면야차는 죽어야 한다.〉

장평의 뇌리에, 익숙한 결의가 스쳤다.

"그래…… 백면야차는 죽어야 하지……."

장평은 '장평'의 등을 바라보았다.

"하지만 백면야차를 죽인다고 해서…… 그걸로 끝인가?"

하지만, 지금의 장평에겐 복수보다도 소중한 사람들이 있었다.

"연랑을 되찾을 수 있나? 공주님을 돌려받을 수 있나? 아버지를 지키고 산도에게 죽음을 선물할 수 있나? 백면야차만 죽이면, 이 모든 것들을 해결할 수 있는 건가?"

'최초의 장평'은 아무 대답도 하지 않았다.

어쩌면 대답할 수 없는 것일지도 모른다.

아지랑이나 착시처럼, 있지도 않은 무언가를 보고 있다고 착각하는 걸지도 모른다.

"돌아오지 않는 거로군."

하지만 장평은 정적 속에서 깨달았다.

"이 세상의 누구도 전생을 기억하지 못했듯이, 회귀하면 아무도 나를 만난 적도 없는 것이 되는 거로군."

그리고, 회귀의 진정한 두려움을 깨달았다.

"나는 다시 한번 선택해야 하는 거구나. 내 손으로 선택해야 하는 거구나."

회귀자는 다시 한번 선택할 수 있는 것이 아니었다. 다시 한번 선택할 것을 강요당하는 것이었다.

"내가 버린 사람들의 운명이 뒤틀리는 모습을 지켜보

면서, 그 모든 것을 안고 가야 하는 거구나."

마교냐 무림이냐를 고르는 것만으로도 이토록 갈등해야 하는데, 이후의 일들이라고 순탄하겠는가?

현생에서 이어진 용윤과 북궁산도 두 여자와의 인연만으로도 이토록 갈등하고 번민하는데, 다음 삶에서는 새로운 인연이 없겠는가?

"그들이 겪는 모든 고통은 내 선택 때문이라는 사실과 함께……."

물론, 반복하면 익숙해지리라. 언젠가는 무뎌지리라. 한때는 사랑했던 사람들의 생사 또한 건조하게 이해득실로 계산할 수 있을 것이다.

"마침내 너처럼 마모되겠구나."

장평은 새삼스레 '최초의 장평'을 바라보았다.

"내가 되기 전의 너처럼."

'최초의 장평'은 아무런 거리낌이 없었다.

삶을 빼앗긴 그는. 소중한 사람이 아무도 남지 않았던 그는, 복수할 수 있다면 누구건 희생시킬 수 있었다.

그리고, 언젠가는 복수를 이룰 것이었다.

모든 변수를 점검하고 최선의 선택지만을 거듭하는 '미래'의 괴물로서. 미래로 향하는 길을 끊은 '현재'의 괴물인 백면야차를 집어삼킬 것이었다.

〈백면야차는 죽어야 한다.〉

그래. 백면야차는 죽어야 했고, 언젠가는 죽게 될 것이다. 무슨 수단일지는 모르겠지만, 회귀자는 무한한 시간을 들여 무한히 시도할 테니까.

"……싫다."

하지만, 장평은 '장평'이 아니었다.

"'나'는…… '네'가 아니야……!"

기억을 물려받았다고 해도, 증오를 상속받았다고 해도, 장평은 '장평'이 아니었다.

"내겐 나로서의 삶이 있다. 나만의 감정과 나만의 추억이 있어!"

처음에는 장평도 '장평'이었다.

마모되고 빛바랜 패배자로서, 효율적이고 비정한 판단을 내리는 증오의 짐승이었다.

그러나, 지금의 장평은 너무 많은 것을 가지고 있었다. 복수심보다 반짝이는 것들. 되찾을 수 없다면 도저히 포기할 수 없는 것들을.

"내 삶에는 사람들이 있다."

낙담했다. 후회했다. 절망했다.

피의 혼례식 이후의 모든 순간을, 십만대산에 머무는 모든 시간을 부서지고 고장난 폐인으로 살았다.

그러나, 그것은 백면야차를 죽일 기회를 놓쳐서가 아니었다.

"내가 결코 잃어버려서는 안 되는 사람들이!"

잃어선 안 될 이들을 잃었기 때문이었다.

되찾을 방법이 없기 때문이었다.

언제나 그의 편이 되어 주었던 남궁연연을. 고독한 삶

속에서 처음으로 기댈 곳을 찾은 용윤을 백면야차에게서 되찾을 능력이 없기 때문이었다.

"내겐 과분한 사람들을 버릴 수는 없다."

마음이 부러진 것도, 다음 삶을 갈망한 것도 그 때문이었다. 이미 삶의 일부가. 아니, 삶의 전부가 되어버린 사람들에 대한 상실감 때문에.

〈백면야차는 죽어야 한다.〉

그러나 지금. '최초의 장평'은 뒤를 돌아보지 않고 있었다. 그는 오직 앞을, 미래만을 바라보고 있을 뿐이었다.

"회귀자의 영원한 삶에서, 하나의 삶은 찰나에 불과하겠지. 내 존재는 잘해 봐야 터럭이나 기생충에 불과할 테고, 내 목소리는 그보다도 미미하겠지."

그러나, 장평은 말했다.

'최초의 장평'에게. 혹은 자기 자신에게.

"하지만, 내가 사랑하는 것은 모두 여기에 있다. 지금에, 그리고 이 세상에!"

그리고 지금.

세상의 종말을 목전에 둔 이 순간에 와서야, 삶의 가치를 깨달은 것이었다.

"너를 절명고독에 묶어 둔 백면야차가 네 적이라면, 내 삶을 네 복수에 묶어 둔 너 또한 내 적이다!"

장평은 천천히 자리에서 일어섰다.

뿌득. 뿌드득!

오랜 와병으로 앙상하던 몸에, 생기 넘치는 살점과 강

인한 근육들이 차올랐다. 끓어 넘치는 혈액과 내력은 거듭나는 근골을 가득 채웠고, 무기력하던 단전은 그 어느 때보다 격렬하게 신선한 내공을 토해 내기 시작했다.

생기(生氣). 삶 그 자체가 장평의 몸에서 솟아오르고 있었다.

눈밭은 봄날처럼 녹아내렸다. 살을 에는 극한의 북풍은 감히 장평을 침범치 못하고 그의 앞에서 쪼개졌다.

"……?!"

그 모든 변화는 찰나에 이루어졌고, 장평은 완전히 일어난 뒤에야 자신이 거듭났음을 자각할 수 있었다.

'그렇구나.'

장평은 깨달았다.

자신이 깨달음을 얻었다는 것을.

최초의 '장평'이 과거에 겪은 일에 붙들려, 미래의 기억을 악용했다. 과거를 과거로 놔두지 않았고, 미래를 미래로 남겨두지 않았다.

회귀자의 삶은 모순된 삶이었고, 그 파편인 장평 또한 모순된 존재였다.

아무리 영약을 먹고 각종 시술을 받아도, 초절정고수의 경지에 오르지 못한 것은 그 때문이리라.

다른 사람은 속일 수 있어도, 자기 자신을 속일 수는 없는 법이니까.

'나도 나일 수 있는 거였구나…….'

그러나, 장평은 마침내 세상을 직면했다.

최초의 '장평'이 남긴 메아리에서 거듭났기에. 장평이라는 한 명의 사람이 되었기에, 한 사람의 무인으로서 각성할 수 있었다.
　'나는…… 나여도 되는구나…….'
　'현실'의 세계관을 각성한 초절정고수로!
　그리고 장평은 이해했다.
　누구인지 모를 초월자가, 장평에게 '현실'의 세계관을 각인시켜야 했던 이유를.
　'내가 과거에서 해방될 수 있도록…….'
　장평은 고개를 돌려 신앙총을 바라 보았다.
　통제를 벗어난 특이점이 날뛰는 인외마경을.
　그리고 장평은 이해할 수 있었다.
　'태허합기공.'
　흰 노인이 그에게 태허합기공을 전한 것은, 지금 이 순간을 위해서라는 것을. 초절정고수가 된 지금의 장평이라면, 특이점을 봉쇄할 수 있다는 것을 깨달을 수 있었다.
　"멈출 수 있다. 지금이라면 아직 멈출 수 있어!"
　장평이 경공술을 펼치기 위해 힘을 끌어모으는 순간이었다.
　〈좌절해라…… 후회해라……〉
　'최초의 장평'과 그사이에 무수한 장평들이 나타나기 시작했다. 상당수는 특이한 행색과 용모를 하고 있었고, 몇몇은 너무 늙거나 너무 어리기까지 했다. 그러나 대부분은 지금의 장평과 비슷한 모습이었다.

그들은 모두 '최초의 장평'의 뒤를 따라가고 있었다. 달리거나 뛰거나 걷거나 기는 모든 장평은 한 걸음도 안 되어 보이는 거리를 좁히지 못하고 계속 '최초의 장평'을 따라가고 있었다. 심지어 유목민족의 의복을 입고 준마에 탄 장평조차도.

그들 모두가 최초의 '장평'에 붙잡힌 메아리이었다.

그리고 최초의 '장평'이 몸을 돌렸다.

〈백면야차는 죽어야 한다.〉

피폐하고 낙담한 얼굴의 '장평'이 말하자, 장평의 메아리들은 발을 멈췄다. 그 모든 메아리는 장평의 앞길을 가로막았다.

'허상이 아니었나?!'

장평은 주변을 돌아보았다. 혈로를 뚫고 돌파하기 위해서였다.

그러나, 눈앞이 캄캄해지기 시작했다.

비유나 과장이 아니었다.

글자 그대로, 무한한 메아리들이 하늘을 덮고 땅을 가리며 지평선을 집어삼킨 것이었다.

절망스러운 풍경을 목도하며, 장평은 깨달았다.

'백면야차가 문제가 아니었구나.'

백면야차는 결국 '현재'에 속한 존재. 그가 아무리 미래로 이어지는 것을 봉쇄한다 해도, 과거에서 이미 태어난 '미래'의 괴물을 제거할 수는 없었다.

백면야차는 언젠가 죽을 수 밖에 없었다.

무한히 강해지고 무한히 시도하는 백면야차의 천적. 회귀자에 의해서.

'내가 장평이기를 그만두었다고 해서, 나를 풀어 줄 필요가 있을까?'

'최초의 장평'은 괴물이 되기 전에도 악인이었고, 지금은 악하면서 괴물이기까지 했다.

"……너였구나."

그리고, 장평은 깨달았다.

〈백면야차는 죽어야 한다.〉

장평의 다짐인 것처럼 의태하고 있던 저 사념을, 누가 보내고 있었는지를.

"네놈이 날 지배하고 있던 거냐? 저 메아리들과 마찬가지로?"

그 순간, 장평의 머릿속에 남궁연연이 들려 준 말이 떠올랐다.

〈이젠, 우리가 토대가 되면 돼. 우리가 쌓아 올린 것들을 딛고, 응용하고, 수정하고, 개선하고, 마침내 부정한 뒤에 더 높은 곳으로 올라갈 수 있도록. 우리의 후예들을 믿고 기다리면 돼.〉

미래를 위한 과거.

과학자의 삶을 설명하는 말이었다.

그러나 지금, '최초의 장평'은 정확히 그 반대의 존재였다.

"네 미래들을 모조리 과거에 엮어 놓고 있던 거냐?!"

과거를 위해 미래들을 약탈하는 참혹한 모습에, 장평은 치를 떨며 외쳤다.

"이게 지금 백면야차에게 복수하겠다는 놈이 할 짓이냐?!"

〈포기해라…… 굴복해라……〉

무한한 메아리들을 등 뒤에 세워 둔 채, '최초의 장평'은 음울한 표정으로 말했다.

〈내가…… 백면야차의 죽음에 닿을 때까지……〉

탁하고 흐릿한 눈동자의 메아리들이 장평을 가로막고 있었다. 서로 다른 삶과 기억을 가졌어야 할 그들은 '최초의 장평'에게 묶인 채 똑같은 말을 읊조리고 있었다.

"백면야차는 죽어야 한다."
"백면야차는 죽어야 한다."
"백면야차는 죽어야 한다."
"백면야차는 죽어야 한다."

메아리들의 무위는 그리 대단치 않았다. 이류 무사가 대부분이었고, 가장 강한 자라도 절정고수 초입 정도였다.

문제는, 숫자.

하나를 치는 순간 여섯이 붙을 것이고, 여섯을 떨쳐내는 동안 백이 덮을 것이다. 글자 그대로의 인산인해가 장평을 막아서고 있었다.

가능하면 죽이고 싶지 않았다. 하지만 그것과는 별개로, 힘으로 뚫는 것은 불가능했다.

"……."

장평은 초조한 눈으로 '최초의 장평'을 바라보았다. 피폐하고 낙담한 얼굴의 그는 장평이 백면야차에게 토사구팽 당하던 때와 동일한 복색과 용모를 가지고 있었다.

'무위 자체는 일류 고수 수준인데…….'

그러나 장평은 본능적으로 느낄 수 있었다.

'건드리지 않는 편이 낫다.'

'최초의 장평'은 홀로 서 있었지만, 그의 인기척은 한 사람의 것이 아니었다. 뭔가 특별한 힘을 갖추고 있다고 보아야 했다.

죽이고 싶은 놈이고 죽여야 할 놈이었지만, 지금은 아니었다.

"딱 한 번만 묻지."

장평은 '최초의 장평'을 노려보며 말했다.

"난 이제 더 이상 네 일부가 아니다. 네 일부로 돌아갈 생각도 없고. 내가 네 일을 방해하지 않는 대신, 길을 열어 줄 생각은 없나?"

〈좌절해라…… 후회해라……〉

'최초의 장평'이 읊조리자, 메아리들 모두가 한목소리로 말했다.

"백면야차는 죽어야 한다."

"백면야차는 죽어야 한다."

"백면야차는 죽어야 한다."

"백면야차는 죽어야 한다."

무한한 목소리들 모두가 한목소리. 눈의 깜빡임 하나조차 통일된 그 모습에, 장평은 냉소했다.

"내 입으로 이런 말을 하게 될 줄은 몰랐지만…… 넌 백면야차를 증오할 자격도 없는 놈이다."

〈합류하라…… 복종하라……〉

'최초의 장평'이 검고 음산한 안광을 발하는 순간. 메아리들은 같이 일제히 장평에게 쇄도했다.

'……위!'

제일 먼저 막힌 것은 머리 위. 하늘이었다.

해일의 고점에 속한 메아리들이 하늘을 덮고 장평에게 밀려들고 있었다. 무공이 강한 몇몇 메아리는 경공술을 펼쳤지만, 대부분은 그저 추락할 뿐이었다.

'옆도 막혔나?'

그리고 좌우 또한 좁혀드는 메아리들에 가로막혔다. 바다에 던져지는 어망과 같이, 인망(人網)이 장평을 덮치려 하고 있었다.

'아직 열려 있는 길은 단 하나. 후방뿐.'

뒤로 물러나야 했다. 인망의 범위에서 몸을 빼낸 뒤, 빈틈을 노려 뚫고 지나가야 했다.

하지만 장평은 물러나는 대신 '최초의 장평'을 노려보았다.

'네놈도 그렇게 생각하겠지?'

그는 메아리들만 던져 놓은 채, 그 자리에 서 있었다. 아마도 장평의 다음 행동을 봉쇄하기 위해서이리라.

'뭐야. 쉽잖아.'

'최초의 장평'이 어떤 존재고 무슨 사술을 부리는 것인지는 알 수 없지만, 분명 나름의 규칙과 한계가 있는 것이 분명했다.

의도가 있으면 읽을 수 있었다.

읽을 수 있으면 헛점을 찌를 수 있다.

그리고 지금 이 '일격'의 허점은……

"……앞."

콰르르르……!

장평이 있던 자리를 덮친 메아리들은 서로 부딪히고 터지며 피를 흩뿌렸다. 운 좋게 인체더미의 상층부에 속했거나 남달리 강한 이들은 작은 타박상으로 끝났지만, 불운한 이들은 수만명의 무게에 짓눌려 으깨져야 했다.

"배, 백면……."

"백면야차는……."

그러나 누구도 비명을 지르지 않았다.

소리조차 제대로 내지 못해 꺽꺽거리면서도, 메아리들은 멍한 눈으로 같은 말만 반복할 뿐이었다.

그리고, '최초의 장평'은 음울한 눈으로 인산을 바라볼 뿐이었다.

〈……?〉

저 안에, 장평이 없었기 때문이었다.

쿠웅……

그 순간, 낮고 묵직한 굉음이 등 뒤에서 들려왔다. 소리를 앞지르는 속도가 빚어낸, 독특한 파공음이었다.
〈……!〉
잘못 짚었음을 깨달은 '최초의 장평'이 굉음을 따라 몸을 돌렸을 때, 장평은 이미 수십 리 밖으로 멀어진 상태였다.
"느리구나. 최초! 상황파악마저도 느려 터졌구나."
장평은 냉소했다.
메아리의 해일이 장평을 뒤덮던 그 순간, 장평은 피하거나 물러나지 않았다.
그가 고른 것은 정면돌파였다.
"합격진을 펼치려거든, 손발 정도는 맞춰 봤어야지!"
장평을 덮치는 메아리들은 무공의 수위가 천차만별. 그것도 세뇌되어 조종당하는 탓에, 서로 손발을 맞출 수도 없었다.
차라리 서 있을 때는 빈틈이라도 없지, 속도가 서로 다른 이들이 무작정 전력질주를 하다 보니, 대열에는 미세하나마 공백이 생길 수밖에 없었다.
그리고, 지금의 장평에게는 그 정도면 충분했다.
공백이 있기만 하다면 비틀어 열 수 있었고, 열리기만 한다면 질주할 수 있었다. 동인하초로 인한 반사신경이, 초절정고수로서의 경공술이 있으니까.
"날 얕보지 마라. 과거의 망령!"
〈탈진하라…… 절망하라……〉
'최초의 장평'이 손을 뻗자, 장평이 내달리는 경로 앞의 땅 밑에서 수많은 메아리들이 불쑥불쑥 솟아났다. 장평의 앞을 막은 그들은 마구 팔을 휘저으며 장평을 낚아채려 했다.

"흠!"

그러나, 장평은 그대로 공중으로 날아올랐다. 제아무리 손을 뻗는다 해도 닿지 않을 십장 가까운 높이였다.

〈추락하라…… 몰락하라……〉

그 순간. 또 다른 메아리들이 그림자에서 걸어 나왔다. 활을 겨눈 군인과 사냥꾼들. 그리고 사천당가나 기타 무림인들의 복색을 하고 암기들을 겨눈 자들이었다.

길을 막아 장평이 도약하게 유도한 뒤, 허공에 뜬 그를 요격하려는 것이었다.

피잉! 피잉! 푸슈슈슈슉!

사방에서 날아든 화살과 암기들이 장평을 뒤덮었다.

"고작해야 장평이면서 이렇게 뻔한 수를 펼치면 어쩌자는 거지?"

그 순간. 냉소한 장평은 허공을 향해 발차기를 날렸다.

파앙!

발차기의 여력이 장평의 궤도를 바꿨고, 화살과 암기들은 허공을 꿰뚫었다.

타격력을 응용한 공중에서의 재가속. 북궁산도가 즐겨 쓰는 기술이었다.

"경험이 부족하구나. '최초의 장평!'"

터억.

땅에 착륙한 장평은 마침내 신앙총과는 산봉우리 하나만을 남겨두고 있었다.

"후우."

장평이 도약하기 위해 숨을 고르는 순간이었다.

〈체념해라……!〉

흉악한 안광을 빛내며, '최초의 장평'은 걸음을 옮겼다. 그 순간. 장평은 놀랄 수밖에 없었다.

"이게 무슨……."

걸음 자체는 산책이라도 하는 듯한 느릿느릿한 걸음이었다. 그러나, 그가 한 걸음을 내딛을 때마다 수십 장씩 가까워지고 있었다.

좁은 보폭임에도, 그 이상으로 땅이 압축되는 것이었다.

'축지법(縮地法)?'

설화 속에 등장하는, 거리를 접는 불가해한 술법. 빠르게 움직이는 무림인의 경공술과는 상반되는 능력이었다.

그뿐만이 아니었다. '최초의 장평'이 장평을 가리키자, 붉은 귀기(鬼氣)가 하늘을 덮으며 장평에게 밀려들기 시작했다.

"……!"

새. 나무. 벌레. 잡초.

붉은 귀기에 닿은 생물체들은 종류를 가리지 않고 생기를 빨리고 말라 비틀어졌다.

심지어 돌이나 바위 같은 무생물조차도 색을 잃고 빛이

바랠 정도였다.

〈아아아아……〉

자세히 보니, 그 붉은 귀기를 이루고 있는 것은 고통스러워하는 영혼들이었다. 그들이 고통에 신음하는 귀곡성을 들으며, 장평은 '최초의 장평'의 본질을 깨달았다.

"……사술사."

사악한 술수로 해선 안 될 짓을 벌이는 자. 그럴 수 있으니까 그리하는 자.

그 나름대로는 합리적인 판단이었다.

무공으로는 백면야차를 넘을 수 없으니 사술이라는 수단을 택했고, 홀몸으로 모든 변수를 점검하고 대비하려면 너무 오래 걸리기에 또 다른 장평들을 노예 삼았으며 아무런 관계없는 영혼들의 고통마저도 무기로 삼는다.

수단과 방법을 가리지 않는 그 흉악함이야말로 그야말로 장평답다 할 수 있었다.

"……넌 지금의 네 모습에 만족하는 거냐?"

알고 있었다. 잡담을 나눌 사이도, 상황도 아니라는 것을. 그러나, 도저히 참을 수 없었다. 장평에서 거듭난 장평으로서, 한때는 자신이었던 자에게 묻고 싶었다.

"세뇌와 조종 대신, 대화나 협력을 해 볼 생각은 없는 거냐?"

그 순간. 사술사는 발을 멈추고 장평을 바라보았다.

장평이 작은 기대를 품어 보려는 순간.

〈백면야차는 죽어야 한다.〉

사술사는 다시 걸어오기 시작했고, 붉은 영기도 다시 밀려들기 시작했다.

"그래. 그렇겠지. 믿음보다는 협박과 세뇌가 쉽고 안전하겠지……."

장평은 체념하고 몸을 돌렸다.

그는 땅에서 조약돌 몇 개를 집어 서로 다른 궤도로 집어 던졌다.

"흡!"

타악!

첫 조약돌을 밟으며 도약. 두 번째 조약돌을 딛으며 재도약. 마침내 마지막 조약돌을 딛고 솟구쳤을 때, 장평은 만년설 덮인 산봉우리를 딛은 상태였다.

"……산도!"

신앙총이 보였다.

신앙심을 떠나보내는 이들이 남긴 경건한 비석들은 너덜너덜해져 있었고, 중력 채찍이 남긴 상흔은 운하처럼 깊고 굵었다.

그리고, 그 중심에 특이점이 있었다.

광포하게 날뛰는 특이점이 모든 것을 빨아들이는 모습에 경외심을 품는 것도 잠시.

"천마! 산도!"

일물자와 북궁산도의 모습이 눈에 들어왔다. 특이점에 힘과 생명을 착취당하는 비참한 몰골이.

"……?!"

일물자와 북궁산도는 깜짝 놀라 고개를 돌렸다.

"……구하러 왔다!"

그들에게는 이미 말할 기력조차 남지 않은 모양이었지만, 장평에게는 차라리 잘된 일이었다.

백면야차와 함께 이 세상을 날려 버리겠다는 말도, 우린 신경쓰지 말고 다음 세상으로 가라는 말도 듣지 않을 수 있었으니까.

"네가 말했지? 허락보다 용서가 쉽다고!"

파앙!

장평이 전력을 다해 쇄도하자, 산봉우리에 굳어있던 만년설들이 바스러지며 눈사태를 일으키기 시작했다.

쿠르르릉…….

그와 동시에 붉은 영기는 하늘을 덮으며 밀려들고 있었고, 장평을 닮은 누군가가 이해할 수 없는 방식으로 다가오고 있었다.

그러나, 그 무엇보다도 빠른 것은 장평이었다.

'빠르게. 더 빠르게. 쫓아올 수 있을 정도로 빠르게!'

가속과 재가속을 반복하며, 마침내 공기의 벽까지 뚫어냈다.

쿠웅…….

저릿한 굉음과 함께, 음속을 넘어선 장평은 특이점의 흡입력에 몸을 싣고 속도를 더했다.

눈사태와 붉은 영기가 점점 멀어지는 가운데, 사술사는 축지를 반복하며 집요하게 장평을 쫓아왔다.

〈포기하라…… 절망하라……〉

사술사는 손을 뻗어 장평을 잡아채려 했다.

그 순간. 흰 손이 나타나 사술사의 손목을 낚아챘다.

-오늘은 아니다.

그와 동시에 검은 손이 나타나 장평의 등을 부드럽게 밀어주었다.

-여기서도 아니고.

사술사의 손이 장평이 아닌 허공을 스치는 순간. 그는 흰 손을 뜯어내며 외쳤다.

〈내 미래다……! 내 도구다……!〉

-이젠 아니다.

〈장평……!〉

사술사마저도 따돌린 순간.

장평은 마침내 특이점을 눈 앞에 두었다.

"……."

생각해 보면, 특이점은 파국 그 자체였다.

실수가 있었고 실책이 있었다. 그리하여 파국이 찾아왔고, 장평은 현실에서 도망쳤다.

일물자는 현재를 포기하고 미래를 위해 헌신하길 택했고, 북궁산도 또한 마찬가지였다.

다시 시작할 수 있다는 막연한 희망에 눈이 멀어, 모두가 현재를 포기하려 했다.

하지만, 아직 끝나지 않았다.

벌써부터 이 세상을 포기하기엔, 아직 할 수 있는 일이 너무 많았다.

그렇다면 지금은 파국이어서는 안 되었다. 호들갑을 떨었을 뿐인 시시한 일로 마무리되어야 했다.

'답은 처음부터 내 안에 있었다. 내가 질문해 주기만을 기다리고 있었다.'

장평은 주먹을 말아 쥐었다.

막을 수 없는 일을 막아야만 한다면, 막을 수 있는 일이라고 믿으면 된다.

소박한 희망으로 건네받은 해방의 사슬.

'태허합기공!'

쿵!

장평의 일격이, 특이점을 부쉈다.

* * *

핏.

맹위를 떨치던 특이점은 거짓말처럼 사라졌다. 장평은 주먹을 치켜든 채로 하늘을 바라보았다.

세상에서 가장 높은 산맥임에도 불구하고, 하늘은 푸르고도 높았다.

가슴이 후련할 정도로…….

"장평……."

그때, 북궁산도가 장평에게 다가왔다.

초췌한 얼굴에 상처투성이인 그녀는, 흐느끼며 장평의

손을 붙잡았다.

"왜 왔어요? 왜 막았어요? 다시 시작할 수 있으면서, 왜 돌아왔어요?"

생각해 보면, 북궁산도가 우는 모습은 처음으로 보는 것이었다. 언제나 죽음으로 도망치던 그녀도, 이제는 삶에 붙들려 버린 것이었다.

"나는……."

아름다운 말들이 있었다. 감동적인 말들이 있었다. 하지만 그건 '장평'의 것이었고, 지금의 그는 장평답게 굴 필요를 느끼지 못했다.

"누군가가 보증하더군. 보자마자 꼬실 수 있는 미녀가 있다고."

"……네?"

"그래. 내 눈에도 보이는군. 팔순이 넘도록 연애 경험 없다는 몸매 좋은 금발 미녀가."

북궁산도는 눈을 껌뻑거렸다.

"아니…… 그건 제가 아니라…… 다음 번……."

"전에 말했고, 지금이 그다음이잖나."

"……."

장평은 장난스러운 미소를 지었다.

"평생?"

"……평생."

얼굴이 새빨개진 북궁산도가 조심스럽게 고개를 끄덕이는 모습을 보며, 일물자는 착잡한 표정을 지었다.

"대마…… 네 명째……."

신앙총에 비축해 둔 기운은 전부 소진했고, 이제는 좋건 싫건 맞서 싸울 수밖에 없었다. 제국을 등에 업고 무림을 휘두르는 파괴신. 용태계를 상대로.

하지만 지금, 일물자는 좌절감이 아닌 다른 감정이 가슴에 차오르는 것을 느끼고 있었다.

'이제, 장평은 우리에게 있다.'

천마로서 겪었던 최악의 적을, 용태계를 향해 휘두를 시간이었다.

북궁산도는 장평과 입맞추며 미소 짓고 있었다. 오랜 벗이 마침내 마음을 놓을 자리를 얻은 그 모습에, 일물자는 온화한 미소를 지으며 말했다.

"성지에서 지금 무슨 짓을 하는 거야……."

* * *

용태계는 서쪽을 보고 있었다.

바람이 불어와서가 아니었다. 서쪽에서부터 미진(微震)이 전해와서가 아니었다.

"……저질렀구나. 풋내기 천마."

그 미세한 지진의 진원지. 초고중력 특이점의 존재를 느낀 것이었다.

"적에게 세상을 바치느니 지구를 부수다니. 합리적이군. 아주 합리적이야!"

용태계는 미주를 홀짝이며 서쪽을 바라보았다. 인류의 존엄과 악의를 동시에 증명하는 일물자의 결단에, 용태계는 비릿한 미소를 지었다.

"역시. 하면 되는 녀석이었잖아."

그때, 그의 등 뒤에서 차가운 목소리가 들려왔다.

"기쁘냐?"

"그렇다."

"지구가 파열되는 것이?"

"아니. 이 발상 자체가."

용태계는 즐겁게 미주를 홀짝이며 말했다.

"자신의 가능성을 개화시키는 것은 생각보다 어려운 일이지. 그것도 천마 정도 되는 그릇이라면 불가능에 가까운 일이고."

"하지만 해냈지."

"그래. 해냈지. 해내서 한 방 제대로 먹였지."

술잔의 표면이 흔들리기 시작했다. 발밑의 진동이 일반인도 느낄 정도로 강해지고 있었다.

"발목잡기는 시시한 법이라지만…… 이 정도라면 인정해 줄 수밖에 없겠군. 잘했다. 풋내기 천마. 인간의 저력이 이 정도고 과학자의 업적이 이 정도라면, 흔쾌히 공멸해 주마!"

유쾌함마저 느끼고 있는 용태계와는 달리, 차가운 목소리는 단호했다.

"너 따위와 같이 죽어 줄 생각 없어. 덜떨어진 신. 주정

부릴 시간에 가서 막아. 지구와 사람들을 지켜내고, 감탄한 기념으로 자살이라도 해."

"싫다면?"

"……."

잠시 침묵이 있자, 용태계는 피식 웃으며 말했다.

"농담이었다. 막기 싫은 것이 아니라 불가능한 거다."

"왜?"

"네게 기감(氣感)은 없지만 그 이상의 두뇌가 있지. 거리를 역산해 봐라."

십만대산과 북경의 거리. 그리고 지진의 진도를 역산해 보면, 답은 금세 나왔다.

"……늦었군."

"그래."

용태계가 북경을 벗어나기도 전에 지구가 파열될 것이었다. 그리고 지진파의 빈도와 강도를 계산해 보면……

"이미 지구 자체가 파열되었을 수도 있는 건가?"

"어쩌면."

쿠궁…… 쿠궁…….

잡담을 나누는 사이에도 지진은 점차 강해지고 있었다. 바다 위로 태풍이 밀려들 적에 매 파도가 점차 거세지듯이, 무공을 모르는 사람은 서 있는 것도 불가능할 정도였다.

"과연. 과학은 지고하고 인류는 강인하구나. 너처럼 너절한 신 따위와 공멸하기 아까울 정도로 아름답구나."

"하하. 이제야 내 마음을 이해하는가?"

"아니. 못한다. 어엿한 인간인 내가 고작해야 파괴신에 불과한 너를 어떻게 이해할 수 있단 말인가?"

용태계는 혀를 내둘렀다.

불쾌감보다는 감탄에 가까운 표정이었다.

"그 작고 귀여운 혀를 참으로 신랄하게 쓰는군."

"네가 마지막으로 듣는 말은 불쾌해야 한다. 네가 마지막으로 느끼는 감정은 후회여야 한다. 그게 네가 지은 죗값에 대한 최소한의 응보니까."

"그래. 그럼…… 다음 지진파에 대고 건배라도 할까?"

용태계는 허공섭물로 술잔을 띄워 자리에 앉아 있는 사람에게 전했다.

귀한 잔에 어사주였다. 그러나 상대방은 더러운 것을 쳐내듯이 손끝으로 쳐내 바닥에 떨어트릴 뿐이었다.

용태계는 피식 웃었다.

"입맛이 쓴 채로 파멸을 맞겠다면 말리진 않겠다."

용태계는 두 팔을 벌리고 기다렸다.

"와라. 종말이여!"

지구를 파열시킬 파멸의 파도. 마지막 지진파가 다가올 순간을.

"……"

그러나, 오지 않았다.

지구의 숨통을 끊을 최후의 지진파는 일어나지도 않은 것이었다.

"……뭐지?"

용태계는 혼란스러움을 느꼈다.

순조롭고 줄기차게 거칠어지던 지진파가 갑자기 사라진 것이었다.

있을 수 없는 일이었다.

"사라졌다고? 갑자기?"

달궈진 쇠가 갑자기 차가워질 수 없듯이, 바다 위의 풍랑이 갑자기 가라앉을 수 없듯이.

특이점에 문제가 생겨 약해졌다 하더라도, 약해지는 과정이 필요했다.

특이점을 만든 힘보다 고차원적인 무언가가 간섭하지 않았다면…….

"……."

미묘한 불쾌감과 실망감이 뒤섞이는 가운데, 등 뒤에서 예리하고 독기 어린 비웃음 소리가 들려왔다.

"모르나? 신을 자처하는 주제에, 무슨 일이 벌어진 건지도 모르는 건가?"

조롱당한 용태계는 불쾌한 표정을 지었다.

"……너는 알고 있기라도 한 것처럼 말하는군."

"안다. 나는 똑똑한 사람이고, 넌 그 어떤 사람보다도 저능한 신이니까."

"그럼, 말해 봐라. 이게 어떻게 된 일인지를 설명해 봐라."

그 순간, 탁자 위에 작은 촛불이 커졌다.

핏기 없는 얼굴의 작은 여자가, 현명함과 집념이 동시에 담긴 눈으로 용태계를 바라보았다.

"십만대산에는 장평이 있다."

"그게 어쨌다고?"

"장평이 찾아낸 거다. 천마가 내린 답인 공멸보다 나은 해결책을. 오직 너만을 죽일 방법을 찾아냈기 때문에, 공멸을 멈춘 것이다."

"……."

용태계의 불쾌함이 짙어질수록, 여자의 미소는 흐드러지게 피어났다.

"넌 죽을 거다. 백면야차."

"날 죽일 방법 따윈 없다."

"장평은 널 죽일 것이다. 힘이 없으면 강해져서라도, 방법이 없다면 만들어서라도."

"……."

"그리고 나도 그를 도울 것이다. 네가 가능성을 개화시킨 자에게 품는 존중을 악용해서, 널 관찰하고 연구하여 어떻게든 네 약점을 찾아낼 것이다."

칼날처럼 정련된 예리한 기백에, 용태계는 쓴웃음을 지을 수밖에 없었다.

"아무리 봐도, 장평은 사기꾼 주제에 과분한 아내를 얻었단 말이야."

"모자라다. 나는, 그에게 모자란 아내였다. 곁에 있으면서도 파멸을 막지 못한 어리석은 아내였다."

남궁연연은 현명함과 집념이 균형을 이룬 눈으로 용태계를 바라보았다.

"하지만, 다음에는 그럴 일이 없을 것이다. 백면야차라는 사소한 숙제를 해결한 뒤에는, 백년해로할 테니까."

"정말이지, 말로는 못 이기겠군."

용태계는 껄껄 웃으며 걸음을 옮겼다.

"황궁에서 떠나고 싶어지면 말해라. 미소와 셋이서 식사나 한 끼 하자."

그는 방문을 연 채로 밖으로 빠져나갔다. 긴장감이 풀어진 남궁연연은 그제서야 축 늘어지며 식은땀을 줄줄 흘렸다.

"장평. 지치지 마. 포기하지 마. 나도 여기서 싸울 테니, 너도 거기서 싸워 줘."

그녀는 서쪽 하늘을 향해 손을 뻗었다.

"함께, 미래를 되찾자."

수만 리 밖 십만대산을 붙잡을 듯 간절히.

"우리들의…… 미래를."

* * *

파앙!

장평의 몸이 질풍처럼 내달렸다. 소리와 어깨를 나란히 하는 경이로운 속도. 이미 초절정고수 중에서도 최고 수준의 속도였다.

"이 정도면 거의 비천대마 수준이군."

참관하던 일물자의 목소리에는 대견함이 실려 있었다.

그러나 다음 순간.

장평은 이를 악물며 몸을 앞으로 기울였다.

"느으으읏……!"

쿠웅……

그 순간, 낮고 묵직한 굉음이 등 뒤에서 들려왔다. 소리를 앞지르는 속도가 빚어낸, 독특한 파공음이었다.

"이게 무슨……."

일물자는 더 이상 장평을 대견스러워하지 않았다. 그는 경악하고 있었다.

"사라졌다고?!"

분명히 장평을 예의주시하고 있던 일물자의 시선이, 장평을 놓친 것이었다. 마치 요술이나 사술을 부려 투명해진 것처럼.

그 순간.

터텅! 데구르르…….

옆쪽에서 무언가 둔탁한 충돌음이 들려왔다. 일물자의 시선과는 반대 방향이었다.

"장평?"

그리고, 장평은 몸 여기저기에서 연기와 수증기를 뿜어내며 나뒹굴고 있었다.

"……으으."

"괜찮나?"

1장 〈113〉

일물자는 다가가 장평의 상태를 살폈다.
"……안 괜찮군."
피부 여기저기에 면도날로 베인 듯한 예리한 상처들이 무수히 많았다. 아마도 바람을 뚫고 지나가는 풍압으로 베인 모양이었다.
심지어 몇몇 부위에서는 좁쌀만 한 구멍이 뚫려 피가 줄줄 흐르고 있었다.
모래알이나 벌레라도 부딪힌 탓이리라.
특히 문제는 체온. 뜨거운 피가 장평의 몸 전체를 격렬하게 내달리고 있었다. 일물자는 내공을 돌려 그의 체온을 식혀 주었다.
"빠르지만, 너무 빠르군."
"너무 느린 것보다는 너무 빠른 편이 낫소."
흰 노인은 장평에게 '현실'의 세계관을 심어두었고, 현실의 쐐기. 태허합기공을 제공해 주었다. 현세를 걷는 미친 신 백면야차를 무찌를 수단이자, 사술사 '최초의 장평'에게서 자기 자신을 지킬 수 있는 수단.
하지만 그것은 어디까지나 선물 받은 것.
장평이 초절정고수의 경지에 오르며 새로 획득한 권능이 바로 이 능력이었다.
"그러기 위한 '태허진일보(太虛進一步)'니까."
일물자와의 실험과 연습이 검증한 것은, 태허합기공 자체는 더할 것도 뺄 것도 없다는 점이었다.
'태허합기공은 일물자에게 먹힌다.'

출력과 효율의 차이가 있을 뿐, 일물자와 용태계는 똑같은 입신지경의 고수. 태허합기공은 그런 일물자의 내공을 완벽히 봉할 수 있었다.

'그렇다면 용태계에게도 먹힐 것이다.'

답은 준비되었다.

이제 남은 것은 그 답에 이르는 과정뿐.

태허진일보는 장평이 준비할 수 있는 최선의 답이었다.

반동과 내력으로 여력을 모으는 허공답보와는 달리, 장평의 태허진일보는 말 그대로 한 걸음을 내딛는(進一步) 것이었다.

오직 그만이 간섭할 수 있는 별개의 이차원(異次元)인 '현실'에 발을 딛는 것으로 재가속할 수 있었다.

통상 속도만으로도 음속인 상태에서 태허진일보를 펼치면 그야말로 초음속(超音速). 소리를 따돌리고 앞지르는 전인미답의 속도였다.

"태허진일보. 음속을 넘어서는 초음속은 용태계도 대응하지 못할 걸세."

"상상하지 못했을 테니까요."

"그래. 상상조차 못 하겠지."

일물자는 확신에 찬 미소를 지었다.

직접 수련 대상이 되어 주고 있는 일물자 본인도 아직 초음속에 완벽히 대응하지 못하고 있기 때문이었다.

"음속의 비천대마도 무림 최고의 속도였는데, 초음속인 자네를 무슨 수로 쫓겠나? 초음속을 알고 있고 대비하고 있는 내 시선조차 뿌리치는 태허진일보를?"

속도. 상상 이상의 속도는 그 자체로 기습이 될 수 있었다. 정면에서의 기습이.

일물자는 흐뭇한 미소를 지었다.

"자네의 선택은 합리적이네. 장평. 우리가 북경에서 싸울 가능성이 높다는 점을 감안하면 특히."

수십 년간 비축한 기류 덕분에, 용태계는 북경의 모든 것을 지배하고 있었다.

그 안에서 숨을 쉬는 것만으로도 폐부에 용태계의 기가 스며들었고, 용태계는 그 기를 격발하는 '내파(內波)' 일초식으로 장평을 무력화시켰다.

대마들은 도륙당했고, 마교는 피눈물을 흘리며 비참하게 패주해야 했다.

그러나, 그들은 살아 있었다.

그리고 용태계는 실패와 패전으로서 패배자들에게 귀중한 정보를 주었다. 그의 능력과 그의 한계에 대한 가르침을.

"용태계의 영역은 북경의 외성벽. 그가 당신들을 포착한 것도 그 부근이었소."

장평은 차분한 목소리로 말했다.

"북경성 밖에서부터 호흡하지 않는다면, 내파를 원천적으로 봉쇄할 수 있소. 그와 동시에, 용태계의 제일 큰 약점도 이용할 수 있지."

"용태계의 약점?"

"놈은 신의 힘을 가졌을지 모르지만, 사람의 정신을 지니고 있소."

장평은 용태계가 대마들을 도륙하던 모습을 기억하고 있었다. 피의 혼례식 당시, 용태계는 압도적인 파괴력으로 대마들을 도륙했었다.

그러나, 그는 한 번에 한 명이나 두 명만을 노리고 공격하곤 했다.

"놈은 상상력도, 판단력도 부족한 거요. 인간의 초식에 맞춰 신의 힘을 부리고, 하나의 공격으로 하나의 적을 해친다는 무공의 이념에서 벗어나지 못하고 있소."

"사람으로서의 정신이 신의 힘을 깎는다. 흥미로운 관점이군."

"무인으로서의 완성도를 보면, 백면야차는 오류와 낭비로 점철되어 있소. 그 대부분은 용태계 그 자신에 의해 빚어진 한계지."

장평은 차분한 목소리로 말했다.

"그런 면에서는 차라리 일물자 당신이 더 우월하고 합리적이오. '천마'는 오직 신만이 할 수 있는 것들을 하기 위해 신이 되었으니까."

"……힘은 딸리지만."

"힘은 딸리지만."

사실, 문제는 그것이었다.

초식 운용이 허술하고 전술이 비효율적이라 해도, 용태계에게는 약점이 되지 않았다.

1장 〈117〉

힘!

신으로서 설계된 근골과 무궁무진한 내력의 조합 앞에서, 기교니 초식 운용이니 하는 필멸자의 술수들은 이빨조차 들어가지 않았다.

"하지만 우리에겐 과학이 있지. 신조차 끌어내릴 인간의 지혜가."

"집념과 증오도 잊지 마시오. 그 지혜를 북돋아 주는 인간의 마음도."

장평과 일물자는 서로를 바라보았다.

평생을 적으로 살아 온 두 사람은, 서로를 알아가면 알아갈수록 동질감과 친밀감을 느끼고 있었다.

"만약…… 그때 자네가 곧바로 사망곡으로 왔더라면……."

그렇기에 일물자는 씁쓸한 표정으로 말했다.

"혈조대마를 죽이는 대신…… 우리와 함께 했다면……."

"……많은 것이 바뀌었을 거요. 내가 잃어버린 것들을 잃지 않았을 수도 있겠지."

장평의 눈빛 또한 씁쓸했다. 그러나, 그의 목소리는 단호했다.

"하지만, 나는 여기에 있소. 지금 이 자리에 있소. 잃어버린 것들에 대한 고통조차도 힘으로 삼아서."

"그래. 그 또한 변함없는 사실이지……."

한숨을 내쉬는 일물자의 귀에, 누군가의 전음이 날아왔다. 잠시 침묵하던 그는 상대방에게 짤막한 전음을 날렸다.

"장평. 중원에서 몇 가지 첩보가 들어 온 모양일세. 회의하러 성전 사령부로 가세나."

"알겠소."

이제는 집처럼 익숙한 십만대산이었다.

그러나 일물자는 그 자리에 선 채 장평을 바라보았다.

"그 전에, 자네에게 들려줄 정보가 있네. 일 다경의 시간을 줄 테니, 천천히 오게나."

"무슨 정보?"

"미소공주 용윤의 즉위가 확인되었네. 직접 알현한 외교관들에 의하면, 순천제(順天帝)라고 불리는 모양이더군."

"역시 살아 있었군."

장평은 안심했지만, 놀라지는 않았다.

용태계는 용윤을 죽일 필요가 없었다. 이용할 가치가 있는 한은.

하지만 일물자의 다음 말에는 딱딱하게 굳을 수밖에 없었다.

"그리고, 남궁 부인의 생존이 확인되었네."

"……뭐라고?"

"자네의 아내. 남궁연연은 현재 황궁의 귀빈실에 머물고 있다네. 공식적으로는 순천제의 조언가지만, 실제로는 용태계의 귀빈 취급을 받는 모양이더군."

"……."

딱딱하게 굳어 버린 장평의 볼 위로, 뜨거운 눈물 두

줄기가 흘러내렸다.

"살아 있었군. 연랑이…… 살아 있었군."

비록 용태계가 가능성을 개화한 자를 좋아한다고는 해도, 그녀를 굳이 살려 둘 필요는 없었다.

남궁연연의 학식과 지적 능력은 그 자체로도 위험요소였고, 무엇보다도 외유내강하며 용맹한 그녀는 용태계를 결코 용서하지 않을 것이었으니까.

그렇기에 장평은 반쯤은 포기하고 있었다.

지금까지는.

풀썩.

무릎의 힘이 풀린 장평은 그 자리에 주저앉아 흐느꼈다.

"나는…… 아직 연랑을 잃지 않았던 거로군……."

"그래. 자넨 아직 남궁부인을 잃지 않았네."

일물자는 장평의 어깨에 손을 얹고는 말했다.

"되찾으러 가세나. 빼앗긴 모든 것을."

"그러지."

일물자는 몸을 날려 산 너머로 넘어갔다.

홀로 남은 고원에서, 장평은 하늘을 우러러 보았다.

살아 있었다. 살아 있었다. 살아 있었다.

남궁연연이 살아 있었다.

한때 냉정함과 침착함으로 명성 높은 사내는, 안도감과 미안함이 뒤섞인 뜨거운 눈물로 얼굴을 적셨다.

'잃지 않았다면 되찾을 수 있다. 회귀하지 않아도 되고

후회하지 않아도 된다.'

절망. 고통. 후회. 패배감. 지금껏 쌓여 있던 가슴속의 모든 응어리가 뜨거운 눈물 안에 녹아내리고 있었다.

'되찾으러 가자. 장평. 세상을, 미래를, 공주님을. 그리고 연랑을.'

장평은 흐느끼면서 몇 번이고 되뇌였다.

"백면야차를…… 죽이는 것으로……!"

* * *

십만대산에서는 외곽에 속한 성전사령부는 그 어느 때보다 분주하게 돌아가고 있었다.

야전 지휘관이나 성전사는 물론, 각양각색의 학문을 전공한 과학자들. 그리고 첩보부에 속한 첩보원들과 물자 조달 및 자금을 확보하는 예산 관련 부서까지.

'적이 신이라면, 아군은 과학자.'

직접 출근하는 대신 자신의 연구실이나 현장에서 개별 작업을 진행 중인 이들까지 감안하면, 글자 그대로 마교의 총력을 총집결 시킨 모습이었다.

"재무부 너희 장난하냐? 근(斤) 쓰라고 근!"

"근은 무슨 빌어먹을 놈의 근 타령이야? 냥(兩)이나 써!"

"미친 놈들아, 전부 다 냥으로 표기하면 화폐 단위인지 무게 단위인지 헷갈리잖아!"

장평은 문득 무림맹의 회계반을 떠올렸다.

붓은 칼보다 강하다고 했던가. 칼을 들지 않는 회계관들이 서로를 과로와 눈빛으로 말려 죽이는 그리운 풍경을.

"얘들아. 우리 그냥 옛날부터 쓰던 운시아나 리브라 푼도로 통일하지 않을래?"

"여기가 로마야? 지금이 로마야? 동방에서 벌어지는 작전이잖아! 동방식 도량형에 맞춰!"

"으으…… 동방 놈들 다 몰살시키고 도량형 통일시키고 싶다……."

"와! 시황제! 와! 분서갱유!"

그들의 핏발 선 눈을 보며, 장평은 최대한 눈에 띄지 않게 위층으로 올라갔다.

성전사령부의 최상층에는 회의실이 마련되어 있었다.

그리고 그곳에는 세 사람이 앉아 있었다.

"안녕하세요. 존경스러운 장평 대협."

"반갑소. 술야 소저."

김이 모락모락 오르는 흑차 잔을 앞에 둔 술야와, 불쾌한 표정으로 장평을 보는 파리하.

그리고 상석에 앉아 차분하게 서류를 읽고 있던 일물자였다.

"준비는 마쳤나?"

"그렇소."

"그럼, 앉지."

술야는 장평에게도 서류 뭉치를 건네주었다. 십만대산 현지인들의 공용어인 토번어나 마교의 학자들이 논문 등에 주로 사용하는 라틴어가 아닌, 한어로 세심하게 번역해 둔 서류였다.

"고맙소."

"별 말씀을."

술야는 장평에게 눈을 찡긋해 보였다.

무너졌던 모습을 두 눈으로 직접 보았던 그녀였기에, 다시 일어선 장평의 모습에 꽤나 감명받은 모양이었다.

"……잡담하지 말고 서류나 읽어라. 네놈 때문에 회의가 늦어지고 있잖나."

그리고 파리하는 정확히 그 반대. 전부터 딱히 우호적이지 않던 그녀는, 지금의 장평에게 악의 섞인 불쾌감을 감추지 않고 있었다.

"그러지."

장평은 서류를 살폈다.

기본적으로는 중원에서 확보한 단편적인 첩보들을 모아 놓은 첩보 보고서였다. 그러나 그 속도나 깊이, 신뢰도 모두 한심스러울 정도였다.

"……음."

대부분은 두세 달 전에 일어난 일이었고, 오래된 일은 반년. 가까운 일이라고 해 봐야 한두 달 전의 일이었다. 이 정보들을 기반으로 작전을 짜기는커녕 이미 상황이 한참 전에 끝난 뒤였다.

그나마도 단순한 소문이나 공식적으로 발표된 정보들. 소문이나 공문 모두 곧이곧대로 믿을 수 없다는 점을 감안하면…….

"……지나가던 여행객이 심심풀이로 해 주는 잡담 수준이군."

"맞는 말이에요."

술야는 대수롭지 않다는 듯이 말했다.

"실제로, 저와 친분이 있는 대상(隊商)이나 외교관들이 해 준 얘기를 긁어모은 거니까요."

어쨌건 피의 결혼식 이후 처음으로 갱신된 중원의 정보였다. 장평은 이런저런 정보들을 머리에 새겨 넣었다.

"요약하면, 백면야차의 찬탈은 성공했다는 얘기로군."

"예."

북경의 고관대작들은 권력 변화에 민감했고, 이미 죽은 황제를 위해 무적의 파괴신과 맞설 필요도 느끼지 못했다.

유일하게 잡음이 나오던 부분은 후임 황제가 존재조차 알려지지 않았던 여황제라는 점뿐이었는데……

"……황제의 후견인인 용태계가, 살아 있는 황족 찾아오면 제위 물려준다고 공언했다고?"

"꿈도 꾸지 말라는 협박이나 해 볼 테면 해 보라는 도발이겠죠?"

"아니. 그건 용태계의 방식이 아니오. 그는 책사도, 외교관도 아니오. 우리에서 풀려난 미친 호랑이에 가깝지."

장평은 담담한 목소리로 말했다.

"정말로 황족들을 전부 다 죽여 버렸으니까 하는 말일 거요."

"……와우."

술야의 가무잡잡한 얼굴이 낯선 안색을 띠웠다. 용태계의 난폭한 발상과 우악스러운 실행력에 질린 모양이었다.

"……한 번쯤 면담해 보고 싶은 사람이네요."

"포기하는 편이 좋소. 사람이 아니며, 사람의 논리조차 통하지 않으니."

장평은 서류를 덮었다.

"무림에서도 별다른 동요는 없는 거요?"

"무림이야 원래 무림이잖아요. 수면 아래서 무슨 일이 벌어지고 있는지는 모르겠지만, 제 정보원인 일반인들이 알 수 있는 변동은 없는 모양이에요."

"안타깝구려. 무림에서라도 동요가 좀 있었으면 좋았을 텐데."

"관과 무림은 불가침. 아시잖아요?"

장평은 쓴웃음을 지었다.

"남들만큼은 알고 있지……."

일물자는 차분히 말했다.

"자료 숙지가 끝났으면 슬슬 회의를 시작해도 되겠나?"

"그러시오."

일물자는 헛기침을 하고 말했다.

"백면야차는 죽어야 한다."

모두가 공감하는 바였다.

"그리고 우리가 가진 비장의 패는 장평 자네일세. 내공 봉쇄 능력을 가진 장평 자네를 만전의 상태로 백면야차 앞에 세우는 것이 우리의 최선책이지."

일물자는 차분히 말했다.

"확인차 묻겠는데, 장평. 우리가 자네를 북경 안으로 들여보내 준다면 혼자서 백면야차를 잡을 수 있겠나?"

"없소."

장평은 침착하게 말했다.

"무인으로서의 용태계를 분석하자면, 방어력과 생존력에 특화된 존재요. 태허합기공으로 내공을 봉한다 해도, 그의 신체능력은 나보다 훨씬 우월하오."

"자네조차도 죽일 수 없다는 건가?"

"그렇진 않소. 나는 뒷골목 드잡이질이나 진흙탕 싸움에 익숙하니, 육박전을 벌이기만 한다면 이길 수 있소. 그저……."

"……시간이 걸린다는 뜻이로군."

"그렇소. 그리고 북경에는 무림맹과 황궁의 병력이 득시글거리고 있지……."

일물자는 생각에 잠겼다.

"그렇다면 아예 대군을 일으켜야 한다고 보는 건가?"

"대군을 이끌고 간다면 대군으로 막을 것이오. 십만대산에서 무공을 익힌 자들을 전부 합쳐도 일천 내외일 텐데, 그 정도 전력으로는 사천 무림을 뚫는 것도 쉽지 않을 거요."

장평은 덧붙이듯 말했다.

"물론, 제국의 정규군은 배제한 경우요."

"혼자서는 불가능하고, 대군으로는 도착할 수도 없다는 얘기로군."

일물자는 장평을 바라보았다.

"그렇다면 이제 남은 것은……."

"……소수정예."

처음부터 살아 돌아올 것을 포기한 소수의 특공대를 보내는 방법뿐이었다.

일물자는 단도직입적으로 물었다.

"몇 명을 생각하나?"

"당신을 포함해도 되오?"

그 순간, 파리하가 이를 악물고 으르렁거렸다.

"안 돼."

일물자는 대수롭지 않게 말했다.

"되네."

"교주님!"

"강자가 앞장서지 않는다면 무엇을 위한 강함이고, 늙은이가 희생하지 않는다면 누가 미래를 맡는단 말이냐? 전술적으로나 도의적으로나 여기서는 내가 죽는 것이 옳다."

말문이 막힌 파리하는 장평을 노려보았다.

"……개수작 부리지 마. 장평. 마교에 대한 네 원한을

이딴 식으로 풀지 말라고."

장평은 파리하의 이글거리는 눈빛을 무시한 채 일물자에게 말했다.

"당신과 북궁산도를 포함한 초절정고수 일곱."

"저번 습격과 동등한 전력이군. 자네를 포함해도 변함이 없는 건가?"

"나 하나에 치중된 전술이라면, 나만 저격하는 것으로 파훼할 수 있소. 전술적으로는 오히려 저번 피의 혼례식 때보다도 불리한 구도가 된 셈이오."

"그렇군. 자네를 대신해 죽어 줄 사람이 일곱 명은 필요한 거로군……."

몇 마디 말만으로 목숨을 주고 받는 두 사람의 침착한 대화에, 파리하는 결국 발끈하며 자리에서 일어났다.

"지금 무슨 말씀을 하시는 거예요? 장평을 위해 죽어 주겠다고요? 대체 왜요?"

"백면야차는 죽어야 한다."

"그렇다 해도, 교주님은 죽으시면 안 돼요. 본교에는 교주님이 필요하단 말이에요."

"……후."

그가 긴 한숨을 내쉰 순간.

침착하던 일물자의 얼굴에 연배에 걸맞은 세월의 흔적이 번져갔다.

그는 이제 신성함과 경건함이 느껴지는 초월자가 아니었다.

드문 동맹과 무수한 타인 속에서 사이에서 위태로운 나날을 유지해야 했던 약소국의 노군주였다.
 한마디 말로써 충직한 이들을 소모시키고, 그들의 목숨값을 어떻게 사용할지를 정해야 하는 무력 집단의 수장이었다.
 "파리하. 총명하고 정이 깊은 내 딸아."
 일물자는 피로한 표정으로 말했다.
 "세상에 필요 없는 사람은 없으며, 십만대산에 모여든 이들은 더더욱 그러하다."
 "교주님……."
 "누군가는 해야 하는 일이고, 나만이 할 수 있는 일이다. 십만대산의 모두가 내 아들딸이니, 네 마음만을 특별 취급할 수는 없구나……."
 "그럴 거면 차라리 백면야차에게 세상을 줘버려요!"
 "……파리하."
 파리하는 흐느꼈다.
 "그냥 미친 놈일 뿐이잖아요. 하고 싶은 대로 하라고 놔둬요. 우릴 잡으러 오면 도망치고, 찾을 수 없는 곳으로 숨어 버려요. 미래니 회귀니 하는 것들은 다 잊어버리고 조용히 살면 되잖아요!"
 "……넌 해선 안 될 말을 하고 있다."
 일물자는 엄격한 표정을 지었다.
 "못 들은 것으로 하겠다."
 "할 수 있잖아요. 살 수 있잖아요!"

"현자들과 백성들을 버리자는 거냐? 그들을 지키기로 맹세한 우리들이?!"

일물자 또한 발끈하여 자리에서 벌떡 일어났다.

"그게 지금 샴발라의 대수호자가 입에 담을 소리더냐?!"

"제 마교는 아버지예요. 아버지가 없다면, 저도 마교 따윈 필요 없어요."

두 부녀가 언성을 높이는 모습에, 장평은 무심한 목소리로 말했다.

"참으로 충직하고 헌신적이군."

"장평!"

카가가가각!

사방에 살기의 폭풍이 휘몰아치며, 석벽에 깊은 손톱자국들이 새겨졌다.

"너는…… 너만은 그런 소리 할 자격 없어……!"

파리하는 증오스러운 눈으로 장평을 바라보았다.

"본교의 손발을 자른 것은 너였어. 네 착각과 악의 때문이었지. 사기꾼에 반칙까지 쓴 네가, 앞뒤 분간도 못하고 날뛴 탓에 일이 이 지경이 된 거야!"

"맞는 말이군."

"그런 네가 이제 와서 우리의 희망이라고? 네가 유일한 답이니 모두가 널 위해 희생해야 한다고? 개소리 집어치워!"

파리하는 쉰 목소리로 말했다.

"네놈이 베푸는 기적을 핥아먹느니, 패배자가 되고 도망자가 되겠어. 네놈의 비열함에 교주님까지 희생당하는 꼴을 보느니, 본교의 앞을 막고 교주님의 발목을 잡겠어!"

장평은 일물자를 돌아보며 말했다.

"……라는구려."

"장평……!"

퍽!

격노를 견디지 못한 외눈의 실핏줄들이 터져 붉게 변한 순간.

퓨퓨퓩! 쿵!

파리하는 명백한 살의를 담아 세 발의 지풍과 한 발의 권풍을 날렸다.

그 순간. 자리에 앉아 있던 장평의 모습이 흐릿해지더니, 권풍과 지풍들은 장평의 환영을 뚫고 벽에 처박혔다.

"네 원근감은 예전만 못하고."

장평은 냉소적인 목소리로 말했다.

"난 이제 네가 닿지도 못하는 곳에 있다."

파리하는 이를 부득부득 갈았다.

"이형환위(移形換位)……!"

한달음에 음속. 재가속에 초음속을 내는 지금의 장평은 가히 천하에서 가장 빠른 존재라 할 수 있었다.

거기에 천부적인 판단속도와 동인하초로 증강된 반사신경까지. 행보를 계획하고 돌발상황에 대응하는 능력

또한 천하에서 제일 빨랐다.

 파리하는 이전에도 장평에게 불리했고, 지금은 아예 싸우는 것조차 불가능했다.

 "왜 너만?"

 그 사실을 뼈저리게 실감한 파리하는 허무함과 억울함에 흐느꼈다.

 "왜 너만 용서받고 이해받아야 하지? 네가 우리에게 저지른 짓을 왜 용서해 줘야 해?"

 "……."

 "이럴 거면 차라리 존경스러운 적으로 남지 그랬어. 반칙을 썼다는 것도 감추고 사기를 쳤다는 것도 들키지 말지 그랬어. 그때의 너라면 존경할 수 있었는데, 내게 보였던 집요함과 결단력이 진실이었다면 널 존경하거나 사랑할 수도 있었을 텐데!"

 "……그만하거라."

 일물자는 파리하의 어깨에 손을 얹었다.

 "폐관실로 가라. 사흘간 폐관하며 머리를 식히거라."

 "……."

 "네 발로 가지 않겠다면, 내가 직접 뇌옥에 가두겠다."

 "……폐관실로 가죠."

 고개 숙인 그녀는 터벅터벅 걸어 나갔다.

 "나는 네가 싫어. 장평."

 문을 앞에 둔 순간. 파리하는 볼 위로 눈물을 흘리며 장평을 노려보았다.

"백면야차보다 훨씬 더……."

턱.

파리하는 문을 닫았다.

"장……."

"하지 마시오."

일물자가 뭔가를 말하려 하자, 장평은 나직이 말했다.

"내게 무슨 말을 하려고 했건, 할 필요 없소. 파리하의 말이 맞으니까."

"하지만……."

"나는 증오와 복수를 위해 수단과 방법을 가리지 않았소. 그런 내게 파리하를 탓할 자격이 있을 것 같진 않군."

"……알겠네. 그럼 이걸로 매듭을 짓지."

일물자는 무겁게 고개를 끄덕였다.

"잠시 시간을 갖도록 하세나. 계획도 다듬고 몸도 돌볼 시간을."

"예."

일물자가 나간 텅 빈 회의실.

그 안에서, 장평과 술야만이 남아 서로를 바라보았다. 그녀는 거의 바닥난 흑차를 홀짝이며 물었다.

"일부러 도발한 거였죠?"

"맞소."

"그럴 필요가 있었나요?"

"있었소."

장평은 차분한 목소리로 말했다.

"내가 마교에 입힌 타격이 적지 않으니, 나에 대한 마교도들의 원한도 깊고도 진할 터. 마교 안에서 내게 동조하고 나를 보호할 자는 일물자밖에 없소. 그러니, 일물자는 불만의 대상이 되어서는 안 되오."

"그렇군요. 증오의 대상은 오직 염치도 양심도 없는 장평 놈일 뿐. 교주님은 숭고한 대의를 위해 그들의 증오심을 다독이는 현명하고 자상한 지도자로 남으셔야 하는 거군요."

"그렇소."

"그렇다면, 원하는 구도를 만드는 것에는 성공하셨군요."

술야는 흥미로운 표정으로 장평을 바라보았다.

"하지만, 이게 정말로 좋은 구도 같나요?"

"아니오. 결국 이 또한 미봉책이자 임기응변에 불과하니까."

장평은 차분한 목소리로 말했다.

"그저, 일물자의 인망이 백면야차를 죽일 때까지만이라도 저들을 눌러주길 바랄 뿐이오."

술야는 찻잔의 가장자리를 손가락 끝으로 훑으며 말했다.

"예전의 장평 대협처럼 말하는군요."

"……?"

"불굴신개와 만나기 전의 장평 대협처럼요."

"……!"

그 어떤 마교도보다 가까운 곳에서, 그 어떤 마교도보

다 오랫동안 장평을 지켜본 것이 바로 술야.

장평은 미간을 찌푸리며 말했다.

"무슨 말을 하고 싶은 거요?"

"묻고 싶은 거예요. 지금의 장평 대협도 이게 최선의 판단이라고 생각하시는 건지를."

술야의 깊은 눈이 장평을 꿰뚫고 있었다.

"속이고 이용하는 것이, 사람을 대하는 제일 효율적인 방법이라고요."

* * *

장평은 첩보원이었고, 위선자였다. 그에게 있어 거짓말은 숨 쉬듯 쉬운 일이었다.

진심으로 누군가를 대하는 것이 낯설고 어려운 만큼이나.

"나는……."

장평은 뭔가를 말하려 했고, 하려던 말을 삼켰다. 그는 변명하듯 말했다.

"하지만 나는……."

그러나 그 순간. 장평은 술야의 눈빛을 바라보았다. 흥미로움과 기대가 깃들어 있는 총명한 눈빛을.

"……."

장평은 지그시 눈을 감았다.

그리고 눈을 떴을 때, 장평은 흔들림 없는 눈빛으로 술야를 마주 보았다.

"……고맙소. 술야 소저."

"연구자로서 질문을 했을 뿐인 걸요."

"답을 얻기 위해서는 질문이 필요한 법. 소저의 질문이 내게 답을 만들어 주었소."

"그 답이 무엇인가요?"

"이런 식으로는 안 된다는 것. 마교는 더 이상 내 적이 아니고……."

장평은 자리에서 일어나 걸음을 옮겼다.

"……나는 지금까지와는 다른 사람이 되어야 한다는 사실을."

* * *

모든 것이 궁핍한 십만대산에 넘치는 것이 하나 있다면, 산봉우리뿐이었다.

그 덕분에 하나의 목적을 위해 산 하나를 통째로 쓰는 일이 적지 않았다. 안낙봉(安樂峰)이라 불리는 산봉우리 또한 그러했다.

이름과는 달리 험준하고 경사가 급한 그 산봉우리에는 여러 개의 인조 동굴이 곳곳에 파여 있었다.

주화입마의 가능성이 있는 고수들을 위한 폐관수련실이었다.

지금의 안낙봉에는 머무는 것은 단 한 사람. 혼돈대마

파리하뿐. 그녀는 얌전히 가부좌를 틀고 앉아 운기조식을 하고 있었다.

"……꺼져라. 장평."

두꺼운 철문을 뚫고 들려오는 악의 가득한 그 목소리에, 불청객인 장평은 차분한 목소리로 답했다.

"파리하. 이야기를 하자."

"피차 상황은 잘 아는데, 굳이 이야기할 필요가 있나?"

파리하는 냉정한 목소리로 말했다.

"어떻게 포장하건, 본질은 희생양. 네가 필요로 하는 것은 네가 접근하는 동안 용태계에게 죽어 줄 사람들이다."

"틀린 말은 아니로군."

장평은 차분히 말했다.

"하지만, 내가 유일한 대책인 것도 사실이 아닌가? 내가 용태계를 필멸자의 영역으로 끌어내리지 않는다면, 인세를 걷는 파괴신을 무슨 수로 맞설 생각인가?"

"우릴 소모품으로 쓸 생각이면서 거기까지 걱정할 필요는 없다. 우리가 어떻게 살고 어떻게 죽을지는 우리가 정할 문제다."

장평은 철문에 손을 얹었다.

"들어가도 되나?"

"죽고 싶다면 들어와도 좋다."

"그럼 여기서 얘기하지."

장평은 철문에 등을 기대고 앉았다.

"내가 미운가?"

"미움으로는 부족하지."

"그래. 그렇겠지. 네가 내게 품었던 존중만큼, 배신감을 느끼겠지……."

파리하는 필두대마인 혼돈대마로서 장평을 위시한 무림맹과 맞서 싸워왔다. 마침내 역전을 이뤄낸 장평에 의해 패배의 굴욕을 맛볼 때마다, 강적에 대한 존경심을 키워 왔었다.

그 집요함과 예리함이 회귀자로서의 반칙이었다는 사실을 알기 전까지는.

"하지만 파리하. 나는 너를 상대하면서 전생의 기억을 사용한 적이 없다. 동정호에서 검후를 만난 것은 순전히 우연이었고, 북궁산도가 나와 동행했던 것은 그녀의 판단이었다."

"……."

"하북팽가에서 백리흠을 미끼로 나를 낚았을 때, 내가 살아남은 것은 우연히 영약을 챙겨왔기 때문이었다. 기근 속의 안휘성에서 오방곤을 설득할 수 있었던 것은 피재진인과 척착호가 세운 대책에 감명받은 덕분이었다."

"……무슨 소릴 하고 싶은 거냐."

"네가 내게 고배를 마셨을 때, 내가 의지했던 것은 전생의 기억이 아니었다. 현생의 인연과 우연들이었다."

"……."

숨소리가 미묘하게 거칠어졌다. 불편한 침묵 속에서,

장평은 차분한 목소리로 말했다.

"나는 널 조롱했었지. 상상치도 못한 기책(奇策)과 함께 덤비는 널 상대하기 위해, 네 약점인 평정심을 흔들었다. 하지만 그것은 너를 멸시하거나 무시해서가 아니었다. 그 반대였다."

"날 이기기 위해서 날 조롱했단 말이냐?"

"너는 언제나 난적이고 강적이었다. 승부는 언제나 한 끝 차이였고, 네 평정심을 흔들기 위해 허장성세를 펼쳤을 뿐이었다."

"이제와서 금칠을 해 주는 이유가 뭐지?"

장평은 심호흡을 했다.

지금껏 단 한 번도 해 보지 않은 일을 하기 위해, 용기가 필요했다.

"……네게 거짓말을 하지 않기 위해서다."

"천하의 장평이 거짓말을 안 한다고?"

"그래. 나도 안다. 장평답지 않다는 것은."

냉소 섞인 그녀의 말에, 장평은 씁쓸한 미소를 지었다.

"하지만 곰곰이 생각해 보면, 나답다는 것이 무엇인지 모르겠더군. 대운표국의 장자는 난봉꾼이었고 쫄딱 망한 뒤로는 낭인이었으며 첩보부의 첩보원은 백면야차의 주구였는데, 이번 삶의 내가 나다워봤자 몇 년이나 나다웠겠는가?"

"……."

"사람은 바뀐다. 좋은 쪽으로건 나쁜 쪽으로건, 삶이

이어지고 경험이 쌓일수록 바뀔 수밖에 없다."

"……사람의 본성은 변하지 않는다."

파리하는 냉소했다.

"네가 네 주장을 어떻게 포장하건, 우릴 화살받이로 써먹으려고 한다는 본질이 바뀌지 않듯이 말이다."

"맞는 말이다."

장평은 담담히 말했다.

"하지만 네가 너희를 화살받이라고 여긴다면, 나 또한 한 발의 화살에 불과하다는 것을 잊지 말아다오."

"……."

장평은 천천히 자리에서 일어났다.

"이런 나를 용서하는 것이 불가능하다면, 하다못해 나보다 백면야차를 증오해다오. 어리석어 네 동료들을 앗아간 내 죄보다, 탐욕스레 너희들에게서 미래를 빼앗는 백면야차의 죄를 더 무겁게 여겨다오."

"……그런 얄팍한 말장난으로 날 설득할 수 있다고 여겼나?"

"힘들겠지. 너와 나 사이의 불신은 깊고 지금의 네 입장도 일리가 있으니, 이제 와서 네 마음을 돌리긴 어렵겠지."

"그걸 안다면, 이제 와서 왜 이러는 거지?"

장평은 석문에 손을 얹었다.

차가운 석벽의 거친 감촉이 장평을 짓눌렀다. 그는 잠시 주저했고, 마침내 입을 열었다.

"……선을 넘고 싶지 않다. 그것이 위선이고 가식이라 할지라도, 사람이기를 포기하고 싶지 않다."

"왜?"

"직접 보았으니까."

그 순간, 장평의 눈에 사술사의 모습이 스쳐 지나갔다. 선을 넘은 악의와 무한한 증오로 인해, 백면야차 따위와는 비교도 안 되는 괴물이 되어버린 '최초의 장평'이.

"선을 넘어버린 내가 얼마나 끔찍한 괴물이 될지, 내 눈으로 직접 보았으니까."

"이미 선을 넘었다는 생각은 안 드나?"

"늦었을지도 모르지. 되돌릴 수 없을 만큼 멀리 갔을 수도 있고."

장평은 솔직하게 답했다.

"하지만 아직 늦지 않았다면, 사람으로 남고 싶다. 나는 인세를 걷는 신을 마주했고 차원을 걷는 악령도 목도했지만, 그들 모두 경멸스러운 마물에 불과했으니까……."

"……."

긴 침묵이 있었다.

철문은 두터웠지만, 잠겨 있지 않았다. 손잡이를 당기는 것만으로도 열 수 있었다.

그러나, 장평은 조용히 기다렸다.

마침내, 착 가라앉은 목소리가 들려 올 때까지.

"……가라. 장평. 날 방해하지 마라."

장평은 착잡한 표정을 지었다.

"내가 실패했나?"

"폐관이 끝나면 내 대답을 들려주마. 그때까지 기다리기 싫다면, 문을 열고 들어와 언제나처럼 힘과 책략으로 날 꺾어 보아라······."

"싫다."

장평은 딱 잘라 말했다.

"모든 과거사는 여기서 끝낸다. 내가 거듭나기를 정한 이 순간부터."

"······."

철문 너머의 정적은 축객령이었다.

"사흘 뒤에 보자. 파리하."

장평은 쓴 웃음을 지으며 몸을 돌렸다.

"네 대답과 함께······."

* * *

그리고, 십만대산에서는 평범한 나날들이 이어졌다. 부족한 첩보들 속에서 뭔가를 빚어내려는 정보관들의 악전고투가 있었고, 어떻게든 자금과 물자를 융통하기 위한 서기관과 회계관들의 사투가 있었다.

제일 평화로운 이는 무인들이었다.

"으하아암."

북궁산도는 많이 먹고 많이 자며 체력을 비축했다. 한 번 더 환골탈태하여 잘려 나간 팔을 재생시키기 위함이었다.

상처 입은 야생동물 같은 그녀가 먹거나 잠들지 않을 때는 오직 장평이 곁에 있을 때뿐이었다.

"졸려요. 팔베개 해 줘요."

"거기 네 베개 있잖나."

"제 베개에서는 당신 냄새가 안 나는 걸요."

"……."

잠시 고민하던 장평은 자신이 쓰던 베개를 건넸다.

"여기서는 내 냄새가 나나?"

"나요. 많이 나요. 특히 침 냄새가요."

배시시 웃은 북궁산도는 베개에 머리를 묻고 깊이 잠들었다. 순식간에 잠들어 비몽사몽하는 그녀의 모습을 보며, 장평은 새삼 북궁산도가 그에게 얼마나 깊이 마음을 열었는지를 느낄 수 있었다.

'인연이란 참으로 이상한 것이로구나.'

호의적인 적으로 만나, 이해할 수 없는 존재를 거쳐 마침내 마음을 엮은 관계가 되었다.

시간과 세계관으로 얽힌 인연까지 따지고 보면, 참으로 복잡하고도 미묘한 관계였다.

'십만대산 한가운데서, 북궁산도와 침상을 함께 쓰는 처지가 될 줄 누가 알았겠는가?'

복잡한 기분으로 그녀의 금발머리를 쓰다듬는 장평에게, 누군가의 전음이 들려왔다.

〈자려던 참인가? 아니면 일어난 참인가?〉

이젠 익숙한 존재. 천마 일물자였다.

장평 또한 전음을 전했다.

〈둘 다 아니오. 무슨 일이오?〉

〈흑검의 분석 작업이 종료 되었네.〉

전음으로 나눌 얘기는 아니었다. 장평은 북궁산도가 깨지 않도록 조심하면서 침상에서 몸을 일으켰다.

그가 집 밖으로 나서자, 일물자가 착잡한 표정으로 장평을 바라보았다.

"……왜 그런 눈으로 보는 거요?"

"자네 몸에서 산도 냄새가 나는군……."

"내 몸에서 나는 냄새에 대해서는 신경을 꺼주면 참 고맙겠소만……."

"노력 중일세……."

일물자는 묘하게 씁쓸한 표정으로 말했다.

장평은 그의 모습을 보며 쓴웃음을 지었다.

소탈하고 인간적인 그의 모습은, 무림인들이 '천마'에게 품고 있는 고정관념과는 정반대였기 때문이었다…….

"어쨌건, 흑검의 분석 결과는 어떻소?"

흑검은 의심의 여지 없는 고금제일검이었다. 베려고 하면 베지 못하는 것이 없었고, 막으려 하면 막지 못할 것이 없었다.

그러나 장평은 흑검을 얻은 이후에도 별로 의지하지 않았다. 역설적이게도, 신뢰성이 부족했기 때문이었다.

'한계를 가늠할 수 없는 무기를 어떻게 믿고 휘두른단

말인가?'

 언제 파괴될지 예상할 수 있는 싸구려 철검이, 미지의 고금제일검보다 신뢰성이 높았다.

 단 한 번의 실수도 용납하지 않는 것이 용태계와의 사투. 약자로서 파괴신에게 도전해야 하는 장평은 칼의 예리함과 강인함에 목숨을 걸 생각이 없었다.

 장평은 겸사겸사 마교의 과학자들에게 분석을 의뢰했다. 만에 하나 양산할 수 있다면 나쁠 것 없거니와, 하다못해 성능이라도 판명되면 적절하게 써먹을 수 있기 때문이었다.

 "결과는 어떻소?"
 "결론부터 말하자면, 흑검의 정체에 대해서는 알아낸 것이 없다네."

 일물자는 장평에게 흑검을 건네며 말했다.

 "평범한 도검과는 거리가 멀다는 것만 확인했을 뿐이네."

 "……재질이라던가 물성 같은 것조차 확인하지 못했단 말이오?"

 "그렇네."

 일물자는 흑검의 검집을 살짝 열어 흑검의 검신을 드러냈다. 돌도 쇠도 아닌 미지의 물질은 대낮의 햇볕조차도 빨아들이는 듯했다.

 "흑검을 구성하는 것은 미지의 물질일세. 그것도 정말 물질이 맞는지도 확신할 수 없고. 연구진은 그저, 단편적인 정보만 몇 가지 확인했을 뿐이네."

"그게 무엇이오?"

"흑검은 주인에 따라 그 성능이 바뀌네. 구조나 원리는 잘 모르겠지만, 사람에 따라 날의 예리함이 크게 달라지지."

"주인에 따라 날의 예리함이 바뀐다……?"

장평은 문득 십만대산에서 머물던 오두막을 떠올렸다. 그때, 일물자는 죽여달라는 장평의 눈 앞에서 흑검을 집어 던져 천장에 꽂았다.

생각해 보면 이상한 일이었다.

바위도 두부처럼 자르는 흑검이, 나무토막에 박혀 꼼짝도 하지 않다니.

"과연. 그래서 당신이 천장에 꽂을 때는 날이 무뎠던 것이구려."

"그런 것 같네."

그 순간, 장평이 떠올린 것은 진은(眞銀)이었다. 탕마검성 호연결이 은괴더미 속에서 찾아낸 특별한 은. 이기어검술에 대한 반응이 민감하다는 금속이었다.

"일종의 정신감응 금속 같은 거요?"

"다시 말하지만, 모르겠네. 분석할 수가 없었네."

"어째서?"

"부술 수 없더군. 무슨 수를 써도, 한 조각도 떼어내거나 녹일 수가 없었어."

일물자는 담담히 말했다.

"흑검의 검신은 내 절초를 포함한 모든 종류의 힘을 완벽히 버텨 내더군. 가장 취약해야 하는 날 부분마저도 말이야."

"그게 무슨 소리요?"

일물자는 대답 대신 손가락을 까딱해 지풍을 날렸다.

피잉!

태산을 관통할 듯 예리하고 집중된 지풍.

장평이 별생각 없이 들고 있던 흑검의 검신에 그 지풍이 닿는 순간.

서걱!

지풍은 당연하다는 듯이 반토막이 나 장평의 양옆을 스치고 지나갔다.

그것도, 검신에는 아무런 진동조차 느껴지지 않은 채로.

"……반동조차 느껴지지 않는구려."

장평은 그제서야 일물자가 강조하던 말의 의미를 깨달았다.

"천하의 천마가 날린 일격임에도 불구하고……."

일물자는 고개를 끄덕였다.

"흑검은 검의 모양을 취하고 있을 뿐. 일반적인 도검과는 작동 방식이 전혀 다르네."

"무슨 뜻이오?"

"칼날의 예리함으로 무언가를 베는 것이 아닐세. 그저, 흑검에 닿은 모든 물질이 흑검에 간섭하지 못하고 파괴되는 것일세."

"……그게 가능한 일이오?"

"가능과 불가능으로 논할 문제가 아니네. 우린 지금껏 이런 현상을 상상조차 해 본 적이 없으니, 이 발견을 기반으로 연구를 시작해야 할 판이네."

장평은 단도직입적으로 물었다.

"그럼, 내구도나 예리함에 대한 정보는 없는 거요?"

"……자네, 내 얘기를 전혀 이해하지 못했군."

"이해 못했소. 쉽게 말해 주시오."

"음……."

일물자는 한참 동안 고민하다가 말했다.

"일단, 이게 검이라는 인식을 버리도록 하게. 내구도나 예리함 같은 개념도 잊게. 이건 그냥 검과 비슷하게 생기고 검과 비슷한 결과를 내놓지만, 원리를 알 수 없는 정체불명의 물건이네."

"내구도나 예리함의 개념이 없다면, 그야말로 무적의 검이란 말이오?"

"과학자들의 결론은 그렇지만, 나는 조금 다르게 생각한다네. '시간'의 관점에서 보자면, 흑검에서는 모순점이 느껴진다네. 처음부터 부서질 때를 정한 탓에, 그때가 되기 전에는 절대로 부서질 수 없게 되는 모순이."

"……들으면 들을수록 뭔 소린지 모르겠구려."

장평은 불편한 표정으로 흑검과 일물자를 번갈아 보며 말했다.

"그래서, 이걸 어떻게 써먹으란 말이오? 그냥 갖다 버리란 말이오?"

일물자는 서글픈 표정을 지었다.

"……자네는 내가 그렇게 시간이 남아도는 사람으로 보이나? 쉽고 간단히 설명할 수 있는 일을 굳이 길고 장황하게 설명하고 있을 정도로 할 일이 없어 보이는 건가?"

"당신도 잘 모르겠다는 뜻이오?"

"아, 그래. 그런 걸로 하세……."

일물자는 체념한 표정으로 관자놀이를 꾹꾹 눌렀다. 과학자들 특유의 직업병인 모양이었다.

"어쨌건, 흑검은 모순에 의해 보호받고 있네. 부서질 때가 되면 부서지겠지만, 그전까지는 무슨 힘으로도 부서지지 않을 걸세. 그게 내가 내린 결론일세."

"흑검이 부서질 때라는 건 언제요?"

"흑검을 만든 존재. 업보를 조작하여 모순에 형태를 부여한 누군가가 지정한 순간일걸세."

"……그게 언제냐고 묻는 거요."

일물자는 우울한 표정으로 말했다.

"나도 모른다고……."

"그럼 처음부터 그렇게 말하지 그랬소?"

"……."

일물자는 한숨을 내쉬었다.

"무림인이란……."

回生武士

3장

3장

 수 싸움을 특기로 하는 장평의 특성상, 패를 늘려서 나쁠 것은 없었다. 장평은 흑검을 사용한 검술 또한 연습하기 시작했다.

 흑검은 평범한 검처럼 기를 싣거나 검기를 발할 수는 없었다. 그러나 흑검에는 굳이 기를 실을 필요가 없기도 했다.

 굳건한 검신은 수만 근을 실어도 휘어지지 않았고, 닿는 모든 것을 두부처럼 썰어 버렸으니까.

 서걱!

 사람 허리만 한 두께의 단조강(鍛造鋼)을 어렵지 않게 갈라놓는 장평의 참격을 보며, 일물자는 감탄했다.

 "흑검이 이토록 경이로운 절삭력을 보이는 것을 보니,

확실히 자네가 흑검의 정당한 주인이긴 한 모양이군."

"흑검이 주인을 고른다고 생각하는 거요?"

일물자는 잠시 생각하다가 고개를 저었다.

"솔직히 말하면, 흑검의 구조 자체가 의문스러운 판이네. 다만 흑검이 업보에 강하게 얽혀있음을 감안하면, 흑검이 존재하는 목적이 자네의 숙원과 맞물린 것일 가능성은 높다네."

"……무슨 말인지 모르겠구려. 좀 더 쉽게 설명해 줄 수는 없소?"

"미안하지만 이게 한계일세. 나도 잘 모르니까."

일물자는 너털웃음을 지었다.

"설명이 길고 복잡할 때는, 자기도 완전히 이해하지 못하는 것을 설명하고 있기 때문일세. 요체(要諦)를 깨달은 사람이라면 쉽고 간단하게 설명할 수 있는 법이니까."

"……무책임하구려."

"모르는 건 모르는 걸세. 모른다는 사실을 숨기려는 자는 학자가 아니라 사기꾼이야."

일물자의 겸허함은 장평의 실용적인 성품과 맞닿아 있었다. 장평은 쓴웃음을 지었다.

"흑검의 본질이 무엇이건 상관없소. 예리하고 단단한 검. 그거면 충분하오."

"그래. 그거면 충분하지."

일물자와 장평은 서로 비무를 반복하며 흑검을 사용한 검술과 기술들을 연마했다.

"용태계는 이미 무(武)의 정점에 달했으니, 제아무리 신묘한 상승무공이라도 용태계를 잡을 수는 없네."

일물자는 이제 와서 새로운 무공을 가르치려 하지 않았다.

"자네의 특기는 속도고, 자네의 전법은 수 싸움일세. 그렇다면 차라리 몸에 익은 기술들을 활용하는 편이 낫겠네."

그 반대. 장평이 가지고 있는 무공과 기술을 태허진일보와 조합하는 것을 도왔다.

"흑검객의 흑영순살검은 기(氣)의 운용이 서투르던 옛 무림의 낡은 검법이지만, 기가 통하지 않는 흑검으로 펼친다면 천의무봉의 검술이 되네."

"발검술인 암운일섬광이나 방어검식인 부동명왕검은 어떻소?"

"절도가 없고 조악하네. 무학에 어두운 삼류 무사나 떠올릴 잔재주야."

무의 대종사가 내린 가차 없는 평가에, 장평은 쓴웃음을 지었다.

"……틀린 말은 아니구려."

"하지만, 지금의 자네에게는 이거면 충분하네. 급히 익힌 상승무공을 서투르게 펼치느니 몸에 익은 삼류 검법이 낫겠지. 어쨌건 암운일섬광은 기습(奇襲)이라는 목적에는 충분하고, 부동명왕검도 흑검으로 펼친다면 확실한 방어력을 확보할 수 있으니까."

일물자는 담담한 목소리로 말했다.

"문제는 자네의 무공이 아닐세. 정말 중요한 것은……."

"……수 싸움을 이겨야 한다는 점."

장평에게 압도적인 기교로 상대방을 봉쇄하는 것은 불가능했다. 파괴적인 절초로 제압하는 것도 불가능했다.

"자네는 무인이 아니네. 평생을 들여 무(武)의 껍질을 열고 정수(精髓)를 맛보는 대신, 무의 껍질을 박박 긁어 그 가루를 모았을 뿐이지."

평생을 바쳐 단련한다면, 시장통에 굴러다니는 삼재검(三才劍)으로도 달인의 경지에 이르기 마련이었다.

완성인 십성(十成)을 뛰어넘는, 십이성(十二成)의 대성을 이루는 자들. 평생을 들여 연마한 그들의 무공은 세월만큼의 심오함이 담겨 있곤 했다.

하지만 태허합기공을 제외한 장평의 무공들은 잘해 봐야 삼성(三成) 정도만 익힌 상태.

장평은 그 심의(深意)를 깨우쳐 하나의 무공으로 모든 상황에 대처하는 대신, 유용한 초식만 뽑아내어 상황에 맞는 초식들을 섞어 쓰는 것이었다.

"자네는 협잡꾼이고, 협잡꾼으로서 초절정고수의 경지에 올랐네. 참으로 외도(外道)라 할 수 있겠지."

"……."

"하지만 여기까지 온 이상, 외도라 해도 자네의 길. 돌아가기에는 늦었다면, 끝까지 관철하는 것도 하나의 길이겠지."

일물자는 편안한 미소를 지으며 말했다.

"어차피, 정도(正道)를 걸어서는 이길 수 없는 자를 상대해야 하니까……."

"맞는 말이오. 하지만……."

그 순간, 장평은 착잡한 표정을 지었다.

"……이 모든 노력은, 내가 백면야차 앞에 섰을 때 의미가 있는 것 아니겠소?"

"그래. 그렇겠지."

일물자는 씁쓸한 표정을 지었다.

"우리 둘만으로는 부족하지."

일물자는 무인이라기보다는 무공을 익힌 학자에 가까운 인물이었다. 그는 생각이 깊고 박식했으며, 한 나라의 군주로서 큰 그림을 그리고 전략을 세우는 것에 익숙했다.

그리고 장평은 그 반대에 가까웠다.

평시에는 조심성이 깊고 생각이 많은 신중한 인물이었지만, 현장에 투입되면 급변하는 상황 속에서 빠르게 판단하고 단호히 결단하여 돌파구를 찾아내는 재주가 있었다.

전략가와 첩보원.

서로 극과 극인 그 두 사람 사이에는, 허리가 되어 줄 사람이 필요했다.

전략가가 수립한 목표를 완수할 방법을 찾고, 첩보원이

투입되기 전까지의 상황을 조율하여 최적의 전장을 만들어 주는 중간 지휘관이.

"파리하가 마음을 바꿀 거라고 보시오?"

기책의 대가. 혼돈대마 파리하.

그녀가 가진 중간 지휘관으로서의 재능은 그야말로 일류였다. 인재 부족으로 현장에 투입된 탓에 감정적이라는 약점을 공략당했을 뿐. 파리하가 세운 기책은 모두가 기발하고 치명적이었다.

"쉽지 않을 걸세. 송유걸 때문에라도."

"그게 누구요?"

"비천대마. 기습과 속공, 소규모 교전의 전문가이자 파리하의 벗이었지."

"……아."

장평이 동정호에서 패죽인 인물이었다.

"전략가인 제갈염과 중간 지휘관인 파리하. 그리고 현장 지휘관인 송유걸과 최강의 전투원 북궁산도. 이 네 사람은 본교의 전성기를 이룩했었지. 십만대산에서 양성 중인 성전사들을 차출하지 않고도 독자적으로 무림을 견제할 수 있을 정도로……."

"……사과해야 하오?"

"나는 자네를 이해하니 사과할 필요 없네. 다른 이들은 사과해도 용서하지 않을 테니 그 또한 무의미하네."

일물자는 담담한 목소리로 말했다.

"백면야차는 죽어야 한다. 이것만이 진리이며 진실이

지. 하지만, 과학에 몸을 맡긴 과학자들도. 과학자들에게 헌신할 것을 맹세한 성전사들도 사람의 감정을 넘어서지는 못했군……."

"……."

백면야차는 죽어야 했다. 파리하가 있다면 천군만마와 같겠지만, 그녀가 거부하더라도 백면야차는 죽어야 했다.

그렇다면 장평이 할 수 있는 일은 하나뿐.

"수련을 재개합시다."

백면야차 앞에 도달했을 때를 위해, 자기 자신을 갈고 닦을 뿐이었다.

"백면야차는 죽어야 하니까."

설령, 그의 길이 여기서 끊긴다 하더라도.

* * *

그날 밤.

침상에 누워 있던 장평이 눈을 떴을 때, 알몸의 북궁산도는 그의 가슴에 얼굴을 묻은 채 깊이 잠들어 있었다.

"……."

장평은 조심스럽게 북궁산도의 팔을 떼어내고 그녀를 바로 눕혔다. 그리고 천천히 옷을 입고 흑검을 챙겼다.

예민한 감각의 북궁산도가 잠에서 깨지 않는 것은, 경계심을 완전히 꺼두고 수면과 회복에 집중한 덕분이리라.

어쨌건 장평은 그 덕분에 조용히 빠져나와 걸음을 옮길 수 있었다.

깊은 밤임에도 불구하고 성전 사령부는 불이 밝았다. 백면야차와의 마지막 전쟁을 위해 모든 종류의 자원을 끌어모으고 있는 모양이었다.

장평은 그들의 눈에 띄지 않게 계단에 올랐다. 텅 빈 회의실에 홀로 앉아 있는 여자를 마주할 때까지.

"파리하."

파리하가 장평을 바라보고 있었다. 빛을 잃은 죽은 눈과 속내를 알 수 없는 눈빛 모두가.

"폐관실에서 나왔군."

"그래."

"답은 준비되었나?"

파리하는 대답 대신 장평을 바라보았다.

"네게서 산도 언니의 체취가 나는구나."

"……무슨 말을 하고 싶은 거냐?"

"외교관인 술야는 널 각별히 생각한다. 죽음을 향하던 산도 언니도 너로 인해 삶에 붙들렸지. 한때는 널 죽이라고 명하셨던 교주님마저도 이제는 너를 단련시키고 계시고."

"……"

"본교에는 널 좋아하는 사람이 참으로 많구나. 네가 우리에게 저지른 일들이 결코 가볍지 않은데도."

"고맙고도 과분한 일이지."

"진심으로 하는 말이구나."

파리하는 쓴웃음을 지으며 말했다.

"참으로 장평답지 않게도……."

"……."

"나는 네가 밉다. 장평. 내 선배와 동기들을 죽이고, 상황을 이 지경으로 만든 네가 밉다."

보름달을 등진 파리하는 쓸쓸한 표정으로 장평을 바라보았다.

"나는 참으로 속이 좁고 감정적인 사람이다. 교주님이 널 용서하라 하고 상황이 너와 협력하라 하는데도, 나는 도저히 널 용서할 수가 없구나."

"용서는 의무가 아니다. 내가 사죄했다 해서, 날 용서해 줄 필요는 없다."

"내 용서를 필요로 하는 사람이 할 말은 아니로구나."

"그래. 내겐 불리한 말이지. 하지만, 진실이기도 하다."

장평은 의자를 당겨 파리하의 맞은 편에 앉았다.

"과거는 언제까지 과거고, 현재는 언제부터 현재인가? 현재는 언제까지 현재고, 미래는 언제부터 미래인가?"

"지나간 일은 과거고, 찾아올 일은 미래다."

"그렇다면, 지나간 일과 현재의 선은 어디서 그을 수 있는가?"

"……뭐?"

"이미 일어난 일은 과거의 일이다. 거기에 얽매여 있는 동안에만 현재의 일처럼 느껴질 뿐."

1장 〈161〉

장평은 파리하를 바라보았다.

"놓아주고 흘려보내면 어제의 일조차 과거지사가 되듯이."

"지나간 일로 치고 잊어버리라고? 참으로 편의적인 관점이구나."

"나는 시간에 손을 댄 자들을 보았다. 미래를 약탈하는 사술사를 보았고, 흡족하지 못한 세상을 되돌리는 회귀자도 보았다."

장평은 경멸감에 이를 악물었다.

"그들은 스스로를 초월자라고 착각하겠지. 오직 자신들만이 세상의 주인이라고 믿고 있겠지. 하지만 나는, 제삼자로서 그들을 목격한 나는 그들의 비참함에 몸서리를 쳤다."

"왜 비참하다는 거지? 몇 번이고 다시 시작할 수 있는 회귀자와 무한히 강해지는 사술사가 어째서 비참하다는 거지?"

"그들은 현재를 살고 있는 것이 아니었다. 파리하. 과거를 과거로 흘려보내지 않은 순간부터, 미래를 미래로 놔두지 않은 순간부터. 그들은 현재를 잃어버린 것이다. 머나먼 목표와 그 목표를 향해야 하는 동안의 고행만이 남은 것이다."

"……."

"산도 또한 그들과 같았다. 죽음을 쫓는 그녀도 현재를 현재로 여기지 못했지. 내 곁에 머무르기 전까지는, 그녀 또한 현재가 아닌 미래만을 바라보고 있었다."

"무슨 말을 하고 싶은 거냐."

파리하는 차분한 목소리로 말했다.

"우리의 악연도 과거사로 흘려보내라는 거냐? 내 감정도 묻어 버리라는 거냐?"

"미움도 증오도 네 마음이다. 내가 간섭할 수 없는 일이다. 나는 그저, 네게 묻고 싶을 뿐이다."

"무엇을?"

"나에 대한 미움과 증오가 그렇게 무겁나? 나 때문에 잃어버린 사람들에 대한 기억과 마음이 그렇게도 중요한가?"

"그래."

"그렇다면 괴로운 기억들을 품고 살아가는 것과, 모두 잊고 새로운 삶을 살아가는 것 중에서 무엇을 택하겠는가?"

"기억할 것이다. 후회와 슬픔 없이는 떠올리지 못한다 해도, 내게 소중했던 사람들과의 기억을 포기하지 않을 것이다."

"아니. 넌 그럴 수 없다."

"왜?"

장평은 차분한 목소리로 말했다.

"백면야차가 회귀하면, 그 기억들은 사라질 거니까. 지금까지 일어났던 모든 일이 없던 일이 되는 것과 마찬가지로……."

"……!"

"그것이 회귀자다. 다시 시작하고 싶다는 한 사람의 욕심을 위해 세상 모든 것을 물거품으로 만들어버리는 것이 회귀라는 것이다."

이를 악문 파리하를 보며, 장평은 차분한 표정으로 말했다.

"파리하. 나는 네가 필요하다. 무적의 파괴신에게 도전해 볼 기회라도 얻기 위해서는, 나를 백면야차 앞까지 데려다줄 사람이 필요하다."

"난 네가 싫다."

"그건 네 마음이다. 하지만, 이것 하나만은 기억해다오."

"무엇을?"

"소중한 사람들을 계속 그리워하려면, 슬픔과 괴로움을 감수하면서라도 기억하고 추모하는 걸 계속하고 싶다면……."

"……백면야차는 죽어야 하는구나."

파리하의 말에, 장평은 고개를 끄덕였다.

"네가 싫다. 장평."

파리하의 두 눈에서 눈물이 흘러내렸다.

"이제야 널 미워할 수 있게 되었는데, 내 미움조차 빼앗으려는 네가 싫다. 몇 마디 사탕발림으로 마음이 흔들리는 나 자신이 경멸스러운 만큼이나 네가 얄밉다."

"날 용서할 필요는 없다. 만약 백면야차를 제거한 뒤에도 우리가 살아 있다면, 그때는 네 증오심을 마주하겠다."

"그러려면 백면야차를 죽여야 하겠지."

"그래."

"나는 네가 우리에게 저지른 일들을 결코 잊지 않을 것이다. 절대로 용서하지 않을 것이다. 하지만 계속 널 미워하기 위해 백면야차가 죽어야만 한다면……."

파리하는 눈물을 손등으로 훔치며 말했다.

"백면야차는 죽어야 한다."

그 순간, 회의실의 문이 열리며 두 사람이 걸어 들어왔다. 술야와 일물자였다.

미리 전음으로 불러둔 모양이었다.

일물자는 파리하를 바라보며 말했다.

"결심이 선 모양이구나."

"예. 교주님. 제 본분을 깨달았어요."

파리하는 장평을 바라보며 말했다.

"십만대산의 대수호자로서, 본교를 해친 자들에게 복수해야 한다는 사실을요."

"긍정적인 마음가짐이로군요."

술야는 차분한 목소리로 물었다.

"하지만, 지금의 중원은 사지(死地)예요. 조력자도, 첩보망도 없는 고립무원의 적지요."

"알고 있다."

"특공대를 위한 최소한의 전력을 양성하는 일에만 수십 년이 걸릴 거예요. 동방 내부에 첩보망을 재건하는 것에도 수십 년이 걸릴 거고요."

"알고 있어."

"제국과 무림이라는 무한정의 자원을 지닌 백면야차에게 수십 년의 시간을 준다면, 능히 수십 명의 초절정고수를 양성할 거고요."

술야는 나긋나긋한 눈으로 파리하를 바라보았다.

"서두르면 자멸. 신중하면 파멸. 시간과 판도마저도 백면야차의 편. 이 진퇴양난의 난관을 어떻게 해결하실 건가요?"

"우린 진퇴양난에 빠진 것이 아니다. 첩보망은 건재하고 고수들도 준비되어 있다."

"……중원 안에 제가 모르는 비밀결사라도 양성해 두셨던 건가요?"

"아니."

"그렇다면 어떻게 첩보망을 재건하고 고수들을 양성하시려고요? 그것도 황실과 무림인들이 도사리고 있는 중원 안에서요?"

"백면야차에게 천하가 있다면, 내겐 장평이 있다."

"내가 해결책이라고?"

장평은 미간을 찌푸렸다.

"대체 무슨 기책(奇策)을 세운 거지?"

"무림인 중에서 마교와 협력할 자는 아무도 없지. 마교는 무림의 천년 숙적이니까. 하지만…… 폭주하는 무림맹주를 막는 일이라면 어떨까?"

"무림맹주가 아무리 마음에 들지 않는다 해도, 마교와 협력할 무림인은 없을 것이다."

"그래. 정신 똑바로 박힌 무림인이라면, 마교 따위와 손을 잡지는 않겠지. 하지만 마교가 아니라면 어떨까? 미심쩍은 이유로 숙청당한 무림명숙을 돕는 일이라면?"

"……!"

장평이 흠칫 놀란 순간.

탕!

파리하는 책상 위의 중원 지도에 손바닥을 내리쳤다.

"마교가 무림을 침공하는 것이 아니야. 장평을 앞세워 백면야차를 치는 것이 아니야. 배신당한 장평이 선을 넘은 무림맹주를 타도하기 위해 일어선 거지!"

장평은 그녀의 의도를 눈치챘다.

"무림인으로서의 내 삶을 무림에 파고드는 교두보로 쓰는 거로군."

"파사현성 장평은 마교가 흘린 피로 명성을 쌓았지. 하지만 지금은 우리의 차례이니, 네 과거를 디딤돌로 삼아 혈로를 여는 거다."

파리하의 외눈이 동방을 향해 안광을 뿜었다.

"백면야차에게 닿을 혈로를!"

* * *

그렇게, 계획이 완성되었다.

중원 내부에서 협력자와 아군을 모으고, 그들과 함께 북경을 돌파해 용태계를 습격한다는 작전이.

"어제는 분위기 때문에 그냥 넘어갔는데…… 이제 와서 보니 구멍투성이의 작전이로군."

장평이 투덜거리자 파리하는 장평을 노려보았다.

"불만 있으면 직접 짜던가."

파리하는 쏘아붙였지만, 구멍투성이라는 평가를 부정하지 않았다.

사실, 허술한 계획이 맞기 때문이었다.

아무도 모르게 중원에 잠입하고, 적진 한가운데서 협력자를 구하고 첩보망을 재건하는 동안 들키지 말아야 했다. 거기에 최종 목적인 용태계 습격의 순간까지 이 작전의 목적이 발각되지 말아야 했다.

"실무자가 임기응변으로 잘 대응하면 어떻게든 되겠지."

"그 실무자는…….."

"당연히 너지."

"……."

일물자 또한 근심스러운 표정으로 작전 계획서를 검토하고 있었다.

"장평. 자네가 확보할 수 있는 중원의 초절정고수는 몇 명인가?"

"정보가 너무 부족해서 속단할 수 없소. 중원에 직접 들어가 백면야차에 대한 평판이 어떤지, 그리고 무림인들이 처한 상황이 어떤지를 점검해 봐야 할 것 같소."

"최악의 경우에는 우리만 북경에 갈 수도 있는 건가?"

"노력은 하겠지만, 각오는 해 둬야 할 거요."

장평은 무거운 표정으로 고개를 끄덕였다.

일물자는 쓴웃음을 지으며 말했다.

"그래. 그건 그것대로 나쁘지 않을지도 모르겠군. 인류에게 미래를 돌려주기 위해 목숨을 던진다니. 이보다 복된 순교가 어디 있겠나?"

"순교? 마교에도 순교 개념이 있소?"

"아니. 회교(回敎)의 교리라네. 나는 회교도니까."

"과학자인데도 종교를 믿소?"

"과학은 과학이고 신앙은 신앙일세. 제대로 구별할 수 있다면 양립하지 못할 바도 없지."

장평은 미묘한 표정을 지었다.

"나는 마교도는 풍습와 종교를 혐오하는 줄 알고 있었소."

"외도대마 때문에?"

"그렇소."

"계몽(啓蒙)의 충격은 사람마다 다른 법이지. 어쨌건 십만대산에서는 법적으로 개인의 종교와 풍습을 존중할 것을 보장하고 있다네."

그때, 자료를 검토 중이던 술야가 싱글싱글 웃으며 말했다.

"말이 나왔으니 말인데, 십만대산에서 회교는 생각보

다 인기가 많은 편이에요."

"왜?"

"회교는 교리가 선진적이고 너그러운데다가 회교도들은 평균적인 지식수준이 높거든요. 거기다가 혼례 관련 율법도 독특하고요."

장평은 피식 웃으며 파리하를 바라보았다.

"아. 외간 남자에게 얼굴 보이면 결혼해야 한다는 풍습?"

"……닥쳐."

파리하는 으르렁거렸으나, 술야는 웃으며 고개를 저었다.

"아뇨. 그건 교주님네 부족의 풍습이에요."

"뭐야. 다른 율법이 또 있는 건가?"

"회교도의 경전에 따르면, 남편이 공평하게 대할 수 있다면……."

그 순간. 즐겁게 잡담하던 술야는 흠칫 놀라며 입을 닫았다.

"……."

언제부터인가 일물자가 그녀를 빤히 바라보고 있었기 때문이었다. 기가 죽은 술야는 움츠러든 표정으로 말했다.

"……음. 하던 일 계속하죠?"

그러나 이미 문맥을 파악한 장평은 피식 웃었다.

"회교에서는 중혼(重婚)을 허용하는 모양이군?"

"……."
"그렇군."
장평은 파리하를 보며 말했다.
"혹시 내게 얼굴을 보인 것을 신경 쓰는 거라면, 싸우다 생긴 사고였으니 신경 쓸 것 없다. 어차피 풍습 때문에 억지로 혼인한다 해도 너와 친근하게 지낼 자신도 없으니, 미개한 풍습 따윈 잊어버려도 좋다."
그러자 일물자는 불쾌한 표정으로 장평을 노려보았다.
"자네. 지금 우리 부족의 전통을 미개하다고 한 건가?"
"……그럼 나보고 어쩌라는 거요? 그 풍습대로 파리하와 결혼이라도 하라는 거요?"
"아니…… 그건 아니네만……."
파리하는 짜증스러운 표정으로 책상을 탕탕 내리쳤다.
"지금 이 자리에서 백면야차 신경 쓰는 사람은 나밖에 없어? 나밖에 없는 거야?"
"……."
"그리고 장평. 너는 껄떡대려면 산도 언니 냄새나 좀 지우고 껄떡대."
"껄떡댄 적 없다."
장평은 퉁명스레 말하고는 옷자락의 냄새를 맡아 보았다.
"대체 무슨 냄새가 난다는 거지……?"
고개를 갸웃거리는 장평을 보며, 파리하는 고개를 설레설레 내저었다.

"일 좀 하자. 일. 우리가 빨리 도장 찍어서 내려보내야 아래층 애들 추가작업 시작한다고……."

"……알았다."

장평이 문밖을 내다보자, 한 층을 가득 채운 회계관과 서기관들이 초조한 표정으로 회의실만 바라보고 있었다.

글자 그대로 폭풍전야의 분위기였다.

생사결을 앞둔 무인들보다 비장한 분위기에, 장평은 고개를 갸웃거렸다.

'이렇게 허술한 계획에 무슨 추가작업이 필요하다는 거지?'

작전의 개요라고 해 봤자 중원에 가서 알아서 잘해 봐라 정도였다. 뼈대밖에 없는 계획이라 더하거나 뺄 것도 없었다.

장평은 건성으로 수결을 했다.

다른 이들도 차례대로 도장을 찍자, 일물자는 작은 종을 울렸다.

딸랑딸랑.

영롱한 종소리가 들려 온 순간, 비장한 표정의 노인이 회의실로 들어왔다.

"……시작할까요?"

일물자는 고개를 끄덕였다.

"시작하게."

"작업, 시작!"

노인이 외치자, 아래층에서 지진이 느껴졌다. 놀란 장

평이 바라보자, 그들은 질주하는 준마처럼 바삐 움직이며 고래고래 고함을 지르고 있었다.

"돈 세탁! 호북 안에서 돈 세탁 되는 전장이나 표국 없어?"

"하삼이 이끄는 비단 대상이 다음 달에 산해관 곧 통과한다는데, 그쪽에 맡기면 안 되나?"

"하삼은 자기 부모 부장품도 팔아먹을 호로자식이야! 저번에는 송금 맡겼을 때는 현장에 절반만 전달했다고!"

장평이 무림맹 회계과에서 본 풍경과 비슷했다. 그저, 세 배는 많은 사람이 두 배는 큰 목소리로 고함을 치고 있을 뿐이었다.

"……뭐지. 이거."

"외국. 그것도 적성국 내부에 작전자금 전달하는 일이 쉬울 줄 알았어? 그것도 돈세탁까지 해야 하는 일이?"

"그냥 전표나 귀금속을 들고 들어가면 안 되나?"

"작전자금 충당할 정도의 거금이면 곧바로 추적 당하지……."

파리하의 퉁명스러운 말에, 장평은 질린 표정을 지었다.

"그렇군. 마교의 예측불허한 음모들도 실무자들 갈아가며 차곡차곡 세운 계획이었군……."

무림인이었을 때는 미처 상상도 못 했던 현장의 애환이었다.

일물자는 회의실에 들어 온 노인을 보며 말했다.

"조 집사. 얼마나 걸릴 것 같나?"

"중원 내부의 거래처들과 연락이 끊겨서 확신할 수는 없습니다. 최소한 닷새는 주셔야 할 것 같습니다."

"알겠네."

일물자는 장평과 파리하. 술야를 돌아보며 말했다.

"결재는 나 하나만 있으면 되니, 다들 볼 일 들 보게. 특히 장평. 자네는 태허진일보 연습 좀 더 하고."

"알겠소."

장평의 태허진일보는 초음속이라는 미증유의 지점에 이르렀다. 문제는 초음속에 달하면 그 속도를 제어할 수 없다는 점이었다.

적에게 직격 한다면 가속으로 증강된 막대한 타격을 꽂아 넣을 수 있었지만, 만약 겨냥이 빗나가 적을 맞추지 못한다면 볼썽사납게 나자빠지며 땅바닥을 굴러야 했다.

타박상이나 내상은 둘째치더라도, 땅을 구르는 것만으로도 목숨이 달아날 빈틈이었다.

'비장의 패란 원래 도박에 가까운 법이라고는 해도, 태허진일보는 지나치게 불안정하다.'

무엇보다도, 태허진일보를 펼친다고 용태계의 숨통을 끊을 수 있다는 보장이 없기 때문이었다.

'재가속을 안 하는 음속 단계라면 제어가 가능하긴 한데…….'

장평은 고민했다.

태허진일보에는 뭔가가 부족했다. 그게 뭔지는 모르겠

지만, 보강할 수 있는 지점이 분명히 있었다.

'완성된 채로 물려받은 태허합기공과는 달리 내가 창안한 특기이기 때문이겠지?'

태허합기공은 안정적이고 결함이 없었다. 직접 몸이 닿아야 한다는 한계가 있긴 했지만, 내공 봉쇄라는 결실은 위험성을 감수하고도 남는 보상이었다.

장평은 태허진일보의 결함을 긍정적으로 받아들이기로 했다. 어쨌건, 이 문제를 해결하면 더 강해질 수 있다는 의미가 아니겠는가?

그때였다.

"교주님. 장평. 잠시 얘기 좀 하죠."

파리하는 밖으로 나가던 장평의 옷깃을 붙잡았고 일물자 앞에 섰다.

"무슨 일이냐?"

"좋건 싫건, 장평은 이제 우리의 도구예요. 그렇다면 내부의 불신과 불만을 가라앉힐 필요가 있겠죠."

장평은 쓴웃음을 지었다.

도구라는 노골적인 단어는 둘째치더라도, 마교에서 장평을 제일 못 믿고 제일 싫어하는 것이 바로 파리하였기 때문이었다.

"생각해 둔 바가 있느냐?"

"있어요."

파리하는 차분한 목소리로 말했다.

"장평의 코에, 코뚜레를 끼우죠."

"코뚜레?"

파리하는 쓴웃음을 지었다.

"이젠 슬슬, 제가 대수호자의 소임을 내려놓을 때가 된 것 같지 않나요?"

"……네 생각이 그렇다면, 말리지는 않겠다."

장평은 미심쩍은 표정으로 말했다.

"지금 무슨 얘길 하는 거요?"

"본교의 대마는 현재 단 둘뿐이네. 흉수대마와 혼돈대마 둘뿐이지."

일물자는 장평을 바라보며 말했다.

"자네가 세 번째 대마가 되어 주어야겠네. 자네를 의심하는 자들에게, 우리와 같은 배를 탔다는 것을 보여 주기 위해서."

"……그것도 필두대마로?"

"어차피 중원에 들어가면 자네가 지휘해야 할 테니까."

"그건 그렇지만……."

장평은 착잡한 표정을 지었다.

마교에 대해 증오를 불태우던 시절이 엊그제 같은데, 이제는 마교의 필두대마가 된다니.

"이제 곧 중원에 잠입해야 하는데, 소문이 나진 않겠소?"

"자네가 중원에 있을 때 십만대산 내부의 소문을 들어 본 적이 있던가?"

"……없었소."

장평은 쓴웃음을 지으며 고개를 끄덕였다.
"그럼 나는 뭘 해야 하오?"
"며칠 뒤에 간단한 임명식이 있을 걸세. 입으라는 옷 입고 적당히 대답하기만 하면 되네."
"알겠소."
장평이 몸을 돌린 순간.
"장평."
일물자는 장평을 불렀다.
"왜 그러시오?"
"칭호는 정하고 가야지."
"아무렇게나 적당히 지으시오."
장평이 건성으로 말하자 파리하는 퉁명스러운 목소리로 말했다.
"네 행실에 걸맞게 불륜대마(不倫大魔)나 엽색대마(獵色大魔)라고 지으면 되겠지?"
장평은 엄숙한 표정으로 말했다.
"내 생애를 돌이켜보면, 회생대마(回生大魔)라 불리는 것이 여러모로 합당할 것 같구려."
일물자는 웃었다.
"그럼 회생대마로 하지."
장평은 한숨을 푹 내쉬며 계단을 내려갔다.
그가 충분히 멀어졌음을 확인한 일물자는 자신의 딸을 바라보았다.
"파리하."

"예."

"지금의 이 요청이, 삶을 정리하려는 목적이 아니라고 말해 주겠느냐?"

"죽음을 준비하는 거 맞아요."

파리하는 차분한 표정으로 말했다.

"저도 장평과 함께 중원으로 갈 생각이니까요."

"가능하다면 말리고 싶구나."

"장평의 그림자에서 움직일 사람이 필요해요. 그가 미뤄둬야 하는 일을 대신 처리하고, 다른 시각으로 사안을 바라보며 필요하다면 돌파구가 되어 줄 사람이요. 적지에서 그런 움직임이 가능한 사람은 지금의 십만대산에 저 하나밖에 없죠."

파리하는 창밖의 십만대산을 바라보았다.

척박하고 험준하지만, 그들을 품고 있는 보금자리를.

"장평은 백면야차를 겨눈 화살. 도중에 부러트릴 수야 없는 일이죠. 필요하다면 누군가가 대신 죽어야 하는데, 어차피 죽을 거라면 필두대마의 죽음보다는 일개 대마의 죽음이 충격은 적겠죠."

"나는 네가 죽는 것을 원치 않는다. 대의를 위해서는 꼭 필요하다 해도, 아비로서 딸의 죽음을 보고 싶지 않구나."

"저도 원치 않았어요. 교주님이 화살받이가 되기 위해 북경으로 가는 것을요."

"이것이 그 죗값이냐? 내가 감내해야 하는 일이냐?"

"교주님의 죄는 저와 같겠죠. 사람들에게 미래를 돌려주고 싶어 했다는 죄요."

"살아서 돌아오겠다고 약속……."

일물자는 착잡한 표정으로 말했다.

"……아니. 살아서 돌아오도록 노력하겠다고 약속해다오. 지키지 못할 약속이라도 좋으니, 이 늙은 아비에게 그 정도 희망만은 남겨다오."

"교주님이 삶을 포기하지 않겠다고 약속해 주신다면, 저도 약속할게요. 살아서 십만대산으로 돌아오도록 노력하겠다고요."

"내 약속하마. 내 딸아."

"그렇다면 저도 약속할게요."

파리하는 잔잔한 미소를 지으며 말했다.

"아버지의 곁으로, 무사히 돌아오겠다고요."

* * *

그날 오후.

부서진 묘비들로 가득한 폐허에서, 간소한 의례가 펼쳐졌다.

"장안의 장대명의 아들. 장안의 장평이여."

검소하고 청빈한 백의를 걸친 장평이 금관을 쓴 일물자 앞에 한쪽 무릎을 꿇자, 일물자는 정중한 말투로 말했다.

"그대는 정녕 성전사로서 이후의 모든 삶을 헌신할 것

을 맹세하는가? 그대가 지금껏 품어 온 신앙과 맹세, 계율과 전통에 어긋나지 않는 한 샴발라의 안녕과 약자들의 신변을 보호하겠다고 맹세하는가?"

"장안의 장평이 맹세합니다."

"샴발라의 샤. 일 무르자가 그 맹세를 증명하노라."

일물자는 장평의 양어깨 위에 보검을 가볍게 얹었다 들어 올렸다.

"거듭났으니, 일어설지어다. 샴발라의 장평. 샴발라의 모든 이들을 수호하는 대수호자여!"

장평은 천천히 자리에서 일어났고, 주변의 관중들은 건성으로 의례적인 박수를 쳤다.

무표정한 이들이 반. 불편해하는 이들이 반. 딱히 반기지 않는 모습이었으나, 장평은 별다른 불쾌감을 느끼지 않았다.

〈괜찮은가?〉

일물자의 전음에, 장평은 대수롭지 않게 전음을 날렸다.

〈기대도 안 했소.〉

사람을 거듭나게 하는 것은 이 조촐한 허례허식이 아니었다. 고뇌 끝에 얻은 결심이고 가슴에 품은 결의였다.

그리고 한 사람이 정녕 거듭났음을 인정 받기 위해서 필요한 것도 높은 지위나 거창한 칭호가 아니었다.

〈나는 아직, 저들에게 아무것도 증명하지 않았으니까.〉

모든 것은 해야 할 일들 속에 있었다. 오만한 백면야차가 탐욕스레 움켜쥐고 있는 미래 속에서.

장평은 천천히 걸음을 옮겨 자신의 집으로 향했다. 늘 밥을 먹거나 잠들어 있던 북궁산도는 평소와는 달리 단정한 차림새로 침상에 앉아 있었다.

"이제 가는 거예요?"

"그렇소."

"언제쯤 다시 볼 수 있을까요?"

"모든 일이 순조롭게 진행된다면, 중추절 무렵에는 합류하게 될 거요. 만약 지체되거나 실패한다면……."

"쉿."

북궁산도는 장평의 입술에 손가락을 얹었다.

그녀는 흔들리는 눈동자로 속삭였다.

"……실패라는 말은 꺼내지도 말아요. 심야의 설원을 서성대는 불운이 장평 대협을 따라오지 못하도록, 머릿속에 떠올리지도 말아요."

"마교도답지 않은 미신이군."

"미신이라도 상관없어요. 하나님이건 하느님이건 숲속의 마귀할멈이건 상관없으니, 당신을 지켜 달라고 기도할 거예요."

북궁산도의 크고 늘씬한 몸이 장평을 끌어안았다. 포근하고도 부드러운 품속에서, 장평은 잔잔한 미소를 지었다.

"중추절에 다시 봅시다."

"많이 먹을 거예요. 많이 잘 거예요. 상처를 회복하고 힘을 비축할 거예요. 필요한 때, 당신의 곁에서 도끼가 되고 방패가 될 수 있도록요."

 장평은 북궁산도의 이마에 입을 맞췄다.

"동방의 땅에서 기다리겠소."

 북궁산도는 문간에 서서 장평을 배웅했다. 그녀는 어린 애처럼 펄쩍펄쩍 뛰면서 과장되게 손을 흔들어 보였다.

"곧 갈게요! 금방 갈게요!"

 장평은 어렵게 몸을 돌리고 걸음을 옮겼다.

 대마두 장평은 차분한 눈으로 동방을 바라보았다.

 사경을 헤매며 도망쳐야 했던 곳. 치유되고 힘을 얻은 지금 다시금 향해야 할 숙명의 땅.

'중원이 저기에 있다.'

 그리고, 중원에는 모든 것이 있었다.

 그가 물리쳐야 할 자와, 이뤄내야 할 것들이 있는 곳. 그리고 무엇보다도 되찾아야 할 사람들이 있는 곳이.

 먼 여정의 첫걸음을 시작한 장평의 곁에, 어느새 한 사람이 함께하고 있었다.

 외눈의 여자. 파리하였다.

 장평은 놀라지 않았다. 그녀의 계획을 들은 순간부터, 파리하가 동행할 것을 짐작했기 때문이었다.

"돌아오지 못할 수도 있는 길이다."

 그는 그저 나직한 목소리로 물을 뿐이었다.

"작별 인사는 했나?"

"네 알 바 아니다."

 파리하는 퉁명스럽게 말했다.

"너는 내 친구도, 동료도 아니다. 너는 백면야차를 죽이기 위한 도구고, 나는 너를 백면야차 앞까지 옮기기 위해 동행하는 것뿐이다."

"그런가. 그거 다행이군."

"뭐가?"

"나보다는 백면야차가 더 미운 모양이라서."

장난스러운 장평의 목소리는 파리하의 속내를 꿰뚫고 있었다.

"……얄미운 놈."

그녀는 여전히 장평을 싫어했다.

오판과 착각으로 동료들을 해치고 자신에게 연거푸 굴욕을 안겨 준 장평을.

하지만 예전만큼 장평을 증오하지는 않았다.

파리하 또한 인정했기 때문이었다.

그녀를 꺾은 것은 회귀자로서의 반칙이 아닌, 난관 앞에서도 굴하지 않는 한 사람의 투지와 결단력 때문이었다는 것을.

"백면야차를 죽이는 대로 죽여 버리겠어."

줄어든 적의는 소소할지도 모른다. 남아 있는 원한은 적지 않을지도 모른다. 하지만 장평에 대한 적의보다 백면야차에 대한 증오가 더 컸고, 그렇기에 파리하는 장평의 곁에 서서 중원으로 향하고 있었다.

그야말로 오월동주(吳越同舟)였지만, 같은 배를 타고 있다면 오월동주라도 상관없었다.

"그건 나중에 생각하자고. 파리하."

이 또한, 장평이 이뤄 낸 결실이었다.

간편한 거짓말과 안전한 계책 대신, 진실과 진심으로서 얻어 낸 결실.

"일단 백면야차부터 죽인 다음에 말이야."

장평은 흔들림 없는 눈동자로 동쪽을 노려보며 말했다.

"어쨌건, 백면야차는 죽어야 하니까."

* * *

마교의 부교주. 백면야차.

단순하다면 단순한 그 이름에는 수많은 내막이 깃들어 있었다.

백면야차 용태계는 마교도가 아니었다.

그저, 마교라는 집단이 지닌 과격함과 효율성에 강한 인상을 받았을 뿐이었다.

그것은 착각이었다.

샴발라의 군사조직인 마교는 그 본질인 과학자들을 보호하기 위한 임시방편에 불과했다.

백면야차는 마교도가 이름과 손을 더럽히는 근본적인 이유. 겸허함과 진취성을 품은 현자들을 지켜낸다는 목적을 이해하지 못한 채, 마교도가 보인 과격함과 효율성에 매료되었을 뿐이었다.

마교의 부교주라는 직함이야말로 그 모순을 드러내고

있었다.

 마교가 보이는 난폭한 효율성에 경도된 백면야차였지만, 그와 동시에 스스로도 자각하고 있었다.

 마교처럼 행할 수 있는 자는 오직 마교뿐.

 그 어떤 무림인도, 그 어떤 황족도 중화를 저버려서는 안 되었다.

 용혈무신 용태계는 입신지경에 이른 무림지존이기에, 황백부 용태계는 제국을 다스리는 황실의 최고 웃어른이기에 국법을 따르고 중화를 받들어야 했다.

 백면야차를 막아야 하는 실무자들의 보고서를 직접 받아 볼 수 있는 지위를 잃지 않기 위해서라도 그래야 했다.

 그렇기에 백면야차는 숨어야 했고 속여야 했다. 마교의 부교주라는 존재하지 않는 지위를 만들어서라도 백면야차의 정체가 용태계라는 사실을 감춰야 했다.

 위장이었다.

 굳이 백면야차라는 별호를 사용한 것도 추적자의 혼란을 유도하기 위해서였다.

 중원인들로 이뤄진 무림맹과 황실 모두 마교의 사고방식과 정체를 이해할 수 없었고, 그 때문에 마교의 본질을 알기 위해 안간힘을 썼다.

 그 중 하나가 무림맹 첩보부의 백면야차 작전. 배신자를 가장하여 마교 내부에 첩자를 잠입시킨다는 작전이었다.

용태계는, 혹은 맹목개는 그것을 역이용했다.

백면야차라는 이름을 들어 본 자들이 혼란에 빠지도록, 그 이름이 암시하는 여러 가지 가능성들을 하나하나 점검해야만 하도록. 백면야차라는 이름에 발이 묶인 자들을 중간에 제거하기 위한 지연책으로 썼다.

그리고, 그 모든 것은 성공했다.

'최초의 용태계'는 그 누구에게도 들키지 않고 회생옥까지 손에 넣었으니까.

하지만 문제는 거기서 발생했다.

처음부터 토사구팽할 생각으로 부려 먹은 하급 첩보원. '최초의 장평'이 비장의 수로 회생옥을 파괴했던 것이었다.

파손된 채 강제로 가동한 회생옥은 오류를 일으켰고, '최초의 용태계'와 '최초의 장평' 모두를 회귀자로 만들어 버렸다.

장평이 회귀의 부차적인 요소인 전생의 기억을 가지고 있다면, 용태계는 회생옥의 본질인 회귀를 소유하고 있었다.

하지만, 백면야차에게는 그걸로 충분했다.

〈다시 시작하자.〉

중요한 것은 다시 시작하는 것이었으니까.

〈세상이 내 눈에 흡족할 때까지.〉

용태계 본인이 회귀자라는 것을 자각하지 못한다는 약점은, 사소하고도 대수롭지 않은 문제였다.

어차피 회생옥은 황궁 지하에 숨겨져 있었고, 그걸 관리하고 있는 청소반은 초대 황제의 유명을 받들고 있지 않은가?

황족가 아니면 존재조차 알지 못하고, 황궁을 드나들 수 없다면 찾으려는 시도조차 할 수 없었다.

'최초의 용태계'가 누구의 도움도 없이 스스로 찾아낼 수 있었듯이, 회생옥을 얻을 수 있는 것은 용태계뿐이었다.

그러니, 회귀자라는 사실을 자각하느냐 마느냐는 중요한 일이 아니었다.

무림지존인 그가 회생옥마저 얻으면, 누가 무슨 수로 방해하겠는가?

전생의 기억이 없다는 점은 아무런 문제도 되지 못했다.

〈어차피 전생의 나도 결과가 흡족하지 못했기 때문에 회귀했을 거 아냐?〉

이번에 잘하면 되는 일이었다.

〈어차피 기억도 안 나는데, 몇 번을 반복하건 무슨 문제겠어?〉

실패한다면 다음번에 잘하면 되는 일이었고.

〈회귀자인 나에게는 무한한 기회가 있고, 이 세상에는 무한한 가능성이 남아 있는데!〉

미친 신의 뒤틀린 논리가 완성되는 순간이었다. 과거와 현재, 미래 모두가 한 사람의 욕심 탓에 뒤섞인 혼돈의 세상이.

* * *

"……그래서."
파리하는 퉁명스럽게 말했다.
"정확히 뭘 어떻게 하자는 거지?"
"최종 목표는 당연히 용태계를 죽이는 거다. 하지만 용태계를 죽인다고 해서 모든 것이 끝난다는 보장은 없지."
장평의 침착한 말에, 파리하는 고개를 끄덕였다.
"회생옥을 써서 다시 시작할 수도 있으니까?"
"그래."
용태계는 회생옥에 가장 가까운 위치에 있었다. 물리적인 거리로나, 중원의 패자라는 입장으로서나.
"어떻게든 회생옥을 확보하거나 파괴해야 한다. 용태계를 죽이는 것은 그 다음이다."
"교주님이 회생옥을 쓰면 안 되나?"
"회생옥은 그냥 과거로 돌아갈 뿐이다. 용태계는 여전히 무적의 파괴신일 것이고, 일물자의 무공은 여전히 비효율적이겠지."
"그럼 아예 용태계가 신이 되기 전에 죽이는 건 어떻지? 아니면 아예 놈이 태어나기도 전으로 돌아가서 죽여 버리는 것은?"
"흥미로운 발상이긴 한데……."

장평은 생각에 잠겼다.

"회생옥이 회귀 시점을 인위적으로 설정할 수 있는지는 잘 모르겠다. 나도 한 번밖에 회귀 안 해 봐서. 하지만, 설령 그게 가능하다 해도 그 발상에는 한 가지 치명적인 문제가 있다."

"그게 뭐지?"

"나는 스무 살 때로 회귀했다. 내 몸이 젊어진 것이 아니라, 과거에 존재하던 몸으로 기억만 옮겨갔을 뿐이지. 즉……."

"……태어나기 전으로는 갈 수 없을 거란 말인가?"

"그럴 가능성이 높지."

장평은 건조한 목소리로 말했다.

"그러니, 네 계획을 실행시키려면 최소한 용태계보다는 나이가 많아야 한다. 거기에 북경까지 잠입해서 황태자. 혹은 당시의 황제인 용태계의 아버지나 황후인 그의 아내를 죽일 능력이 있어야 하고. 네 기억 속에는 그럴 만한 사람이 있나?"

파리하는 잠시 셈을 해 보았다.

그녀는 착잡한 표정으로 고개를 내저었다.

"……없다."

"일물자는?"

"교주님보다 용태계가 연상이다. 놈이 입신지경에 오른 것은 교주님보다 수십 년이나 빠르고."

파리하는 장평에게 물었다.

"네가 아는 사람 중에는 용태계보다 나이 많은 사람 없나?"

"역병의선 오방곤."

파리하는 한숨을 내쉬었다.

"……말이 통할 사람이 아니로군."

장평 또한 고개를 끄덕였다.

초절정고수의 무위는 건강과 장수를 위한 수단일 뿐. 오방곤의 본질은 의원이었다. 시련과 실패들로 피폐해진 노의원. 정신상태도 불안하거니와, 무엇보다도……

"……그에게는 확고한 목적이 있지. 달성이 거의 불가능할 정도로 거대한 목표가."

오방곤에게 회생옥을 넘겨주면 어린 용태계를 죽여 시간왜곡을 끝내는 대신, 스스로 회귀하여 시간왜곡의 원흉이 될 가능성이 높았다.

"그는 역병을 증오하니, 세상 모든 역병에 대한 치료법을 얻어 낼 때까지 무한히 회귀하려 들겠지. 이 시대의 의학으로는 도저히 달성할 수 없는 지점에서도 만족하지 않을 것이고."

무한히 회귀하는 백면야차를 막겠답시고 새로운 무한회귀자를 만들 수야 없는 일이었다.

"그리고, 오방곤은 어떤 의미에서는 백면야차보다도 위험한 존재가 될 수도 있다."

"무슨 말이지?"

"그는 삼백 년을 넘게 살았으니까."

"……그렇군. 그라면 과거로 도망칠 수 있군."

그 순간, 파리하는 이를 악물었다.

"그가 회귀자라는 사실을 알고 있는 사람들이 태어나기도 전으로……."

회생옥의 존재를 아는 사람 중 가장 나이가 많은 사람은 용태계와 일물자. 그들이 태어나기 전으로 회귀해 버리면 아무도 오방곤을 막을 수 없었다.

백 년. 혹은 이백 년 전으로 회귀하면 그걸로 끝. 현세에 속한 백면야차와는 싸울 수라도 있지, 과거로 도망친 오방곤과는 싸울 수도 없는 것이었다.

"그럼 너는?"

파리하는 아직 미련이 남았는지 장평을 바라보았다.

"네가 회생옥을 가로채서 쓰는 건? 전생의 기억들과 정보들을 이용해서……."

"스무 살 시점이 내 최선이다. 그리고 그 때, 입신지경의 무위를 지니고 있는 용태계는 이미 무림맹의 재건까지 마친 상황이지."

"지금보다 더 어릴 적으로 돌아간다면? 지금까지 획득한 지식을 기반으로 더 빠르고 효율적으로 시간을 쓴다면?"

"몇 번을 해도 마찬가지다. 내 무재(武才)로는 무슨 짓을 해도 용태계보다 강해질 수 없고, 내 행동으로 인한 역사개변의 여파가 내게 이롭게 펼쳐진다는 보장도 없다. 지금 이 자리까지 온 것만으로도 기적적인 일이다."

장평은 착잡한 표정으로 말했다.

"……그나마도 나 혼자의 힘만으로 이뤄진 것도 아닌 모양이고."

"흰 노인과 검은 노인?"

"거기에 사술사까지."

'최초로 회귀한 장평'인 사술사는 차원을 넘나들며 미래의 장평들을 포획하고 수집하고 있었다.

"내가 사술사의 마수를 피해 초절정고수가 된 것만으로도 기적적인 일이지."

현세를 걷는 파괴신 용태계를 인간의 범주로 끌어내리고, 차원을 넘나드는 사술사의 지배력에 저항할 수 있는 유일무이한 힘. '현실'의 세계관과 태허합기공을 선물 받은 덕분에 이뤄진 기적이었다.

"……그럼 회생옥을 쓸 생각은 포기해야겠군."

파리하는 아쉬운 표정으로 체념했다.

"자. 그럼 이젠 네 차례다."

산봉우리에 선 장평은 눈을 돌려 평지를 내려다보았다.

"일단 봉마관(封魔關)까지는 왔는데."

십만대산과 제국과의 접경지. 봉마관.

일단은 국경초소인지라 관문이 있기는 한데, 그 문 너머에는 기계식 쇠뇌나 화염방사기 같은 흉악한 무기들이 잔뜩 배치되어 있었다.

거기에 경계를 서는 성벽 위의 경계병 중 삼분지 일은 무공을 익힌 무림인들.

"어떻게 저길 뚫고 중원으로 잠입할 거지?"

제국 동북부에 세워진 만리장성과 산해관이 해변의 모래성처럼 느껴질 지경이었다.

"성벽 정도는 뛰어넘을 수 있잖나."

"경공술을 쓰면 뛰어넘는 거야 어렵지 않다."

장평은 미간을 찌푸리며 말했다.

"경공술을 쓰는 동안 발각되지 않는 것이 불가능해서 그렇지."

무림인 경계병이라 해도, 아무래도 개방이나 사천 당가의 무사들이 대부분이었다. 고수는 거의 없었지만, 무위가 낮다고 해서 눈이 먼 것은 아니었다.

설령 목격되는 것을 피했다 해도 마찬가지.

성벽을 뛰어넘는 수준의 경공술을 펼치면 그 소리만으로도 발각될 것이 분명했다.

"그래. 그러니 감시의 사각지대를 노려야지."

"사각지대? 그런 곳이 있나?"

"조만간 나오겠지."

파리하는 심드렁하게 말했다.

"아무래도 심야에는 경계병 중에서 조는 놈이 생기기 마련이니까."

"……경계병 중에서 조는 놈이 나오기를 기다리자고?"

기가 막힌 장평은 파리하를 바라보았다.

"경계 서다가 졸면 처형이라는 군법은 너도 잘 알 텐데?"

"잘 알지. 그 군법이 얼마나 느슨하게 적용되는지도."

파리하는 차근차근 설명했다.

"특별 경계령이라도 떨어지지 않는다면, 사나흘에 한 명 정도는 조는 놈이 나오기 마련이다. 그때까지 기다릴 수밖에."

"철통 같은 경계를 뚫는 마교의 비법이, 조는 놈을 기다리는 거였다니……."

허탈함과 실망감이 섞인 장평의 목소리에, 파리하는 짜증스러운 표정으로 말했다.

"여기서 무작정 기다리는 것이 정 마음에 안 든다면, 안전하고 확실한 경로도 있긴 하다."

"그게 뭐지?"

"비단길. 무역허가증을 지닌 대상들과 합류하면 간단한 변장만 하고도 지나갈 수 있지."

"그럼 여기서 무작정 기다릴 것이 아니라 그쪽으로 가면 되지 않나?"

"그래. 제국 북서쪽 돈황의 옥문관(玉門關)까지 간 다음에, 들키면 전 재산을 몰수당할 위험을 감수하고 마교도를 밀입국시켜 줄 간 큰 대상을 찾기만 하면 되지."

파리하는 냉소했다.

"옥문관 앞에서 두세 달 정도 기다리면 적자로 허덕이는 운 나쁜 대상도 나타나기 마련이지. 여기서 사흘이나 기다리는 것이 정 힘들다면 지금부터 십만대산을 가로질러 옥문관까지 가도록 할까?"

장평은 파리하의 목소리 곳곳에 가시가 박혀있음을 느꼈다.

"그동안 쌓인 게 많았던 모양이군?"

"없겠냐?"

사실, 막는 입장에서야 마교도가 제집처럼 드나드는 것처럼 보이지만, 뚫는 입장에서는 천신만고 끝에 간신히 잠입하는 것이었으니까.

입장이 바뀌면 시야도 바뀐다 했던가.

마교도가 되어 중화의 장벽을 마주한 장평은 착잡함에 한숨을 내쉬었다.

"그렇군. 마교의 신출귀몰함 너머에는 이런 현실적인 애환이 있던 거로군……."

"무림맹에 있을 때는 다 네가 잘나서 막아 낸 줄 알았겠지?"

파리하는 비웃었다.

"담벼락 건너 편에서 중화를 본 소감은 어떤가?"

"소감이라."

장평은 느긋한 미소를 지었다.

"어차피 기다려야 한다면, 둘 다 깨어 있을 필요까진 없을 것 같다는 생각밖에 안 드는군."

"……뭐?"

장평은 다리를 길게 뻗고 자리에 누웠다.

"불침번은 너부터 서라."

"자겠다고? 내 앞에서?"

파리하는 의미심장한 목소리로 말했다.
"그게 정말 좋은 생각 같나?"
"나쁜 생각 같지는 않군."
장평은 눈을 지그시 감은 채로 말했다.
"나 없이 백면야차랑 싸울 생각이라면, 처음부터 나와 동행하지도 않았을 테니까."
"……."
말문이 막힌 파리하는 짜증스러운 표정을 지었다.
"……재수 없는 놈."
맞는 말이기 때문이었다.
다행스럽게도, 두 사람 모두 한서불침의 고수. 늦겨울의 산속이라 해도, 모닥불이나 이불은 필요 없었다.
장평은 피식 웃으며 말했다.
"길 열리면 깨워라."

* * *

그 이후.
장평과 파리하는 교대로 자고 깨어나며 건량과 물 한 모금으로 대강 허기만 메웠다.
"……조는 놈 안 나오나."
깊은 밤과 새벽이 되면, 두 초절정고수는 관문과 근방의 성벽들을 뚫어져라 쳐다보곤 했다.
경계병은 크게 둘.

초소에 서서 주변을 돌아보는 견시조(見視組)가 있었고, 성벽 위를 순회하는 순찰조(巡察組)가 있었다.

순찰조가 멀리 떨어져 있을 때, 졸고 있는 견시조를 찾아야 했다.

그나마 다행인 것은, 봉마관이 딱히 경계 태세를 갖추고 있지는 않다는 점이었다.

'조는 놈은 많군.'

장평은 두어 번 졸고 있는 견시를 발견했지만, 순찰조의 군홧발 소리에 화들짝 깨는 모습을 보며 낙담해야만 했다.

장평은 투덜거렸다.

"그냥 수혈을 짚거나 기절시키면 안 되나?"

"마교도들이 방금 여기를 지나갔다는 방명록이라도 남겨놓지 그래?"

"……후."

그렇게 이틀 무렵을 한 자리에서 대기하던 도중이었다.

"장평. 일어나."

불침번을 서던 파리하는 장평을 흔들어 깨웠다.

눈을 뜬 장평이 기민하게 집중력을 되찾자, 그녀는 초소 한 곳을 가리켰다.

"저기 저 녀석. 삼번 초소 견시병. 보여?"

"보인다."

이제는 나름 낯이 익은 개방도였다.

그는 얼핏 보기에도 물 먹은 솜처럼 움직임이 느릿느릿

했다. 거기에 나른한 하품을 반복하고 있기까지 했다.
"졸 것 같지 않아?"
"그럴 것 같군."
경계조의 군홧발 소리에 애써 자세를 고치긴 했지만, 눈가에 매달린 피로감은 감출 도리가 없어 보였다.
오늘이었고, 삼번 초소였다.
장평과 파리하는 최대한 몸을 낮추며 성벽 아래까지 다가갔다. 성벽 위에서는 보이지 않는 사각지대였다.
두 사람은 감각을 북돋아 개방도의 숨소리와 움직임을 주목하며 전음을 나눴다.
〈잔다.〉
마침내, 개방도가 꾸벅꾸벅 졸기 시작했다.
〈순찰조는?〉
〈멀어지고 있다. 아마 등을 돌린 상태일 거다.〉
〈뛸까?〉
〈개방도도 일단은 무림인이니, 인기척에 잠을 깰 수도 있다. 벽호유장공(壁虎遊牆功)으로 조용히 기어 올라가자.〉
군사용 성벽은 석재들을 빈틈없이 쌓아 만든 견고한 벽이었다. 그 말은, 충분한 신체능력이 있다면 벽돌의 가장자리를 잡고 기어 올라갈 수 있다는 말이기도 했다.
두 초절정고수에게는 식은 죽 먹기였다.
〈이게…… 마교의 신출귀몰함……?〉
〈……닥쳐.〉

그저, 모양새가 빠질 뿐이었다.

마교의 전 필두대마와 현 필두대마는 졸고 있는 개방도의 양 옆을 스쳐 성벽 너머로 가볍게 내려 앉았다.

〈이제부터는?〉

〈군복으로 갈아 입어.〉

파리하는 보따리를 열었다.

〈난 그렇다 쳐도, 여군은 눈에 띌 텐데?〉

〈내 특기가 뭔지 잊었나?〉

파리하의 몸에서 뚜두두둑 하는 소리가 들리더니, 가무잡잡한 피부의 미녀 대신 창백한 안색의 중원인 청년이 그 자리에 나타났다.

장평 또한 군복으로 갈아입고 흙먼지와 침등으로 변장했다. 짧은 시간이 흐르자, 그 자리에는 두 대마두 대신 햇볕으로 얼굴이 탄 중년의 말단 군관과 젊고 어리숙한 신병만이 남아 있었다.

〈민가까지는 최소한 반 나절은 걸어야 한다. 가능한 군인들을 피해서 탈출하자.〉

〈반 나절이나 걷느니 말을 훔치는 것도 나쁘지 않을 것 같은데?〉

〈말 타고 나가려면 정문으로 나가야 한다. 군사기지의 검문을 통과할 자신이 있나?〉

〈무리겠군.〉

장평은 포기했다.

그나마 다행인 점은, 그들은 초절정고수라는 점이었다.

하급 무림인들은 그들의 존재감을 인식할 수 없었고, 두 대마두는 주변의 인기척을 느끼고 피할 수 있었다.

〈성벽을 넘었으면 걱정할 것 없다. 이제부터는 그냥 조용히 지나가기만 하면 되니까.〉

파리하가 장평을 안심시키는 순간이었다.

두 사람은 흠칫 놀라 서로를 바라보았다.

〈포위 당했어!〉

〈어떻게 된 거지?〉

그 순간, 두 사람은 본능적으로 등 뒤를 돌아보았다.

〈개방도!〉

졸고 있던, 아니. 졸고 있는 척하던 개방도가 성벽 안쪽을 향해 횃불을 휘두르고 있었다.

'당했다.'

파리하는 낭패한 표정을 지었다.

봉마관에는 이미 경계령이 내려진 상태였다. 경계하고 있다는 사실조차 감춘 특급의 경계령이.

"무림을 너무 얕봤구나. 파리하."

봉마관이 마교의 주 잠입 경로라는 사실은 무림에서도 눈치채고 있었다. 그저, 가장 치명적인 순간을 위해 시치미를 떼고 있었을 뿐이었다.

마교의 마지막 희망을 짓밟을 지금 같은 기회를 위해서!

군영 안에서 포위당한 두 사람은 서로 등을 맞대고 포위망을 살폈다.

"병사 일천. 무림인 이백."
"무림인의 절반은 사천 당가일거다."
"아군이 대다수니 독은 못 쓰겠지?"
"암기에는 바르겠지."

아무리 초절정고수라 해도, 대량의 화살과 암기는 경계해야 했다. 호신공으로 막는 것도 한계가 있는 법. 일방적으로 쳐맞다보면 결국 고슴도치가 될 뿐이기 때문이었다.

장평은 스스로에게 물었다.

'죽일 수 있는가?'

있었다. 초절정고수가 둘이나 되니까.

'죽일 필요가 있는가?'

없었다. 장평에게 필요한 것은 학살이 아닌 시간이었으니까.

싸움을 피하기로 마음 먹은 장평은 차분한 목소리로 물었다.

"탈출 계획은 있나?"

파리하는 주변을 돌아 보았다.

"북북서. 횃불 든 놈 보여?"

"보인다. 저기가 그나마 포위망이 허술하군."

파리하는 장평을 돌아보며 말했다.

"튀어."

"뭐?"

파리하는 대꾸조차 하지 않고 몸을 날렸다.

피잉!

그야말로 시위를 떠난 화살과도 같은 속도. 초절정고수가 전력을 다해 펼치는 경공술이었다.

"궁수! 암기술사! 있는 대로 쏴라!"

"그물망을 던지고 갈고리를 휘둘러!"

병사와 무림인들은 파리하를 향해 갖가지 무기와 도구들을 휘둘렀지만, 모두 다 허공을 가를 뿐이었다.

하지만 그녀는 이미 사정거리를 벗어난 뒤였고, 사람들은 몸을 돌려 장평을 바라보았다.

'같이 뛸 걸.'

장평은 몸을 날렸다.

암기와 화살들이 등에 박히는 생생한 감촉과 함께.

* * *

파리하가 기다리고 있는 곳은 인근의 산속이었다.

"……굼뜨군. 장평."

"같이 가자고 말했어야지……."

"나는 말했다. 네가 못 알아들었을 뿐이지."

"……얄미운 놈."

장평은 군복을 벗고 암기와 화살들을 털어냈다. 호신공을 뚫지는 못했지만, 군복은 너덜너덜하게 변해 있었다.

"입국이 발각 되었다. 이제부터는 어떻게 해야 하지?"

"감시 범위를 벗어나야지."

"어떻게?"

파리하는 피곤한 표정을 지었다.

"중원에서 가장 빠른 연락수단이라고 해 봤자 파발마나 전서구 정도. 파발마와 전서구보다 빨리 움직이기만 하면, 추적은 불가능하다."

"전력질주하는 초절정고수라. 그거 장관이겠군."

장평은 팔짱을 꼈다.

"대체 무슨 수로 사람들의 이목을 피할 생각이지?"

"보는 사람들이 없는 곳으로 이동하면 된다."

"사람들이 없는 길이 있나?"

"있지."

파리하는 피곤한 표정으로 인근의 산을 가리켰다.

"길은 아니지만."

장평은 본의 아니게 마교의 신비를 한 가지 더 깨달았다.

"매번 이러고 다닌 거였나? 풍찬노숙하면서 산속이나 숲속을 헤매고 다닌 거였나?"

"중원인의 절반은 우릴 죽이려 들지. 나머지 절반은 우릴 죽이려는 사람들을 불러들이고. 그렇다면 가능한 사람들과 마주치는 것을 피하는 것이 합리적인 결정 아닌가?"

"그래. 합리적인 판단이다."

장평은 앞으로 이어질 강행군과 노숙에 한숨을 내쉬었다.

"……피곤하다는 것이 문제지."

"몸이 힘든 것이 목숨이 위험한 것보다는 나으니까……."

말하는 파리하 본인도 짜증스러운지 투덜거리고 있었다. 장평은 쓴 웃음을 지었다.

"신출귀몰하는 것도 쉬운 일이 아니구만……."

"이 복된 나날들을 너와 함께 겪을 수 있어 영광이구나. 파사현성 장평."

비웃음을 날린 파리하는 장평에게 물었다.

"건량이랑 물은 얼마나 남았지?"

"오는 동안에 다 먹었는데."

"뭐? 이제부터 노숙해야 하는데 벌써 다 처먹으면 어떻게 해?"

"중원에 들어가면 시장에서 사려고 했지."

장평은 파리하를 노려 보았다.

"그러는 네 식량은 얼마나 남았지?"

"없다. 아예 싸오지도 않았다."

"그럼 네 짐은 대체 뭐지?"

"변장 도구. 무림에 잠입하려면 꼭 필요한 물건들이다."

"여행자에게 필요한 보급품은?"

"챙길 짐이 없는 네가 넉넉히 챙겼어야지!"

"후. 관두자……."

발끈하여 쏘아 붙이려던 장평은 한숨을 내쉬며 하려던 말을 꿀꺽 삼켰다.

이제부터 전력질주 해야 할 거리만 수백 리가 넘거늘, 입씨름으로 심력을 낭비할 필요가 있겠는가?

"이렇게 졸렬하게 중원에 숨어 들어와서, 그렇게들 허세를 부렸단 말인가?"

장평은 그저, 적으로 마주쳤던 대마들의 위엄있는 모습을 떠올리며 한숨을 내쉴 뿐이었다.

"마교는…… 적으로 만날 때만 위엄 있는 놈들이었구나……."

"그 또한 공들여 연출한 심리전의 일부였다. 너희 동방인들이 우리를 두려워하게 만들어야 했으니까."

"지금도 그럴까?"

장평은 회의적인 표정으로 말했다.

"대패한 지금의 마교를. 혈혈단신 중원에 숨어든 너와 나를 겁낼 사람이 있긴 할까?"

"조만간 알게 되겠지."

파리하는 장평을 바라보며 냉소했다.

"네 옛 동료들이, 지금의 너를 어떻게 평가하고 있을지는."

* * *

푸드드득!

비둘기가 횃대에 내려 앉았다.

꼬깃꼬깃한 파란 종이가 전서구의 발에 묶여 있었다.

"……청지(靑紙)?!"

전서구 담당자는 다급히 비둘기 발목의 종이를 풀었다. 파란 종이에는 그가 해독할 수 없는 암호문으로 된 글귀가 붉은 글씨로 적혀 있었다.

"청지에 적문(赤文)이라니. 이 대체 무슨 변고란 말인가?"

전서구 담당자는 황급히 달려가 동료에게 암호문을 건넸다. 마찬가지로 당황한 사람들의 손을 몇 번이고 거친 끝에, 한 사람의 책상 위에 파란 종이가 전달 되었다.

"……청지적문?"

그 책상 위에는 무수한 서류의 산이 쌓여 있었다. 하나같이 무림의 중대사였고, 모든 것이 조정을 좌우할 기밀이었다.

그러나, 맹목개는 그 모든 것을 제쳐두고 푸른 종이에 손을 뻗었다.

세상 모든 것을 듣고, 세상 모든 일을 아는 것이 정보의 종착역인 맹목개. 닳고 닳은 노강호이자 한 사람의 파괴신만을 섬기는 무정한 존재인 그는, 백면야차의 두뇌로서 온갖 끔찍한 일들을 저지르고 있었다.

그 광기 어린 평정심은 이미 인간의 범주를 벗어났으니, 고작해야 수천 수만의 생사 따위로는 그의 눈썹 하나 흔들 수 없었다.

"마침내, 올 것이 왔군……."

그러나, 암호문을 훑어 본 맹목개는 피곤한 표정으로

미간을 찌푸렸다.

"······주군. 긴히 보고드릴 일이 생겼습니다."

맹목개가 나직히 속삭이자, 그의 창문이 덜컥 열리며 한 사람이 방으로 들어왔다.

황제의 권세와 무림지존의 영향력을 지닌 인세를 걷는 파괴신. 무한히 회귀하며 시간조차 겁탈하는 백면야차 용태계였다.

"대면보고는 이십 년만이군. 그래. 무슨 일로 날 불렀지?"

"봉마관에서 급보가 날아들었습니다."

"반 토막 난 마교 따위로 부른 건가?"

용태계는 고개를 갸웃거렸다.

"덜떨어진 천마가 성전이라도 소집했나? 십만대산의 야만인 놈들을 강제로 징병해서 민병대라도 일으킨 거야?"

"아시다시피, 그래 봤자 봉마관도 못 넘을 겁니다. 제가 받은 첩보는······ 며칠 전에 봉마관에 두 사람의 침입자가 나타났다는 겁니다."

"겨우 둘?"

"한쪽은 혈색이 나쁜 청년이었다고 합니다. 아마도 정황상, 변장한 혼돈대마일 겁니다."

"장평에게 매번 박살 났던 얼간이 말인가?"

용태계는 비웃었다.

"설마, 그런 잔챙이 때문에 날 부른 건 아니겠지?"

"봉마관에 배치된 개방도 중 하나가, 혼돈대마와 동행하던 사람이 누구인지를 알아 보았다고 하더군요."

"개방도가 누굴 봤다는 건데?"

맹목개는 파란 종이를 내밀었다.

암호문은 짧았고, 그 내용은 더 짧았다.

"초절정고수 이인 봉마관 돌파. 하나는 정체 불명이고, 다른 하나는……."

용태계의 나른하던 얼굴에 비릿한 미소가 새겨지기 시작했다.

"……장평으로 추정."

용태계는 실소를 머금었다.

"장평이 돌아왔다고? 이미 밑바닥을 드러낸 사기꾼이 돌아왔다고 날 불렀던 것이냐?"

"가소롭게 여기실 일이 아닙니다. 놈은 예전에도 예측 불허한 존재였고, 이제는 초절정고수의 경지에 올랐습니다. 거기에 마교의 지원까지 받고 있고요."

"천하의 백면야차가 겁이라도 먹었나?"

"저는 아무도 두렵지 않습니다. 무림인들도, 마교도, 고관대작도, 각계각층의 음모가들은 물론 순천제 폐하나 남궁연연조차도 타다 남은 장작에 불과하니까요."

"그렇겠지. 내 두뇌인 네가 직접 손을 썼으니까."

"하지만 저는…… 장평이 두렵습니다."

맹목개는 심각한 표정으로 말했다.

"저는 눈 앞에서 목격했습니다. 장평이 얼마나 사소한

변수들로 얼마나 거대한 승리들을 쟁취했는지를요. 그렇기에 저는 두렵습니다. 타다 남은 장작들을 모아 얼마나 큰 불을 일으킬 수 있을지 두렵습니다. 자신의 계획에 얼마나 큰 확신을 품고 있기에 사지인 중원으로 제발로 돌아왔는지 두렵기 짝이 없습니다."

"내 반신인 너의 두려움이 나를 불편하게 하는구나."

용태계는 너털웃음을 지으며 말했다.

"말해 보거라. 백면야차. 장평이 나의 이상을 망칠 만한 자인가? 백면야차가 직접 죽여야 할 정도로 위험한 자인가?"

"확실히, 장평은 죽어야 합니다. 하지만, 주군께서 그와 직접 마주하셔서는 아니 됩니다."

"내가 나서면 안 된다고?"

용태계는 미간을 찌푸렸다.

"천하에서 내가 제일 강한데, 날 보내지 않을 이유가 있나?"

"확실히, 주군께서는 무적이십니다. 하지만, 장평이라고 그걸 모를까요?"

"……?"

맹목개는 차분히 말했다.

"마교와 장평이 어떤 신기묘산(神技妙算)을 준비했건, 그 최종목표는 주군의 시해일 수밖에 없습니다. 장평이 굳이 중원으로 돌아왔다는 것은, 어떻게든 주군을 상대할 대책을 마련했다는 뜻입니다."

"……네 염려가 날 불쾌하게 만드는구나."

용태계는 불쾌한 표정을 지었다.

"내가 바로 용태계인데, 너는 지금 협잡꾼 따위를 두려워하라는 것이냐?"

"책략가는 두렵지 않습니다. 회귀자도 두렵지 않습니다. 제가 두려워 하는 것은 장평입니다. 그는 가장 사소한 변수로 불가능한 결과를 쟁취하는 집념의 괴물입니다."

"내가 보기에는 일개 사기꾼을 지나치게 두려워하는 것 같구나."

용태계는 어깨를 으쓱해 보였다.

"하지만, 좋다. 네가 나의 두뇌이니, 네 판단이 바로 나의 결정이겠지. 늘 그렇듯이, 네 뜻대로 처리해라."

"그리하겠습니다. 제 평생의 주군이시여."

용태계는 몸을 돌렸다.

"나는 잠시 무림맹 밖으로 출타할 것이니, 네 마음이 바뀌면 언성을 높이거라."

"멀리 출타하십니까?"

"황궁에 잠시 들릴 생각이다. 오래간만에 막내와 차라도 한잔하려고 한다."

용태계는 즐거운 미소를 지으며 말했다.

"장평이 살아 있다니. 흉험한 일만 겪었던 막내에게 드물게 찾아온 좋은 소식이 아니더냐. 그 아이가 오래간만에 되찾을 미소를 놓치고 싶지 않구나."

"……작은 희망은 큰 슬픔을 부를 뿐입니다."
"그럴지도 모르지."
용태계는 껄껄 웃었다.
"하지만, 내일 슬퍼한다 해서 오늘의 행복이 빛이 바래는 것은 아니지 않느냐!"
용태계의 발소리가 멀어져 갔다.
인세를 걷는 신은, 정말이지 상냥함과 잔인함의 경계가 참으로 모호하기 짝이 없었다.
하지만, 용태계의 마음은 맹목개가 막거나 논할 일이 아니었다.
맹목개는 백면야차의 두뇌였고, 용태계를 겨눈 악의들을 가로막는 방패였다.
"오너라. 장평. 천하 만민 가운데 아직 부러지지 않은 것은, 오직 너뿐이다. 너야말로 백면야차 최후의 시련이니, 널 꺾는 것으로 증명하겠다."
서류 더미 속. 맹목개의 움푹 패인 눈이 음험한 빛을 발했다.
"백면야차는…… 무적이라는 것을!"

* * *

"……이 정도면 따돌렸을 거다."
녹초가 된 장평이 바닥에 털썩 주저앉은 것은, 사흘 동안의 도주가 끝난 뒤였다.

밤낮을 가리지 않는 철야의 강행군. 일부러 험지만을 고른 사흘 간의 전력 질주 동안, 두 사람은 식사는커녕 물 한 모금 마시지 못한 상태였다.

심후한 내력의 초절정고수이기에 가능한 일이었지만, 초절정고수조차도 땀에 젖은 거지꼴이 될 수밖에 없는 고된 일이었다.

"신발 밑창이 찢어졌군……."

착잡한 표정의 장평이 파리하를 흘겨보자, 파리하는 비웃었다.

"걸음이 어지러운 탓이다. 보법이 서투르군."

"……."

"왜? 내가 위로라도 해 줄 줄 알았나?"

"관두자……."

장평은 한숨을 내쉬었다.

파리하는 장평을 보며 말했다.

"이제부터는 어쩌지?"

"……왜 나한테 묻지?"

"네가 바라던 대로 중원에 데려다 줬잖나. 이제부턴 네가 알아서 해야지."

맞는 말이었다. 맞는 말이긴 한데……

"……얄미운 놈."

맡겨놓은 물건 찾으러 온 듯한 그녀의 당당한 태도에 장평은 한숨을 내쉴 수밖에 없었다.

"지도나 나침반 가지고 있나?"

지금의 그들이 해야 할 일은 둘.

파괴된 첩보망을 재건하는 것과, 특공대에 합류할 초절정고수들을 모집하는 것이었다.

하나씩 하기에는 시간이 부족했다. 동시에 두 가지 모두를 진행해야만 했다.

"당연히 가지고 왔지."

파리하는 장평을 비웃으며 짐을 풀었다.

"식량도 안 챙겨 온 너와는 달리."

"후……."

한숨을 내쉰 장평은 지도를 살폈다.

"현 위치는 대충 사천과 호북 중간의 어딘가인 것 같군."

측량을 마친 장평은 파리하를 바라보았다.

"떠나기 전에, 사천에서 할 수 있는 일은 없나?"

"사천은 십만대산의 앞마당. 약화되긴 했지만 아직 첩보망이 연결되어 있다. 여기서부터 북경까지 첩보망을 재건해야 하지."

파리하는 침착한 표정으로 지도를 바라보았다. 장평과 파리하. 두 책사들이 그리는 크고 작은 그림들이 지도 위의 허공에 펼쳐졌다.

"내가 신뢰할 수 있는 사람들은 북경에 집중되어 있다. 어떻게든 북경 내부의 협력자들과 접촉할 수 있다면……."

"북경?"

파리하는 코웃음쳤다.

"너나 나나 북경은 커녕 하북 근처도 가지 말아야 할 거다. 우리가 세웠던 계획에 대해 용태계와 논의하고 싶은 것이 아니라면."

"좋건 싫건 대리인을 보내야 하는 건가······."

파리하는 물었다.

"특정 개인들 말고, 광역단체와의 협력은 불가능한가?"

"하오문주 호로견자는 다시는 내 앞에 안 나타날 거라고 공언했고, 좌불안석은 아직 살아 있는지도 모르겠군. 그리고 만약 그들이 살아 있어서 다시 접촉할 수 있다 해도······."

"······하오문도는 믿을 만한 놈들이 못 되지."

파리하는 팔짱을 꼈다.

"개방은? 너 불굴신개랑 의형제라며?"

"범소 형님은 확실히 내 의형이시지만······."

장평은 착잡한 표정으로 말했다.

"······그 이전에 협객이시다."

협객의 부류는 의롭고 공명정대하지만, 동시에 의로움과 공명정대함을 위해서라면 이해득실을 무시하는 별종이기도 했다.

장평이나 파리하 같이 이성적이고 타산적인 자들은 협객의 반응이나 행보를 도저히 예상할 수 없었다.

"충의(忠義)의 관점으로 용태계와 동조할 수도 있고, 천하만민이 무정부의 난세에 던져지는 것을 막기 위한 인의(人義)로서 황실의 통치력을 수호할 수도 있다."

"어렵구나. 이해득실에 구애 되지 않는 협의지사(俠義志士)는, 참으로 계산할 수 없는 자들이로구나."

미지수는 피하는 것이 최선.

언젠가는 마주쳐야 하긴 하겠지만, 적어도 지금은 아니었다.

"범소 형님의 포섭은 가능한 뒤로 미루는 편이 낫다. 하다못해 백면야차가 중화의 재앙이자 제국을 좀먹는 존재임을 증명할 때까지만이라도."

"그렇다면 반대로 버러지 같은 놈들부터 접촉하는 편이 낫겠군."

"그래."

"버러지의 대명사라면 하오문인데……."

파리하는 잠시 생각하다가 말했다.

"하오문과는 어떻게 접촉하지? 저 둘 말고 다른 두목들 중에 인맥 없어?"

"난 없다. 파리하 너는?"

"없어. 우리와 거래한 것도 호로견자였다."

두 사람은 초조한 눈빛으로 서로를 바라보았다.

"……대체 어디서부터 시작해야 하지?"

지금의 그들에게는 정보가 필요했다. 고급 정보를 얻어야 계획을 세우거나 수정할 수 있었다.

문제는, 첫 걸음. 교두보였다.

"대체 누가 무림공적 겸 대마두와 협력하여 무적의 파

괴신과 맞서려 들까?"

신뢰할 수 있는 협력자가 필요했다.

문제는 마교의 협력자는 장평이 모두 제거했고, 장평의 협력자들은 모두 북경에 있다는 점이었다.

"정 방도가 없다면 네 고향의……."

"안돼."

장평은 딱 잘라 말했다.

"내 아버지는 사실상 해동무림에 속한 새외인이고, 감시인으로 있는 장호겸은 화산파의 사람이다. 귀향해 봤자 얻을 것 없이 화산파의 손아귀에 들어갈 뿐이다."

"……."

잠시 장평을 바라보던 파리하는 고개를 끄덕였다.

"그래. 그럼 그런 걸로 하자."

그녀는 차분한 목소리로 장평에게 말했다.

"확실히, 정보가 부족한 상황에서 무언가를 결정하는 것은 도박에 가깝지. 하지만, 지금의 우리에게는 도박할 기회조차도 많지 않다. 숙고하다가 파발마가 북경에 들어가면 도박할 기회조차도 잃어버릴 거다."

"따야 본전. 잃으면 파멸이라. 그 도박. 배당 한 번 가혹하군……."

"결단을 내려라. 장평. 내가 널 행선지까지 데려다 줄테니까."

믿을 수 있는 사람은 모두 북경에 있었다.

북경 밖에 있는 사람은 누구도 믿을 수 없었다.

장평은 지그시 눈을 감았다.

그리고, 마음을 굳혔다.

"……정했다."

"정했다면, 말해 줘."

파리하는 장평을 바라보았다.

"우리가 어디로 가야 하는지를."

* * *

"장평은 어디로 향할 것인가?"

맹목개의 책상은 오래간만에 서류의 산을 벗어던진 상태였다. 오직 한 장의 중원지도만이 펼쳐진 책상 위에서, 맹목개는 생각에 잠겨 있었다.

구파일방과 십대세가는 물론, 상계의 거두들과 유력 호족들까지. 신경 쓸 가치가 있는 모든 세력과 인물들이 지도 위에 표시되어 있었다.

"말해 봐라. 장평. 너는 어디에 갈 수 있나?"

장평이 무림맹에서 무언가를 이룰 때, 맹목개는 늘 그 모습을 지켜보고 있었다.

누굴 만나 누구와 친해졌는지. 무슨 수법으로 어떻게 문제를 해결했는지. 모든 것은 기록되어 있었고 그 기록들은 모두 맹목개의 머리에 들어 있었다.

"너와 친분이 있는 소수의 사람들 중에서, 누구에게 너희들의 운명을 걸 셈인가?"

그리고 지금. 맹목개는 백면야차로서 장평과 수싸움을 벌이고 있었다.

"정보가 필요하겠지? 고급 정보에 접근할 수 있고, 너희들에게 활동 거점을 제공해 줄 협력자가 필요하겠지?"

점차 범위가 좁혀지고 있었다.

"거기다가, 백면야차가 손을 쓰기 전에 도착할 수 있는 위치여야겠지?"

맹목개는 백묵을 들어 초절정고수가 이동할 수 있는 최대 범위를 지도에 표시했다. 그리고 반대로, 며칠 늦은 무림맹이 개입할 수 있는 최대 범위도 흑묵으로 표시했다.

잠시 주저하던 맹목개는 마침내 지도 위에 적묵으로 세 지방에 걸친 붉은 원을 그렸다.

호북. 하남. 안휘.

"호북의 무당파인가? 문파의 원수인 배신자 외도대마를 척살했고, 멸문지화를 막아 주고 동정호에서 수뇌부의 목숨을 구해 준 무당파에 구명지은을 갚으라고 요구할 거냐?"

맹목개는 장평의 무림행을 되짚었다.

"아니면, 안휘성의 남궁세가? 아내를 박대하던 데면데면한 처갓집에 네 목숨을 걸어 볼 테냐? 가문을 위해서라면 무슨 짓이건 벌일 소인배에게 제국에 반기를 들어 달라고 협상할 것이냐?"

둘 중 하나였다.

맹목개는 숙고했다.
"내가 만약 장평이라면……?"
타악.
그리고, 그는 깃발을 꽂았다.

　　　　　　　　＊　＊　＊

깊은 밤.
흔들리는 촛불 아래서 독서 중이던 남궁풍양은 조용히 서책을 덮었다.
"오래간만일세."
그가 가볍게 손가락을 흔들자 장지문이 열렸다. 그리고 그곳에는 낯익은 사내가 서 있었다.
"예상보다는 빠르고, 기대보다는 늦었군. 어쨌건 다시 만나 반갑네."
남궁풍양은 자신의 건너편 의자를 건넸다.
"앉게나. 장평."
장평은 의자에 앉았다.
남궁풍양은 흐뭇한 표정으로 말했다.
"괄목상대란 말은 자네를 위함이군. 어린 나이임에 높은 경지에 오른 것을 축하하네."
"칭찬해 주셔서 감사합니다."
"차 한 잔 하겠나? 아니면 술?"
"술이 좋겠군요."

장평은 차분한 목소리로 말했다.

"맨정신으로 살아가기 쉽지 않은 시대니까요."

"그렇지. 우리는 백면야차의 시대를 살고 있으니까."

남궁풍양이 따라 준 호박색 술은 장평의 눈에 익었다. 어사주. 그것도 빚은지 얼마 되지 않은 신선한 어사주였다.

"백면야차와 같은 편이 되신 겁니까?"

"자네답지 않은 소릴 다 하는군."

"제가 질문을 잘못했군요. 백면야차와 협력하는 것이 남궁세가에게 이득이 될 거라고 판단하셨습니까?"

"거슬러서 좋을 것 없는 존재지."

"그럴 것 같았습니다."

"그렇다면 왜 무당파가 아닌 내 앞에 나타난 건가?"

이해득실에 밝은 남궁풍양은 장평의 판단을 되짚어보고 있었다.

"자네는 무당파에 큰 빚을 지운 걸로 아는데."

"마교에 의한 멸문지화를 면하게 해 준 보답으로 마교와의 협력을 요구하라고요? 백면야차에 대한 멸문지화를 감수하면서?"

장평은 어사주를 홀짝이며 웃었다.

"저나 무당파 둘 중 하나. 혹은 양측 모두의 판단력을 모욕하는 말씀이시군요."

"그렇군. 내 무당파에 실례를 범했군."

장평은 쓴 웃음을 지었다.

"알다시피, 나는 패배자의 손을 잡지 않는 사람일세. 그걸 누구보다 아는 자네가 왜 나를 선택한 건가?"

"이유는 두 가지입니다. 첫 번째로, 가주님은 양심 없는 모리배에 불과하니 거래의 여지가 있기 때문입니다."

"하긴. 무당파였다면 자네를 잡아서 백면야차에게 넘기려 들었겠지."

"그들은 피눈물을 흘리겠지요. 수백 번 사죄하겠지요. 평생을 참회하겠지요. 그러나 그것과는 별개로, 절 붙잡아 백면야차에게 넘기겠지요. 그게 명문정파의 방식이니까요."

"두 번째 이유는 뭔가?"

"지금 꺼낼 말은 아닙니다."

장평은 긴 한숨을 내쉬었다.

그 숨결에는 단내가 났고, 남궁풍양은 장평이 강행군을 했음을 눈치챘다.

"힘든 걸음을 했군."

"무림맹과 저는 최소 하루, 최대 닷새의 시간 차이를 두고 있습니다. 강행군으로 벌린 시간이지요."

남궁풍양은 느긋이 술잔을 채웠고, 장평은 그 술잔을 비웠다.

"저는 정보가 필요하고, 가주님은 제게 필요한 고급 정보들을 가지고 있습니다. 아침 해가 뜨기 전까지 잡담이나 나누시지요."

"나는 패배자의 손을 잡는 사람이 아니라네."

"저는 아직 지지 않았습니다."

"승패는 뻔히 보이네."

"하지만 아직 끝난 것은 아닙니다."

장평은 느긋하게 말했다.

"가주님은 패배자의 손을 잡지 않는 분이시니, 승리자가 될지도 모르는 사람의 손을 내칠 수도 없는 분이십니다. 아무리 승률이 낮더라도 보험을 들어두어 나쁠 것은 없으니까요."

"……."

"특히, 본인에게 손해가 없는 경우라면 마다할 이유가 없지요. 돈이나 물건이라면 모를까, 정보는 나눈다 해서 사라지는 것도 아니지 않습니까?"

남궁풍양은 흐뭇한 미소를 지었다.

"나는 정말 운이 좋은 아버지로군. 가장 가치 없는 딸로 가장 훌륭한 사위를 얻었으니까."

"저에 대한 칭찬은 감사히 듣겠습니다. 하지만, 제 아내를 모욕하는 말을 다시 듣고 싶진 않군요."

장평은 탁자에 흑검의 검집을 내려 놓았다.

"흑검에 맹세컨대, 방금 전의 실언이 제 아내를 향한 마지막 무례셔야 할 겁니다."

"자넨 날 협박할 입장이 아닐세."

"백면야차를 노리는 자가 남궁세가 따위를 겁내겠습니까?"

"듣고 보니 그렇군."

남궁풍양은 껄껄 웃었다.

그는 술잔을 가득 채워 장평에게 내밀었다.

"자. 자네의 첫 아내를 위해 건배하세나!"

세 아내를 둔 사내는 한 방 먹었음을 인정하며 술잔을 비웠다.

"밤은 짧고 묻고 싶은 것은 많겠지. 무얼 알고 싶은가?"

"연랑은 무사합니까?"

"내가 알기로는 무사하네. 별 관심이 없어서 그 이상은 모르겠군."

"미소공주. 아니 순천제는요?"

"마음이 부서졌다고 들었네. 하지만, 어차피 허수아비 황제라 별 상관없는 모양일세."

장평의 어금니에서 빠각 소리가 났다. 아무래도 부서진 모양이었다.

남궁풍양은 온화한 미소를 지으며 물었다.

"혹시 지금의 말도 사죄해야 하는 건가?"

장평은 대답 대신 물었다.

"백면야차라는 단어의 의미를 알고 계십니까?"

"별 관심이 없어서 잘 모르겠군. 하지만 별호나 칭호는 대개 별나기 마련 아닌가?"

"그렇다면, 용태계가 대체 무슨 짓을 벌이는지는 알고 계십니까?"

"마음 내키는 대로 폭군 노릇을 하고 있는 모양이더군. 하지만 걸주(桀紂)의 무리는 그가 처음이 아니었고, 마지막도 아닐걸세."

"그의 목적이 뭔지 아십니까?"

"미치광이의 생각을 이해할 필요가 있나?"

남궁풍양은 느긋한 목소리로 말했다.

"자기 멋대로 날뛰다 보면 지칠 때도 오겠지. 굳이 나서서 막아 봤자 피를 볼 뿐이야."

"지치지 않는다면요?"

"지치지 않는다면 더더욱 맞설 필요가 없지. 올곧고 바른말 하는 이들부터 족치도록, 입을 닫고 몸을 낮춰야지. 어차피 모든 이가 파멸하게 된다면, 마지막으로 멸망하는 것도 나름의 승리가 아니겠는가?"

장평은 온화한 미소를 지었다.

"너는 정말 버러지 같은 놈이다."

"십만대산의 공기가 특별하긴 한 모양이로군. 천하의 장평이 장평답지 않은 소리를 하는 것을 보니."

남궁풍양은 웃으며 장평의 잔을 채웠다.

"더 묻고 싶은 것은 없나?"

"한 가지 더 있습니다."

"뭐지?"

"굳이 저를 도발하면서까지 말을 늘리시는 이유가 궁금하군요. 대체 누굴 위해 시간을 끄시는 겁니까?"

남궁풍양은 대수롭지 않게 말했다.

"무림맹의 척살조."

그 순간.

카가가가각!
 맹렬히 회전하는 은륜(銀輪)이 벽을 뚫고 장평을 향해 쇄도했다.
 자리에 앉아 있는 장평의 목을 향해서!

回生武士

4장

4장

장평은 빠르게 주변의 상황을 파악했다.

'어디지?'

하지만, 시야는 물론 기감(氣感)에도 아무 것도 느껴지지 않았다.

장평이 느끼지 못했다면, 적도 장평을 느끼지 못했을 터.

'초장거리에서 출수한 저격이다.'

차분함을 잃지 않은 장평은 가볍게 고개만 까딱해 최소한의 움직임으로 은륜을 피했다.

서걱!

빗나간 은륜은 좌대에 전시된 보검을 그대로 썰어 버렸다. 범상치 않은 절삭력이었다.

남궁풍양은 보검의 잔해를 보며 아쉬운 표정을 지었다.

"조상 대대로 물려받은 가보였거늘."

"호연결에게 청구하시지요."

"그 벽창호와 말을 섞느니 백면야차를 찾아가는 편이 빠르지 않겠나?"

"미친놈보다는 벽창호가 낫지 않겠습니까?"

대수롭지 않은 잡담을 나누는 사이에도, 은륜은 맹렬히 회전하며 날에 닿는 모든 것을 갈아 버리고 있었다.

"놀란 기색이 없군. 기습이 있을 거라 예상하고 있었나?"

"가주님은 제가 승리하는 희박한 가능성조차 무시하지 않으실 분입니다. 그런 가주님이 질 가능성이 거의 없는 백면야차에게 협력하지 않을 이유가 없지요."

장평은 차분한 목소리로 말했다.

"어차피 제 상대는 맹목개일 겁니다. 그는 정보량으로 찍어 누르는 개방의 책사이니, 합리적이고 정석적으로 대응할 거라고 예상하고 있었습니다."

장평의 호신책은 시간. 강행군으로 확보한 며칠의 여유였다. 장평의 목적지가 남궁세가임을 확신한 순간, 맹목개 또한 척살조에게 강행군을 지시해 시간 차를 좁힌 것이었다.

"합리적이지만 뻔한 수법의 장점이지. 상대방의 대응 또한 합리적이고 뻔해진다는 것이."

쉬잉! 쉬잉!

살의 가득한 은륜은 예리한 파공음을 내며 몇 번이고

장평을 쫓았지만, 장평은 앉은 자리에서 살짝 자세를 고치는 것만으로 은륜의 공세를 회피했다.

남궁풍양은 감탄했다.

"빠르군. 판단도, 반사신경도, 몸놀림도. 이것이 장평이라는 무인의 완성형인가?"

"그렇습니다."

"방어는 아예 포기한 모양이군?"

"겨우 초절정고수에 불과한 제가 백면야차에게 정타를 허용한다면, 그 어떤 신묘한 호신공을 펼쳐 봤자 죽음을 면치 못할 겁니다. 아예 맞지 않는 것이 유일한 대책이자 최선의 전법입니다."

"진심이군. 자네는 진심으로 백면야차를 죽일 생각이로군."

"백면야차는 죽어야 하니까요."

기감조차 닿지 않는 초장거리라면, 사실상 장님의 출수나 다름없었다. 지금의 장평은 장님이 맞추기엔 너무 빠른 과녁이었다.

쉬이이잉! 쉬이이잉!

그 사실을 깨달은 것인지 은륜은 좀 더 격렬하고 급격한 기동을 보이기 시작했다. 그와 동시에, 멀리서부터 익숙한 존재감이 빠르게 날아들고 있었다.

장평은 자리에서 일어났다.

"떠날 생각인가?"

"처갓집을 쑥대밭으로 만들 수는 없으니까요."

"무사히 떠날 수 있을 것 같나?"

"얌전히 보내 주실 것 같군요."

남궁풍양의 의미심장한 말에, 장평은 대수롭지 않은 표정으로 답했다.

"백면야차를 위해 남궁세가의 피를 흘릴 이유가 없으니까요."

손익에 민감한 남궁풍양은 물러나겠다는 장평을 붙들고 생사결을 치를 인물이 아니었다.

장평과 남궁풍양 모두 그 사실을 잘 알고 있었다.

심지어, 무림맹의 맹목개조차도.

"참으로 치열한 수싸움이로군. 최후의 승자가 궁금해질 정도로."

남궁풍양이 지은 미소는 평소의 가식적인 미소가 아니었다. 그는 흥미로운 눈빛으로 장평을 바라보았다.

"만약 이 습격에서 살아남는다면, 섬서 염천교 인근의 백양각으로 가 보게. 그곳에서 자네에게 도움이 될 자를 만날 수 있을 걸세."

"감사합니다."

"마지막으로 한 가지만 묻겠네."

장평은 그의 질문이 시간을 끌기 위함을 잘 알고 있었다. 그러나 그는 고개를 끄덕였다.

"말씀하시지요."

"무당파가 아닌 날 찾아 온 이유. 둘 중 하나를 아직 못 들은 것 같군."

장평은 희미한 미소를 지었다.

남궁풍양이 그가 깔아 둔 미끼를 물었기 때문이었다.

"가주님은 정말로 백면야차가 미친 놈이라고 생각하십니까?"

"이미 제위를 제외한 모든 것을 가졌던 용태계가, 무얼 더 얻겠다고 이런 일을 벌였겠는가? 미치지 않고서야 저럴 이유가 없지."

"저래야만 하는 이유가 있다면요?"

남궁풍양은 미간을 찌푸렸다.

"백면야차가 미친 놈이 아니라면, 뭘 위해서 미친 짓을 벌였단 말인가?"

"숙제입니다. 가주님. 기회주의자답게, 주판을 굴려 보십시오."

장평은 몸을 날렸다.

"천하를 석권한 파괴신이, 광인을 가장하면서까지 이뤄야 할 목적이 무엇일지를요."

"……흠."

장평이 멀어져가는 그 순간, 남궁풍양은 미간을 찌푸렸다.

'용태계에게 계획이 있다고?'

그러나 그 질문을 한 사람은 천하의 장평이었다. 남궁풍양에게 그 질문을 건네기 위해 추살조와의 일전까지 각오한 자였다.

'그가 세운 계획을 무엇이기에, 저 장평이 목숨까지 걸

며 막으려 한단 말인가?'

마음을 묵직하게 만드는 무거운 의문.

결국, 남궁풍양은 인정해야만 했다.

'아무래도, 한 방 먹은 모양이로군.'

장평의 마지막 말이, 자신의 뇌리에 의심의 씨앗을 심는 것에 성공했다는 사실을.

'일이 이렇게 되었으나, 조사해 봐야겠구나. 오늘 백면야차를 무탈하게 넘어가야 우리 남궁세가가 이후의 천년 동안 번성할 수 있을 테니까.'

그 순간.

두 개의 강렬한 존재감이 남궁세가를 스쳐 지나갔다. 멀어지는 장평을 곧바로 따라붙는 무림맹의 추살조였다.

"다음에 다시 보세나. 사위."

남궁풍양은 어사주 잔을 들어 올렸다.

"자네가 오늘을 넘길 수 있다면……."

* * *

장평은 도망치고 있었다.

씨잉! 씨잉!

경공술을 펼치며 밤거리를 내달리는 장평의 앞에, 변화무쌍한 은륜이 그의 발걸음을 늦췄다.

원거리에서는 장평을 명중시킬 수 없음을 깨달은 은륜술사는, 은륜을 무기가 아닌 장평의 앞을 막는 장애물로 쓰기로 한 것이었다.

"……치잇."

회피기동을 할 때마다 감속해야 하는 장평과는 달리, 두 무사의 속도는 줄어들지 않았다.

결국 장평은 도주를 포기하고 멈출 수밖에 없었다. 그가 잠시 호흡을 가다듬고 기를 모으는 사이, 두 사람이 장평의 앞에 모습을 드러냈다.

둘 다, 낯익은 얼굴이었다.

"……오래간만이군. 장평."

"오래간만입니다. 부장님."

무표정한 얼굴의 항마부장 호연결과.

"오. 장 형! 건강해 보여 다행이오!"

서글서글한 미소를 짓는 척착호였다.

'무림맹의 최고 전력.'

합리적인 판단은 예상하기 쉬운 판단인 법.

무림맹에 속한 이들 중 최강자인 호연결과 척착호는 장평이 예견한 살수이기도 했다.

"아무래도 마교에서 기연이 있던 모양이구려. 초절정 고수가 된 것을 축하하오."

서글서글한 미소와 함께 안부 인사를 건네는 척착호와는 달리, 호연결의 눈은 증오와 살기로 붉게 물들어 있었다.

"한 가지만 묻지."

호연결은 장평을 바라보았다.

"자네는 이제 마교도가 된 건가?"

"예."

"그래. 알았다."

호연결은 천천히 검을 뽑았다. 적검의 붉은 검신이 흉험한 검광을 발했고, 은륜은 맹렬히 회전하며 그의 주변을 맴돌기 시작했다.

복수귀는 포효하며 장평을 향해 달려들었다.

"죽음을! 일족의 원수들에게 죽음을!"

그 자신은 장평의 좌측에서 쇄도하면서, 은륜의 경로는 우측을 노리고 있었다.

"마교도에게 죽음을!"

외도대마의 적검. 마교에서 주조된 명검이 벼락처럼 빠르고 강렬한 강검을 펼치고, 오른쪽에서는 변화무쌍한 변초가 가능한 은륜이 장평을 압박하고 있었다.

'솜씨가 늘었구나.'

무기를 내던져야 한다는 이기어검술의 고정관념에서 벗어나, 진은으로 주조된 은륜과 본인의 움직임을 조합한 것이었다.

한 사람의 두 초식이라기보다는, 일사불란한 두 고수의 합격에 가까운 완성도였다.

이미 완성의 경지에 이른 초절정고수가 전술을 바꿔 더욱 강해지다니. 절치부심하여 단련한 덕분이리라.

"느리다!"

문제는, 그 전법을 제안한 것이 장평 본인이라는 점이

었다.

'변화무쌍한 것은 은륜뿐. 호연결 본인은 변함없이 강직하다.'

곧고 강직하며 강렬한 폭풍 같은 강검. 장평은 왼쪽의 호연결 본체를 향해 몸을 날렸다.

쉬익!

"……!"

그야말로 이형환위(移形換位). 시야에는 잔상만을 남기고 사라졌던 장평은 어느새 호연결의 등 뒤를 점하고 있었다.

장점이 단점을 겸하는 것이 냉혹한 무의 이치. 곧고 강직하며 강렬하다면, 뻔하고 동작이 크며 변초가 어려울 수밖에 없는 법이었다.

휘잉!

호연결의 강검이 헛되이 허공을 베는 순간. 장평은 몸을 돌리며 흑검을 휘둘렀다.

"치잇……!"

쉬익!

하지만 흑검의 검로가 향한 곳은 빈틈을 보인 호연결의 급소가 아니었다. 그 반대. 쇄도하는 척착호를 견제하는 것이었다.

"놀랍도록 빨라졌구려. 장 형!"

척착호의 가세로 곤경을 면한 호연결은 그대로 몸을 날리며 장평과 거리를 벌렸다.

'척착호. 이 괴물……!'

장평의 판단력은 이미 명성이 높았고, 동인하초로 증강된 반사신경 또한 천하의 누구도 쫓을 수 없었다. 거기에 내공과 무위까지 더해진 지금의 장평은 그야말로 무인지경을 홀로 춤추듯 했다.

그러나 그 장평을 곤경에 몰아넣는 것은 바로 척착호.

"장 형! 피치 못할 사정이나 오해가 있다면, 같이 무림맹으로 가서 오해를 풀도록 합시다!"

느긋한 말투와는 달리 척착호는 묵직하게 장평을 압박하고 있었다.

'척착호는…… 안 좋다!'

빠름으로 상대방을 흔들고 빈틈을 후벼파는 교활함이 장평의 전법이라면, 전장에서 다져진 백전연마의 척착호는 동작이 간결하고 절도가 있으며 빈틈이 적었다.

그리고 무엇보다도……

"이 괴물! 못 본 사이 대체 무슨 짓을 했길래 이토록 강해진 거요?!"

압도적인 무위!

장평이 초절정고수로서 빠름의 절정에 도달했다면, 척착호는 초절정고수보다도 한 수 위의 경지에서 압도적인 역량으로 찍어 누르고 있었다.

"많이 먹고, 많이 얻어 맞았소!"

"이건 사기야……."

절망과 각성을 거쳐 기연까지 얻어 간신히 초절정고수

가 될 수 있었던 장평은 억울함에 투덜댈 수밖에 없었다.

그 순간, 침착함을 되찾은 호연결은 이미 척착호의 압박에 손발이 묶인 장평을 향해 덤벼들었다.

"죽어라. 대마두!"

이미 난처한 상황에서 적검과 은륜 두 사람 몫의 합격까지 더해지자, 궁지에 몰린 장평은 전술을 바꿀 수밖에 없었다.

파앙!

전력을 다한 장평의 경공술은 음속의 경지.

그가 뒤로 물러나자, 호연결의 적검과 척착호의 권각은 허공을 칠 수밖에 없었다.

'속도에 의지하기로 한 모양이군.'

호연결은 은륜을 날려 장평의 발을 묶으며 그 자신 또한 몸을 날렸다. 동시에 척착호도 장평을 쫓아 경공술을 펼쳤다.

"너희가 비록 나보다 강하다 해도……."

장평은 냉소하며 경공술을 펼쳤다.

"……빠름은 내 것이다!"

전장은 도심. 장평은 담벼락과 골목이라는 지형지물들을 활용하며 교묘히 거리를 벌리기 시작했다.

"장 형! 각개격파를 노리고 있구려?"

척착호는 씨익 웃으며 말했다.

"부장님! 저와 떨어지지 마십쇼!"

"……음."

짐짝 취급 받은 것에 분개한 것도 한순간. 본성이 되어 버린 마교에 대한 증오심이 호연결을 이끌었다.
"……알겠다."
두 사람이 골목으로 들어간 장평을 따라 들어가자, 낡은 돗자리를 깔고 앉은 늙은 거지와 마주쳤다.
"히, 히익?!"
밑창이 뜯어진 헌 신발을 신은 외눈의 거지는 살기등등한 두 고수의 모습에 잔뜩 겁먹고 두 손을 번쩍 들었다.
"사, 살려주시오!"
"……장 형. 어쩌다가 거지꼴이 된 거요?"
어리둥절한 척착호와는 달리, 호연결은 반사적으로 몸을 돌려 담벼락을 바라보았다.
"벽 너머!"
"아."
두 초절정고수는 감각에 집중하여 벽 너머의 장평의 존재감을 포착했다. 그는 장원을 가로질러 빠르게 멀어지고 있었다.
"엥?"
예상 밖의 움직임에, 척착호는 당황한 표정을 지었다.
"……이대로 그냥 튄다고? 정말로?"
"놈이 도망친다!"
당황하는 척착호와는 달리, 호연결은 담장 위로 날아오르며 은륜을 날렸다.
"쫓아!"

"……각 잡고 튀는 거면 못 잡을 것 같은데요."

고개를 갸웃거린 척착호였지만, 호연결은 이미 담을 넘어 내달리고 있었다.

혼자 놔뒀다가는 장평에게 각개격파 당할 뿐. 척착호는 별 수 없이 몸을 돌려 경공술을 준비했다.

그 순간.

피잉! 피잉!

사각지대에서 날아 온 두 발의 예리한 지풍이 무방비 상태였던 척착호의 가슴을 관통했다.

"윽!"

급소를 노리는 정교한 일격. 척착호는 본능적으로 공격이 날아 온 방향으로 몸을 돌렸다.

'대체 누가?!'

그의 눈에 들어 온 것은 늙고 꾀죄죄한 거지뿐이었다. 무공을 모르는 노쇠한 근골에, 심후한 내력만이 느껴지는 평범한……

"……내력?"

늙은 거지는 옷 아래에서 기묘한 거머리를 뜯어 내며 냉소했다.

"본능에 배신당한 소감이 어떠냐?"

그 순간, 척착호는 제거 대상이 두 명이었다는 사실을 떠올렸다.

"혼돈대마……!"

* * *

"속아줘서 고맙다. 멍청아!"

파리하는 다시 한 번 탄지공을 장전하며 삼각차기로 벽들을 딛고 도약했다.

"타격을 흡수하는 체질이라 했겠다?"

피잉! 피잉!

거리를 벌린 상태에서의 원거리 사격전이야말로 파리하의 특기. 그녀는 철저히 거리를 벌리며 지풍의 탄막을 펼쳤다.

"그렇다면 지풍으로 꿰뚫을 뿐!"

탄속이 빠르며 밀도가 높은 지풍은 충분한 관통력을 지니고 있었다. 실제로 척착호가 무방비 상태에서 얻어맞은 두 발의 지풍은 중상.

부위도 나쁘고 출혈도 큰 탓에, 응급처치를 하지 않으면 목숨까지 위험한 상처였다.

"비겁하구나. 대마두!"

척착호는 근접전의 달인으로서 북궁산도와 유사한 전법을 애용했다. 원거리 공격을 받으면, 응수하는 대신 속도와 맷집으로 거리를 좁혀 적에게 근접전을 강요하는 전법을.

동류인 북궁산도를 누구보다 잘 아는 파리하는 빠르게 움직이며 비웃음을 날렸다.

"대마두라 불러놓고 공평함을 청하느냐?"

동작이 작고 절도가 있으며 빈틈이 적은 것이 척착호의 장점이라면, 원거리에 대응할 수단이 없다는 것이 그의 단점이었다.

'상성이 나쁘다.'

평소라면 맞아주며 돌진할 수 있겠지만, 중상을 입은 지금은 아니었다. 척착호는 별 수 없이 방어를 굳히고 내력으로 응급조치를 시도했다.

일방적으로 때리고 속수무책으로 얻어맞는 악전고투 속에서, 척착호는 당혹감을 느꼈다.

'어쩌다가 이렇게 된 거지?'

은륜과 적검을 얻기 전에도 호연결은 파리하를 제압할 수 있었고, 지금의 척착호는 장평보다 명백히 한 수 위였다.

무(武)는 속일 수 없고 강함은 거짓말을 하지 않는 법. 강자인 그들이 질 이유가 없었다.

하지만 초절정고수 중에서는 약체인 파리하에게 궁지에 몰린 것은 명백히 척착호였다.

'대체 어디서부터 잘못된 거지? 대체 언제부터?'

그 순간. 척착호는 빗발치는 파리하의 탄막 속에서 기묘한 이질감을 느꼈다.

'뭐지?'

호신공을 펼치고 방어를 굳힌 지금. 파리하의 지풍은 척착호를 죽일 만한 결정력을 보이지 못하고 있었다.

'왜 계속 탄막만 펼치고 있는 거지? 그의 지풍은 잘해

봤자 발을 묶는 것이 고작인데?'

그리고 그 순간, 척착호는 깨달았다.

"발을…… 묶는다고……?"

그가 발이 묶였다는 말의 진정한 의미를.

"……당했다!"

지금, 호연결은 홀로 장평을 쫓고 있었다.

자신보다 빠르고 강하며 교활한 장평을……!

"부장님!"

* * *

호연결이 발을 멈춘 것은, 도주하던 장평이 발을 멈췄다는 사실을 느꼈기 때문이었다.

"너무 멀리 왔군."

호연결은 무표정한 얼굴로 읊조렸다.

그랬다. 너무 멀리 와 버렸다.

발이 묶인 척착호가 결코 도우러 올 수 없는 위치까지 유인 당했다.

이제와서 다른 삶을 찾기에는 너무 오랜 세월 증오에 몸을 맡긴 것처럼……

천천히 걸어오는 장평을 보며, 호연결은 적검과 은륜을 갈무리 했다.

"너무 멀리 와 버렸어……."

이길 수 없는 상대라는 것을 알면서도, 덤비지 않고는

견딜 수 없었다. 그가 동료이자 전우로 여겼던 자가 상대라 할지라도, 마교도가 되었다면 싸울 수밖에 없었다.

"……부장님."

장평은 간곡한 목소리로 말했다.

"백면야차는 죽어야 합니다. 그는……."

"그만."

호연결은 적검의 검집을 바닥에 내던졌다.

"말로 끝내기엔 우린 너무 멀리 와버렸다."

호연결은 너무 일찍 삶의 방향을 정했고, 너무 성급하게 퇴로까지 막아 버렸다.

이해득실도, 옳고 그름도 사람을 위한 것.

마교도를 죽이기 위해 사람이길 포기했는데, 이제와서 사람의 말에 귀 기울일 수는 없었다.

"……그렇군요."

장평은 호연결을 이해할 수 있었다.

복수귀에서 거듭난 사내는 복수귀이길 그만 둘 수 없는 사내를 바라보았다.

"우린…… 너무 멀리까지 왔군요."

장평은 착잡한 표정을 지었지만, 그것도 잠시. 그는 흑검을 검집에 납검하며 암운일섬광의 자세를 취했다.

그리고, 정적이 있었다.

푸드득!

마른 가지에 앉아 있던 한 마리의 새가 가지를 박차고 날아오를 때까지.

먼저 움직인 것은 호연결.

"마교도에게 죽음을!"

은륜이 앞섰다. 변화무쌍한 은륜으로 장평의 움직임을 제어하여, 호연결의 강검을 피할 수 없는 위치로 끌어 들이려는 것이었다.

좋은 작전이었다.

음속의 무인인 장평을 제압할 수 있을지도 모를 정도로.

"대마두에게 죽음을!"

호연결이 폭풍 같은 강검을 휘두르는 그 순간.

쿵……

저릿한 파공음만을 그 자리에 남겨 둔 채, 눈앞에 있던 장평의 모습이 흔적도 없이 사라졌다.

툭!

힘을 잃은 은륜이 바닥에 떨어져 두 조각 나는 모습을 보며, 호연결은 편안한 미소를 지었다.

"이름은?"

장평의 대답은 호연결의 예상대로 등 뒤에서 들려왔다.

"태허진일보."

"네 빠름이 널 휘두르고 있다. 결단을 내렸다면, 폭풍을 짓밟아라."

"유념하겠습니다."

여명이 트고 있었다.

"결국, 나도 마교도에게 죽는구나."

증오의 연쇄에서 벗어나지 않은 채, 복수귀로 죽을 수 있었다. 누군가는 가련하게 여길 삶의 끝에서 호연결은 편안한 미소를 지었다.

"마지막까지 마교를 증오한 채로……."

떨그렁!

반 토막난 적검의 검신이 바닥에 떨어지는 순간. 그의 상반신에 실보다 가는 혈선이 사선으로 그어졌다. 호연결의 상체가 미끄러졌고, 툭 소리를 내며 바닥에 떨어졌다.

"……부장님."

몸을 돌린 장평은 호연결을 바라보았으나, 그의 목 아래로는 시선을 돌리지 않았다……

호연결은 장평의 착잡한 표정을 보며 미안함과 편안함을 동시에 느꼈다.

'가족의 복수를 위해, 새로운 가족을 만들 가능성마저 포기했다. 하지만 만약, 만약 운명이 조금만 더 친절하고 자비로웠다면……'

장평은 착잡한 표정으로 물었다.

"남길 말이 있으십니까?"

"있다."

"누구에게 전할까요?"

"네게."

호연결은 마지막 숨을 토해 냈다.

"아마도, 네 말은 옳았을 것이다."

후련함과 나른함을 동시에 느끼며, 그는 편안한 목소리

로 말했다.

"내 억지를 받아 주어 고맙다. 장평……."

삶에서 해방된 호연결은 미소 짓고 있었다.

장평은 외투를 벗어 그의 몸을 덮어 주었다.

이로서, 첫 걸음을 내딛었다.

백면야차를 향한 먼 길의 첫 걸음을.

하지만, 싸움은 아직 끝나지 않았다.

'척착호는 천부의 투신.'

지금보다 더 강해지기 전에 매듭을 지어야 했다.

'설득하건. 혹은…… 제거하건.'

파앙!

장평은 몸을 날렸다.

* * *

쿠웅……

일찍이 겪어 본 적 없는 묵직한 진동이 내장을 뒤흔드는 순간.

척착호는 씁쓸한 표정으로 한숨을 내쉬었다.

"부장님……."

호연결의 죽음을 직감한 것이었다.

저 멀리서 장평의 기운이 다가오고 있었다.

장평이 절대로 척착호를 이길 수 없듯이, 척착호 혼자서는 두 대마두를 감당할 수 없었다.

'물러날 때다.'

마음을 굳힌 척착호는 물었다.

"혼돈대마. 네 이름이 뭐지?"

파리하는 발도 손도 늦추지 않은 채 답했다.

"파리하. 샴발라의 파리하다."

"오늘, 너와 장평에게 많은 것을 배웠다. 다음에 만났을 때는 지금과는 다를 것이다."

파리하는 비웃었다.

"누가 네게 다음 기회를 준다더냐?"

"사지를 뚫고 혈로를 여는 것이 내 특기다."

척착호는 방어를 풀고 몸을 돌렸다.

"등을 보이다니. 어리석구나!"

툭!

파리하는 지풍으로 척착호의 척추뼈를 부수려 했으나, 척추를 강타한 지풍은 뼈는커녕 피부조차 뚫지 못했다.

"……이놈이?"

척착호가 전장에서 익힌 비법 중 하나. 몸을 웅크려 등 근육을 내미는 화살막이의 자세였다.

고개를 숙여 목덜미를 숨긴다면, 남은 급소는 척추뿐. 척추에 호신공을 집중해 지풍을 막아 낸 것이었다.

"이번엔 내가 졌다. 대마두."

척착호는 저 멀리서 다가오는 장평을 힐끗 노려보며 말했다.

"우리의 무위는 네놈들의 교활함을 넘지 못했다. 이젠

내 차례다. 내게 주어진 천부의 재능에, 네놈들의 교활함이 도전할 차례다."

"……척 형."

"날 형이라 부르지 마라. 대마두!"

척착호는 몸을 날렸다.

핏방울이 점점이 떨어지는 모습을 보며, 파리하는 장평을 바라보았다.

"쫓을까?"

"무리다."

백전연마의 척착호에게는 다양한 방식의 실전 경험이 있었다.

"척착호는 단순할 뿐, 어리석지 않다."

특히, 군인으로서 매복이나 역습 등의 비정규전에 대한 지식과 경험도 풍부했다. 첩보원인 장평과 파리하에겐 낯선 전문지식이.

"무림은 적지임을 잊지 마라. 섣불리 쫓다가는 역으로 우리가 각개격파 당할 수도 있다."

지금의 이 싸움이 성립될 수 있었던 것도, 이 영역의 주인인 남궁세가가 수수방관했기 때문이었다.

무림에 넘치는 것이 기인이며 이사. 다른 무림방파의 영역에서 싸움이 벌어진다면 무슨 변수가 닥칠지 모르는 일이었다.

"이 정도로 만족하도록 하자."

파리하는 지평선까지 이어진 핏자국을 바라보았다.

"……척착호는 더 강해져서 돌아오겠지?"
"우리가 각오했던 것보다 훨씬 더."
파리하는 음울한 표정을 지었다.
"네 계획은 먹혔는데, 내 힘이 부족했구나."
"네 잘못이 아니다. 내 계산이 틀렸으니까."
내공을 봉하는 특수한 고독인 봉마인은 제작하기 쉽지 않았고, 역용술을 이용한 기습도 두 번은 통하지 않을 터였다.

봉마인과 역용술. 비장의 패를 쥐고 있던 파리하는 이 기습으로 아예 척착호를 죽여버릴 계획이었지만, 척착호의 성장 속도는 장평의 예측을 훨씬 앞지르고 있었다.
"그래도…… 일단 초전은 승전이로군."
"그래. 적어도 교두보는 확보했지."
저 멀리서 누군가의 시선이 느껴졌다. 남궁풍양은 이 모습을 지켜보고 있었고, 장평과 파리하에 대한 평가를 새롭게 할 터였다.

"이 승리로. 기회주의자의 음험함에 의심의 싹이 텄을 것이다. 그 싹이 꽃 피우기를 기다리자. 어쨌건, 우리가 살아 있는 동안에는 형세를 관망하고 있을 테니까."
"그럼, 다음 계획은?"
"섬서 염천교 백양각에 우리에게 도움이 될 자가 있다고 한다."
"남궁풍양의 말인가?"
"그래."

파리하는 미심쩍은 표정을 지었다.
"……기회주의자의 말을 믿고 움직이겠다고?"
"마교의 대마두가 중원의 누굴 믿을 수 있겠나? 기회주의자 정도면 감지덕지해야지."
"틀린 말은 아니군."
장평은 흑검의 손잡이에 손을 얹었다.
'만약…… 내가 끝까지 설득했다면……'
무심코 담벼락을 바라보던 장평은 쓴웃음을 지으며 몸을 돌렸다.
"파리하."
"왜?"
"우린 최선을 다했지?"
"나는 최선을 다했다. 너는 어떤지 모르겠지만."
파리하는 장평을 바라보았다.
"너는 최선을 다했나?"
"나는……."
바람이 불었다. 늦겨울의 건조함 속에, 봄녘의 싱그러움이 어렴풋이 느껴지는 미묘한 바람이.
장평은 하늘을 우러러보며 말했다.
"……그래. 나도 최선을 다했지."
최선을 다했다면, 발걸음에 미련이 남을 이유는 없었다. 장평은 담벼락을 등지고 걸음을 옮겼다.
"춥군……."
한서불침의 초절정고수는 한숨을 내쉬었다.

담벼락 너머에, 외투를 놓고 온 사내는.

* * *

문을 열자, 진한 약 냄새가 훅 밀려들었다.
황제를 위한 호화스러운 가구와 장식들 속. 순백색 침의를 걸친 한 여자가 의자에 앉아 있었다.
마음을 닫은 여자였다.
빛을 잃은 눈동자는 풀려 있었고, 영양이 부족한 몸은 앙상하게 말라 있었다.
미소공주. 아니 순천제 용윤의 모습을 보며, 남궁연연은 말했다.
"폐하의 환후에는 차도가 있으신가요?"
황실 수석 어의는 착잡한 표정으로 고개만 저을 뿐이었다.
"그래요. 그렇군요……."
피의 혼례식. 가장 믿고 있던 오라비가 사랑하는 새신랑을 참살하는 참극을 목격한 이후, 부서진 용윤의 정신은 아직 돌아오지 않고 있었다.
정신은 멀쩡한데 외부의 자극을 느끼지 못하는 것인지. 아니면 정말로 숨만 붙어 있는 산송장이 된 것인지조차 확신할 수 없을 정도였다.
"목욕 준비를 해 주세요."
"그러지요."

어의는 의녀와 내시들에게 눈짓을 보냈다.
잠시 뒤, 따끈따끈한 목욕통이 들어왔다. 욕창과 피부병에 좋은 약욕물이었다.
"용윤. 듣고 있어?"
외인들이 모두 나간 빈방에서 남궁연연은 용윤의 앙상한 몸을 꼼꼼하게 씻겨 주기 시작했다.
"만약 듣고 있다면, 일어나. 아직 아무것도 끝나지 않았어."
찰박거리는 물소리만이 남궁연연의 말벗이 되어 줄 뿐이었다. 그러나 남궁연연은 포기하지 않고 계속 말을 걸었다.
"장평이 싸우고 있어. 너와 나를 되찾기 위해, 마교도가 되어서까지 싸우고 있어."
동공은 빛을 잃었다. 손발에는 힘이 없었다. 기진한 몸에는 심박조차 느리고 쇠약했다.
"우리가 여기 있는 한, 장평은 포기하지 않을 거야. 그런 사람이니까, 그렇게 살아갈 거야. 그러니……."
그러나 남궁연연은 계속 말하고 있었다.
"일어나. 용윤. 힘들고 괴롭겠지만, 일어나서 다시 싸우자. 우릴 위해 무슨 짓이건 할 사람을 위해서, 우리가 할 수 있는 가장 사소한 도움이라도 주기 위해서……."
한 가닥 희망을 품은 남궁연연은 주의 깊게 용윤의 상태를 살폈으나, 그녀는 아무런 반응도 보이지 않았다.
오늘은. 아니, 오늘도 돌아올 수 없는 모양이었…….

"후……."

낙담한 남궁연연은 씁쓸한 표정으로 용윤의 몸을 계속 닦아 주었다.

목욕의 마지막은 머리를 감겨 주는 것이었다.

두피에서부터 머리를 흩어주던 남궁연연의 손끝에, 기묘한 돌기가 만져졌다.

'……?'

여드름이라기엔 너무 작았다. 남궁연연이 조심스럽게 머리카락을 헤치자, 들깨보다 작은 검은 종기 하나가 눈에 들어왔다.

'이런 곳에 종기가 있었나?'

남궁연연은 별생각 없이 검은 점을 짜내려 했다.

그 순간.

움찔.

용윤의 전신이 한순간 움찔거렸다.

"……어?!"

반가움은커녕 놀라움도 느껴지지 않았다.

'뭐지? 대체 무슨 일이 벌어진 거지?'

의문에 사로잡힌 남궁연연은 등줄기가 차갑게 식는 것을 느꼈다. 머리카락 속 검은 점이 조금 전보다 높이 솟아났기 때문이었다.

'점이 아니다. 침(針)이다. 이유는 모르겠지만 검은색으로 그을린 은침.'

흔들림이 없는 것이, 제법 깊은 곳까지 파고든 장침인

모양이었다.

 침술이야 정통 의술의 일부. 식물인간이 된 용윤의 치료를 위한 다방면의 시도 와중에 머리에 침을 놓았다 해도 이상할 것은 없었다.

 '멀쩡한 은침을 왜 그을린 걸까?'

 이상한 점은, 그 침이 검게 물든 은침이라는 것이었다.

 침에 바른 특수한 약물 때문에 변색 되거나, 그 성분이 남아 있어서 검게 보이는 것일까?

 '만약 그게 아니라면…….'

 깊이 고민하던 남궁연연은 조심스럽게 흑침을 제자리로 되돌렸다.

 황궁은 백면야차의 아가리 안. 속단할 필요는 없었다. 흑침이 모종의 음모이며 그 단서를 포착한 상황이라면 더욱 더 조심해야 했다…….

 "목욕 끝냈어요!"

 아무렇지도 않게 작업을 마친 그녀는 어의와 궁녀들을 불렀다. 그러나 입실하는 의료진 속에, 달갑지 않은 얼굴도 섞여 있었다.

 "……용태계."

 "그래. 나도 만나서 반갑네. 남궁 부인."

 남궁연연의 노골적인 악의에도 불구하고, 용태계는 친절한 미소를 지어 보였다.

 "내 뒤라도 쫓아다니는 거냐?"

 "우연히 면회시간이 겹쳤더군. 잠시 기다리고 있었다네."

용태계는 용윤의 얼굴을 어루만졌다.

"혈색도 좋아졌고 미약하나마 생기가 도는군. 새로운 치료법을 시도하기라도 했나?"

"아닙니다. 섭정. 아마도 온수로 체온이 오른 탓일 겁니다."

"솔직하군."

어의의 말에, 용태계는 너털웃음을 지었다.

"차도가 있었다고 말했다면, 후한 포상을 내렸을텐데."

"신은 관원이자 의원이거늘, 군주이자 환자에 대한 일로 거짓을 아뢸 수야 없지 않겠습니까?"

남궁연연은 용태계를 바라보았다.

한때, 장평은 용태계를 신뢰했었다. 인간의 가능성을 믿는 그의 모습을 보며, 그는 결코 백면야차가 아닐 거라고 믿었다.

그 판단은 틀리지 않았다.

그저, 그 이면에는 가능성을 낭비하는 백성들을 경멸하는 폭군의 본성 또한 숨어 있었을 뿐이었다.

'모르겠구나.'

이번에는 어떤 면이 진면목인 것일까?

권력에 눈이 먼 폭군이 본색을 드러내어 권력을 탈취한 것일까? 필요하다면 무슨 짓이건 할 수 있는 괴물이, 막냇동생을 식물인간으로 만들 필요를 느낀 것일까?

아니면 막냇동생의 건강을 염려하는 자상한 오라비의 면모가 진실인 것일까? 흑침은 단순한 치료의 일환이고,

피폐해진 남궁연연이 의심병에 걸려 과민반응하는 것일까?

'전에도 그랬듯이, 양면 모두 진실일 수도 있다. 동생을 아끼는 것과 별개로, 권력을 위해서 식물인간으로 만들었을 수도 있다.'

남궁연연은 미심쩍은 눈으로 용태계를 바라보았다.

'하지만…… 어쩌면…….'

꾸며낸 것이라고는 도무지 믿을 수 없는 자상한 오라비의 모습에, 남궁연연은 생각에 잠겼다.

'……그는 단순히 동생의 건강을 염려하는 것일 수도 있지 않을까?'

* * *

맹목개의 맹목적인 눈빛이 음험하게 빛났다.

* * *

마교도 장평의 첫 싸움은 승리였다.

그것도 전략적인 목적과 전술적인 이득 모두를 챙긴 실속 있는 승리.

"장평이 정말 무림으로 돌아왔단 말인가? 그것도 마교의 앞잡이가 되어서?"

"그렇다니까! 그것도 그 첫걸음이, 무림맹의 항마부장

호연결을 제거하는 것이었다고!"

"대체 무림이 어찌 되려는지 모르겠군. 그 장평이 하필이면 마교와 손을 잡았으니, 어딘들 안심하고 지낼 수 있겠나?"

대낮부터 객잔에서 호들갑을 떠는 주정뱅이들의 모습에, 젊은 귀공자와 그를 수행하는 노복(老僕)은 쓴웃음을 지었다.

"……라는군."

귀공자는 냉소하며 물었다.

"소감은 어떻지?"

노복은 투덜거렸다.

"갈 길이 멀다는 생각밖에 안 드는데."

변장을 한 파리하와 장평이었다.

"나쁘지 않은 첫걸음인 것은 사실이잖아?"

장평은 무림맹의 내부 사정에 정통했고, 구조적인 한계도 꿰뚫어 보고 있었다.

"무림맹의 손발을 잘라 두었으니까."

무림맹에는 고수가 부족했다.

무림인은 일류 고수만 되어도 시골 문파 정도는 차릴 수 있었고, 절정고수면 중견 도시를 장악할 수 있었다.

하물며 초절정고수라면 한 지역의 패자로서 부귀와 명성을 마음껏 누릴 수 있었다.

무림맹과 제국이 어떠한 은전과 특권을 제시한들, 고수들을 영입하는 것은 쉬운 일이 아니었다.

그렇기에 무림맹에 속한 무인들은 독특한 특기(特技)나 실무능력을 지닌 경우가 많았다.

그런 무림맹에서, 대마들과 힘 싸움이 되는 호연결은 더없이 소중한 비장의 패였다.

무림지존인 용태계가 여러 가지 이유에서 북경 밖으로 나가지 않는다는 점을 감안하면, 무림맹 유일의 패이기도 했다.

"맹목개와의 책략전도 승리로 끝냈고."

남궁세가로 향한 순간. 장평은 맹목개에게 자신들의 행보가 읽힐 것임을 예상했었다.

정보량으로 찍어누르는 개방식 책략가인 맹목개는 주입되는 정보의 신선함과 신뢰도에 따라 판단력이 배가되는 특성이 있었다.

백면야차의 두뇌로서 제국과 무림의 모든 정보를 빨아들이고 있는 지금, 그는 그야말로 천리안을 가진 것과 마찬가지였다.

"머리로 이기기는 쉽지 않은 적이니까."

장평은 맹목개를 결코 얕보지 않았다.

책략이나 거짓말과는 거리가 용태계가 백면야차의 본성을 들통나지 않게 감춘 것도, 그가 백면야차가 되겠다고 결심하자마자 제국을 석권할 수 있었던 것도 모두 맹목개의 안배 덕분이었으니까.

"머리를 자를 수 없다면, 팔다리를 자르는 것도 방법이겠지."

장평과 파리하. 마교의 두 초절정고수를 막으려면 무림맹에서도 두 명 이상의 초절정고수를 보내야만 했다.

그렇기에 호연결은 올 수밖에 없었고, 장평은 호연결을 제거할 수 있었다.

이제, 무림맹에는 손에 쥔 패가 없었다.

외부에서 최소한 두 명의 초절정고수를 영입하거나, 척착호가 단신으로 두 대마를 압도하기 전까지는 방해받을 일이 없다는 뜻이었다.

"어느 쪽이 빠를까?"

"척착호가 강해지는 편이 더 빠를 거다."

장평은 냉소했다.

"일파의 종주들이 뭐가 아쉬워서 자기 기업을 내팽개치고 개줄에 묶이겠는가? 공적으로는 폭군이고 사적으로는 미친 놈을 위해서?"

"그럼…… 당분간은 자유군."

장평과 파리하는 서전의 승리로서 마교의 저력을 과시했다. 무림지존인 용태계의 평판이 바닥을 치는 현 상황에서, 그 결실은 더욱 빛을 발하리라.

기회주의자들이 판단을 유보하고 음모가들이 새로운 계산을 시작하는 계기로서……

"흠흠!"

그때, 어느새 그들 곁으로 다가온 점소이가 헛기침을 했다. 빈 자리에서 죽치고 있지 말고 밥이나 술을 시키라는 압박이었다.

장평은 노복다운 목소리로 물었다.

"이 객잔은 무슨 음식을 잘하오?"

"고기만두로는 섬서에서 으뜸이지요. 이쪽 공자님께는 양화주를 반주 삼은 돼지고기 생강찜을 추천하고 싶군요."

"그럼 그렇게 내주시······."

장평이 웃으며 말하는 순간. 파리하는 뚱한 표정으로 말했다.

"장노는 아직도 내 입맛을 기억하지 못하는가? 나는 돼지고기와 술을 좋아하지 않는다는 말을 몇 번이나 해야 하는 건가?"

장평은 미묘한 표정으로 파리하를 바라보았다.

'얘 대체 왜 이러지?'

모종의 신호를 보내는 것일까? 아니면 장평이 모르는 무언가를 눈치챈 것일까?

도저히 감이 잡히지 않았다.

장평은 너털웃음을 지으며 말했다.

"그렇다면 공자님께서 직접 주문을 하시지요."

"돼지 말고 다른 고기는 없나?"

"바로 앞 강변에서 잡히는 잉어가 알도 굵고 신선합니다."

"물고기는 싫어한다."

"그럼 닭고기는 어떠십니까?"

"그걸로 하지."

"혹시 너무 일찍 만취할까 봐 걱정하시는 거라면, 도수가 낮은 여로주는 어떠십니까? 향이 그윽하고 청량하기 짝이 없어 요리의 맛을 북돋는 향토 명주입니다."

"오늘은 술 생각이 안 드는군."

점소이는 미묘한 표정을 지었다.

'졸부처럼 입은 놈이 거지처럼 처먹네?'

밥장사로 용써 봤자 벌리는 것은 밥값뿐.

결국은 밥을 미끼 삼아 술을 팔아야 돈을 벌기 때문이었다.

파리하는 차분한 목소리로 물었다.

"무슨 문제라도 있나?"

"아뇨…… 없습니다…… 아무 문제 없지요……."

점소이가 떫은 표정으로 주문을 전하러 가자, 장평은 작은 목소리로 물었다.

"무슨 문제라도 있는 건가?"

"그래. 있다."

"이 객잔의 음식들에?"

"교리에 어긋난다."

"……뭐?"

"예언자께서 금하신 것을 함부로 입에 댈 수야 없는 일이 아니겠는가?"

장평은 미간을 찌푸렸다.

"……종교적인 문제 때문에 편식하겠다고?"

"피치 못할 상황이라면 어쩔 수 없겠지만, 피할 수 있는데 피하지 않는 것은 무책임한 일이 아니겠는가?"

"설마, 술도 마시면 안 되는 건가?"

"대추야자 술이라면 마셔도 된다."

"대추면 대추고 야자면 야자지 대추야자는 또 뭐야……."

장평은 어이가 없어서 파리하를 바라보았다.

"그래서. 중원에서도 그 망할 놈의 계율을 지키겠다는 거냐? 우릴 찾으려고 눈에 불을 켠 무림인들 틈바구니에서?"

"……나도 나름 많이 타협한 거다."

파리하는 볼멘 소리를 했다.

"엄격하게 따지면 도축 절차부터 따져야 한다고."

장평의 마음속. 강대하고 품격 있던 마교의 위엄은 여러모로 추락한 상태였지만, 지금의 파리하는 아예 땅을 파는 경지를 이룩하고 있었다…….

"……너희 대체 어떻게 아직까지 안 망했냐?"

"듣자듣자 하니까 이놈이?"

파리하는 발끈했다.

"대낮부터 왜 시비야? 한숨 돌린 상황에서 밥 좀 편히 먹겠다는데, 대체 뭐가 문제라서 트집을 잡는 건데?"

"뭐가 문제냐고?"

장평은 피곤한 표정으로 바깥을 바라보았다.

"이름이 문제다. 이 객잔 이름이!"

돌다리에는 염천교라는 교명이 음각되어 있었고, 다리 건너 바로 보이는 입간판에는 이 객잔의 이름 석 자가 똑똑히 적혀 있었다.
"여기가 백양각이라는 점이!"

　　　　　　　＊　＊　＊

남궁세가. 가주실.
골똘히 생각에 잠겨 있던 남궁풍양은 나직한 목소리로 말했다.
"들어 오거라."
남궁벽운은 몸가짐을 조심하며 방 안으로 들어왔다. 그가 들고 있는 쟁반은 끼니를 때울만한 가벼운 음식들과 다과들로 채워져 있었다.
그러나 남궁풍양이 눈길을 준 것은 남궁벽운이 들고 있는 찻주전자였다.
"옥로(玉露)로구나."
"숙고 중에 한숨 돌릴 때마다 즐겨 찾으시는 차가 아닙니까."
"숙고 중임은 어찌 알았느냐?"
"사흘째 두문불출하고 계셨습니다."
남궁풍양은 가볍게 놀랐다.
"사흘? 벌써 그렇게 됐단 말이냐?"
"밤낮을 잊으시다니, 깨달음이라도 있으셨던 겁니까?"
"그 반대다."
남궁풍양은 차분한 목소리로 말했다.

"실마리가 보이질 않는 문제를 마주하고 있구나. 아무리 생각해 봐도 답이 나오지 않는 문제가……."

"아버님께서 실마리조차 찾을 수 없는 문제라면, 풀 수 없는 문제일 것입니다. 그냥 선문답이었다 생각하고 잊어버리시지요."

"그게 문제다. 답 없는 문제를 낼 사람도 아니고, 선문답을 낼 상황도 아니었다는 점이."

"아버님께서 숙고해도 답이 나오지 않는 문제인데 선문답이 아니라면……."

남궁벽운은 잠시 고민하다가 말했다.

"어쩌면, 아예 처음부터 방향을 잘못 잡으신 것일 수도 있지 않겠습니까?"

"방향?"

"제겐 무겁고 어려운 문제도, 다른 사람의 시선에서 접근하면 쉽고 간단한 해결책이 나오더군요."

남궁풍양은 자애로운 미소를 지었다.

"장평 얘기더냐?"

"예. 그렇습니다."

"우연이구나. 내게 이 난제를 던지고 간 자도 바로 그 장평이니까."

남궁풍양은 자리에서 일어났다.

"네 덕분에 결심이 섰다. 아무래도, 방 안에서 풀 수 있는 문제는 아닌 것 같구나."

"아버님?"

"다과는 물리고 마구간에 전하거라. 먼 길을 떠날 것이니, 마차를 준비시키라고."
"먼 길이라니. 어디를 가시려고요?"
"북경에 가려 한다. 마음 내킨다면 동행하겠느냐?"
"백면야차의 난행으로 북경 민심이 흉흉한 판인데, 무슨 일로 상경하시는 겁니까?"
"내가 풀지 못할 질문의 답을 찾으러 간다."
남궁풍양은 온화한 미소를 지으며 말했다.
"내가 도저히 이해할 수 없는 사람의 도움을 받아서."

* * *

남궁세가에서의 짧은 대화를 마칠 무렵.
남궁풍양은 섬서 염천교의 백양각으로 가 보라고 말했다. 그곳에 장평에게 도움이 될 자가 있다는 모호한 말과 함께.
장평이 위험과 수고를 감수하며 백양각까지 온 것은, 그 말을 건넨 사람이 다름 아닌 남궁풍양이기 때문이었다.
그는 답이 없는 문제를 낼 사람이 아니었고, 장평 또한 선문답이나 주고받을 상황도 아니었기 때문이었다.
그리고 지금, 장평은 건성으로 만두를 씹어 삼키며 후회하고 있었다.
'좀 더 자세히 말해 달라고 할걸…….'

말 그대로 칼날이 턱 끝에 닿은 상황이라 촌각을 아껴야 했지만, 그 대가는 목표가 누구인지도 모르는 상태에서의 대기와 감시였다.

"내 눈에 수상한 사람이 보이는구나."

파리하는 눈에 띄게 새초롬한 태도로 비꼬고 있었다.

"만두 한 접시를 두 시진에 걸쳐 처먹는 양심 없는 손님이."

"……삐졌나?"

"신앙을 모욕하는 굴욕을 겪은 사람에게 건넬 말은 아닌 것 같구나."

삐진 모양이었다.

"말실수 정도로 넘겨볼 생각이라면, 꿈도 꾸지 마라. 행색을 감춰야 하는 상황이 아니었다면, 결투로서 피를 보기 전까지는 해결되지 않을 중대사였으니."

아무래도 단단히 삐진 모양이었다.

장평은 심란한 마음으로 바깥을 바라보았다.

땅거미가 지는 저녁 무렵. 이른 저녁 식사를 위해 손님들이 하나둘씩 들어오고 있었다.

"……."

장평은 조심스럽게 점소이의 눈치를 보았다.

점소이는 팔짱을 낀 채 점심 무렵부터 죽치고 있던 걸뱅이들을 노려보고 있었다.

저녁 식사마저도 반주를 주문하지 않으면 멱살이라도 잡을 기세였다.

"저녁 식사도 계율대로 먹을 거냐?"
"그래."
"……눈에 띌 텐데."
"눈에 띄면 튀었다가 다시 변장하고 돌아오면 되지."
파리하는 당당한 표정으로 말했다.
"내가 제일 강한데 왜 약자들의 눈치를 봐야 하지?"
"빌어먹을 대마두……."
장평은 체념하고 점소이에게 손짓했다.
"좋은 술 있으면 추천 좀 해 주게."
장평은 일부러 술이라는 단어를 힘주어 말했다.
"요리는 그에 맞춰서 먹지."
점소이는 해맑은 미소를 지으며 말했다.
"독주로는 농롱주가 좋고 미주는 아까 공자님께서 마다하셨던 여로주가 최곱니다."
"술은 농롱주. 음식은 숙수가 추천하는 걸로."
장평은 차분히 말했다.
"그리고 이쪽 공자님께는 점심과 같은 걸로 준비해 드리게."
"예."
파리하는 불편한 표정으로 말했다.
"왜 네 멋대로 주문했지? 내 음식은 내가 골라야 하는 거 아닌가?"
"수상하다는 소릴 듣는 것보다는 나오는 대로 먹는 편이 낫지 않나?"

그때, 두 초절정고수의 귀에 점소이가 숙수와 속닥대는 소리가 들려왔다.

〈박 형. 저기 저 식탁 진상들 딱 봐도 수상해 보이니까, 괜히 시비 걸릴 짓 하지 말고 그냥 무난하게 요리 해요.〉

〈왜? 뭐가 어떻게 수상한데?〉

〈노복처럼 생긴 놈이 귀공자처럼 꾸민 놈 상전처럼 굴던데요.〉

〈변장한 무림인이겠네. 혹시 잠입한 마교도 아냐?〉

파리하는 장평을 빤히 바라보았다.

"수상하다는 소리 들으면 안 되는 거 아니었나?"

"……"

"언행에도 신경 좀 써. 일반인에게 들키다니, 이게 대체 무슨 망신이야?"

"닥쳐……"

장평은 착잡한 표정을 지었다.

나름 동네 맛집이긴 한 건지 가족 단위 외식 손님들이 하나둘씩 식탁을 채우기 시작했다.

"아빠! 나 잉어찜! 매운 잉어찜!"

"엄마는 매운 거 잘 못 드시잖니. 평범한 맛으로 시키고 우리가 양념을 더 치자."

"상공. 매운 잉어찜이 백양각의 명물인데, 저 한 사람을 위해 두 사람이 양보할 필요가 있겠어요? 저는 양념을 걷어내고 먹을 테니 매운 걸로 시키도록 하세요."

"그럴까?"

식탁마다 훈훈한 대화가 오갔다.
"어머. 공이 어머님!"
"훈장님 댁도 저녁 드시러 오셨나 봐요?"
"예. 남편이 잉어를 먹어야 힘을 쓴다고 하도 엄살을 피워대서요."
"젊음이 좋긴 좋네요. 우리 집 양반은 여의주를 갈아 먹여 놔도 쓸모가 없을 지경인데……."
식탁 너머로도 즐거운 대화가 오갔다.
눈앞에서 펼쳐지는 일상적인 모습은 지금의 장평에게는 아득할 정도로 머나먼 풍경이었다.
'언젠가, 모든 것이 끝나면 나도 저런 삶을 살 수 있을까?'
아련한 미소를 짓고 있는 장평의 앞에, 점소이가 술과 음식을 내려놓았다.
"잉어찜과 농롱주입니다. 맛있게 드십쇼."
장평은 점소이를 빤히 바라보았다.
"그냥 잉어찜이군?"
"네. 그냥 잉어찜이죠."
"이 집은 매운 잉어찜이 명물이라는 얘기를 들은 것 같은데……."
"……."
한순간. 미묘한 정적이 흘렀다.
"……양념장 갖다 드려요?"
"그리하게. 점소이."

파리하는 비웃음을 섞어 말했다.

"맵다고 트집 잡을 진상 손님은 싱거우면 싱거운 대로 트집을 잡을 뿐이니까."

"예. 공자님."

점소이가 자리에서 물러나자, 장평은 으르렁거렸다.

"……재미있는 일이라도 있나?"

"아니. 너의 비범함에 감탄하는 중이다. 자기 나라에서 외국인보다 수상하게 보이는 것은 쉽지 않은 일이 아닌가?"

"이 동네가 이상한 거야……."

장평은 투덜거렸다.

잠시 후. 파리하의 식사와 함께 점소이는 양념통을 건넸다.

"양념장이 매우니까 조금씩만 넣어 드십쇼."

"알겠네."

"나중에 핑계 대면서 돈 못 낸다고 하지 마시고요."

"알았다고……."

여러모로 피곤해진 장평은 건성으로 잉어찜을 먹었다. 민물고기다운 비린내와 흙내가 진동했다. 왜 양념을 듬뿍 넣어 먹는지 한입에 느껴질 정도였다.

그때, 옆 식탁의 부인이 장평에게 말을 걸었다.

"저기. 혹시 양념장 다 치셨으면 좀 빌릴 수 있을까요?"

"그럽시다."

별생각 없이 양념통을 건넨 순간. 장평의 변장한 얼굴

너머로 반사적인 무표정함이 드러났다.

첩보원만이 알아챌 수 있는 첩보원 특유의 반응에, 파리하는 장난기를 모두 지우고 전음을 날렸다.

〈왜? 무슨 일이야?〉

〈옆 식탁. 남편. 시선 처리에 주의해라.〉

즐겁게 식사하는 가족들을 흘낏 본 순간.

〈……남궁풍양이 어떤 사람인지 이제야 알 것 같군.〉

파리하는 장평이 놀란 이유를 바로 이해했다.

〈거짓말을 안 하는 걸로 유명하면서도, 정직하다는 평이 없던 모순된 평판의 의미도……〉

남궁풍양의 말대로였다. 장평에게 도움이 될 사람들이 옆 식탁에 앉아 있었다.

그가, 다시 만나고 싶지 않았던 사람들이.

* * *

염천은 천(川)이라기엔 넓고 강(江)이라기엔 좁았다. 수운(水運)용 수송선을 띄우기엔 수심이 얕은 애매함 탓에, 염천은 별로 없었다.

그저, 정치망 그물로 물고기나 낚을 뿐이었다.

염천 일대의 가장들은 절반은 어부였고, 나머지 절반도 물고기나 어부들을 기반으로 생계를 잇는 자들이었다.

변화가 없는 곳이 시골. 이웃은 동업자거나 거래처. 평생을 함께 했던 얼굴이자, 앞으로도 평생 볼 얼굴들이었다.

좋건 싫건 진솔할 수밖에 없는 환경이었다.
 소박하고 느릿하게, 염천교의 오후가 이어지고 있었다.
 똑똑똑.
 누군가가 대문을 두드리자, 이불 빨래를 밟고 있던 복현정은 소리 높여 답했다.
 "열려 있어요! 들어오세요!"
 대문 안으로 두 사람이 들어왔다.
 귀공자와 노복. 아니, 귀공자처럼 꾸민 사람과 노복으로 꾸민 사람이었다.
 "이곳 분은 아니시네요."
 "그렇소."
 "무슨 일로 오신 거죠?"
 "묻고 싶은 것이 좀 있소."
 "그런가요?"
 복현정은 담담한 목소리로 말했다.
 "아마도, 마교에서 오신 분들인 모양이군요. 어제는 잠복하던 중이셨나 봐요?"
 장평과 파리하는 서로를 돌아보았다.
 "……알고 있었나?"
 두 사람은 초절정고수이자 특급 첩보원이었다. 변장은 흠이 없었고, 시선 처리도 완벽했다.
 복현정은 두 사람의 당혹감을 이해했는지 부드러운 목소리로 말했다.

"오늘 두 분께서 제게 찾아오신 덕분이죠. 어제는 전혀 몰랐어요."

"……"

복현정은 발을 씻고 신발을 신었다.

"들어오세요. 차를 대접하죠."

"그러지."

낡고 허름한 집은 수리할 곳이 적지 않았다. 장롱 같은 가재도구들은 낡고 빛이 바랬지만, 식기를 비롯한 자질구레한 물건들은 새것이었다.

"바깥양반은 투망하러 나갔고, 딸은 놀러 나갔어요. 두 사람 다 해질 무렵에나 돌아오겠죠. 하지만 오후반 아이들이 반 시진 뒤에 수업 들으러 올 것이니, 그전까지 끝내고 싶군요."

"그게 현명할 것 같군."

기묘하게 어긋난 집에서, 복현정은 찻주전자를 화로 위에 얹었다. 자연스러운 손짓이었지만, 그 자연스러움은 의미심장했다. 손님을 위한 찻주전자는, 쓰기에 따라서는 끓는 물 한 바가지로서 무기로 쓰일 수도 있다는 점에서.

"그럼, 시간도 없으니 바로 본론으로 넘어가죠."

복현정. 아니, 청소반의 첩보원 상앵은 차분한 목소리로 말했다.

"아마도 장평 대협께서는 청소반과의 재접선 때문에 오신 거겠죠?"

무공을 모르는 그녀가 어떻게 눈치챘는지는 모르겠지만, 이미 들켰다면 시간을 낭비할 이유가 없었다.

"그렇소."

장평은 차분한 목소리로 말했다.

"상 부인은 백화요원이자 청소반원이니까."

상앵은 정교하게 세뇌된 백화요원이자, 제국의 통제에서 벗어난 백화요원들의 비밀결사 청소반의 일원이었다.

"작전 중인 첩보원이라면, 연락 수단 정도는 가지고 있는 것이 상식."

그리고 상앵은 이제 기한이 정해지지 않은 장기간의 외부 임무를 맡고 있었다. 무림맹의 첩자인 '백면야차'로서 마교의 내부를 정찰하는 것에 성공한 백리흠에 대한 포상이자 감시인으로서, 가정을 꾸리고 살아야 했다.

"상공은 첩보원으로서 은퇴했어요. 강호인으로서도 금분세수까지 했고, 무인으로서는 무공까지 폐했죠."

"알고 있소. 내가 보내줬으니까."

"그런데도 다시 찾아오신 건가요? 간신히 끊어낸 악연의 낚시바늘들을 다시 한번 상공의 목구멍에 쑤셔 박기 위해서?"

"이 일에 백리흠을 끌어들일 생각은 없소. 그럴 필요도 없고, 필요가 있다 해도 그러지 않을 거요."

임무를 마치고 무공까지 폐한 덕분에, 백리흠은 무대에서 퇴장할 수 있었다.

"하지만 금분세수한 것은 백리흠뿐. 상 부인은 아직 현역으로 감시 임무를 진행 중일 거요."

하지만 상앵은 아니었다.

그녀는 아직 현역 요원으로서 백리흠을 속이는 중이었다……

"오해를 피하기 위해 다시 여쭙죠. 원하시는 것이 정확히 무엇이신가요? 동창과의 접촉? 백화원과의 접촉? 아니면, 청소반과의 접촉?"

"청소반. 서수리와의 접촉이오. 가능하오?"

"가능해요. 최소한 말을 전할 수는 있죠."

상앵은 장평을 바라보았다.

"하지만, 불필요한 오해를 피하기 위해서라도 미리 경고하는 것이 좋을 것 같군요."

"무엇을?"

"지금의 장평 대협께서 지금의 청소반과 접촉하는 것이 현명한 판단일까요?"

"……"

장평은 미간을 찌푸렸다.

상앵은 지금, 한 번쯤은 숙고했어야 했던 지점을 지적하고 있기 때문이었다.

"청소반은. 아니, 서수리는 분명히 무림맹의 장평의 조력자였지만……"

장평이 확신할 수 없는 부분을.

"……마교도 장평에게도 조력자가 되어 줄까요?"

* * *

장평은 솔직하게 말했다.

"잘 모르겠소."

"……놀랍군요."

상앵은 희미한 미소를 지었다.

"제 기억 속의 파사현성 장평은, 아군이 아닌 자에게 이런 말을 꺼낼 리가 없는 사람이었는데요."

"확실히, 예전이라면 다르게 접근했을 거요."

파사현성 장평은 자신의 약점을 솔직하게 털어놓을 사람이 아니었다. 자신이 모른다는 사실을 감추고, 언변과 논리로 함정을 파 상대방이 지닌 정보를 몰래 빼냈을 것이었다.

설령 상대방이 경계하여 실언을 피하려 든다면 지위와 권위로 압박했을 것이며, 그마저도 실패한다면 무력과 폭력을 사용한 협박까지 주저하지 않았을 것이다.

거위의 뱃 속에 황금알이 있다면, 배를 가르지 않을 이유가 없었으니까.

"하지만, 이젠 그러지 않을 거요."

그러나, 지금의 장평은 솔직하게 말했다.

"내게 잘못하지 않은 사람에게 잘못하고 싶지 않소."

뱃속에 황금알이 있다 해도, 얌전한 거위의 배를 가르고 싶지 않았다. 기다려보면 의외로 평범하게 산란할 수도 있는 일인데, 내 곁을 맴돌며 모이를 기다리는 거위를 해칠 필요가 없었다.

　파사현성 장평은 그를 보며 물러터졌고 나약하다며 비웃겠지만, 회생대마 장평은 과거의 자신을 가련하게 여길 뿐이었다.

　누군가를 믿는 용기가 없었기에, 모든 것을 잃게 될 사내를.

　"도움을 청할 거고, 협력을 구할 거요."

　"거절당한다면요?"

　"거래나 보상을 제안할 거요."

　"불가능하다면요?"

　"다른 방법을 찾을 거요."

　"다른 방법조차 없다면, 어쩔 수 없이 파사현성의 방식으로 저를 다루실 건가요?"

　"아니오."

　장평은 고개를 저었다.

　"어쩔 수 없다는 말은 그리 쉽게 쓰일 말이 아니오. 너무 멀리까지 가버린 자들이나, 믿음을 믿을 용기가 없는 자들. 그리고 생사를 걸고 맞서야만 하는 대적들에게만 쓰여야 하는 말이오."

　"……."

　"어쩔 수 없을 때는 수단과 방법을 가리지 않겠지만, 당신들에게는 아니오. 물러나 새로운 대책과 새로운 사람을 찾을 것이오."

　상앵은 장평을 빤히 바라보았다.

백화요원 특유의 눈빛. 결코 잃어서는 안 될 무언가가 결핍된 무기질적인 눈동자가 장평에게 향했다. 그녀 또한 진심으로 장평을 '보고' 있는 것이었다.
　잠시 정적이 흐른 뒤.
　"……제가 장평 대협의 입장이었다면, 일단 제 딸을 납치한 뒤에 협박했을 거예요."
　상생은 차분한 목소리로 흉악한 말을 건넸다.
　"매 시진마다 하나씩 손가락을 잘라 보내며 무너질 때까지 마음을 흔들었겠죠. 저는 몰라도 상공의 심지는 확실히 부러졌을 테고요."
　"솔직히 말하자면, 백양각에서 부인을 목격한 순간부터 흉험한 계획들이 적잖이 떠오르긴 했소."
　"하지만 실행에 옮기지는 않았죠."
　회생대마 장평은 더 좋은 사람이 되기 위해 더 효율적인 파사현성 장평을 가둬 두었다. 어려운 일임을 알면서도, 쉬운 길을 거부했다.
　"아직 대화조차 해 보기 전이었으니까."
　"칼을 쥔 사람에게, 대화는 번잡하고 귀찮은 일로 느껴지는 경우가 적지 않은 법이죠."
　그 미묘함을 눈치챌 수 있는 자는 적었고, 그 결심의 무게를 이해할 수 있는 자는 거의 없었다.
　"제 생각에는, 제가 빚을 진 거라고 느껴지는군요. 제 딸과 제 남편이 겪을 수도 있었던 고통을 막아준 빚을요."

하지만, 상앵은 이해할 수 있는 사람이었다.

그녀는 차분한 목소리로 말했다.

"청소반의 수장인 서수리는 마교도의 전언 자체를 무시할 거예요. 무슨 수단을 통해 어떤 말을 전한들, 확인하지도 않고 바로 상부로 보고 하겠죠."

"……그렇군."

일탈한다 해도 결국은 제국의 첩보원. 마교도와 내통하는 것은 논외인 모양이었다.

"하지만, 청소반의 수장이라면 결코 외면할 수 있는 숙원이 하나 있죠."

"……세뇌를 풀고 마음을 되찾는 것."

파국을 겪기 전. 아직 무림맹에 남아 있던 시절의 장평은 청소반을 통제하기 위해 서수리에게 해결책을 제안했었다.

"장평 대협은 파훼를 제안하셨지요. 백화요원들의 세뇌는 정신에 족쇄가 걸려 있는 것이니, 외부인인 장평 대협이 세뇌를 파괴하겠다 하셨지요."

"그랬었지."

"실패했고요."

"그랬었지."

처음 장평이 계획했던 것은 모순이었다.

양립 불가능한 명령이나 허점이 있는 명령들을 충돌시켜, 각인된 사고방식 자체를 와해시키려 했었다.

"나는 답을 찾고 있었소. 청소반원의 머릿속에서 세뇌

를 벗겨낼 '해방'의 논리를 찾고 있었소."

아랫돌을 빼면 뺄수록 탑의 균형이 위태롭듯이. 세뇌의 기저에 깔린 가장 근본적인 논리를 파훼하면 될 것이라고 생각했었다.

"오판이었소."

무너진 탑이야 쌓으면 된다. 사람이 만든 것이니 사람들이 힘을 쓰면 될 일이다.

하지만, 무너진 정신은 누가 세운단 말인가?

자아가. 의지의 주인이. 스스로의 정체성이 이미 산산이 부서져 폐허 아래 깔려 있는데?

"당시의 나는 사람의 마음이 이성과는 다름을 구분하지 못했소. 그저 하던 대로 합리와 논리처럼 다루었고, 그 결과는 실패였지."

장평은 쓸쓸한 표정을 지었다.

"당연하다면 당연한 실패였소. 정작, 내 정신도 다른 이들이 손을 댄 상태였으니……"

"지금은 새로운 해결책을 만드신 건가요?"

"만든 것이 아니오. 목격했소."

장평은 결국 파국의 순간까지 그 답을 찾지 못했고, 그 해결책은 전혀 예상치 못한 곳에서 목도하게 되었다.

"피의 혼례식. 내 모든 것이 무너지는 파국의 순간에."

양산형인 백화요원들과는 달리, '심복'은 자신의 '주군'에게 절대복종하는 특별한 존재였다.

〈명령이다. 맹목개. 입궐하여 황제 폐하를 지켜라.〉

〈그 명령은, 따를 수 없습니다!〉

하지만 맹목개는 용태계의 명령을 거부했다.

그 당시에는 긴박한 상황 탓에 깊이 생각하지 못했지만, 장평은 세뇌당한 자가 스스로 세뇌를 넘어서는 모습을 직접 목격한 것이었다.

"가설도, 이론도 아니오. 답이오. 맹목개라는 실제 사례가 존재하는 해답이 있소. 이거면 청소반과 다시 거래할 수 있겠소?"

"그게 사실이라면, 충분히 협력 가능해요. 물론, 세뇌에서 벗어난 이후의 청소반이 어떤 반응을 보일지는 모르겠지만요."

"영원한 동맹이나 희생이 필요한 대업을 바라는 것이 아니오. 그저, 북경 내부의 사람들과 연결될 수만 있다면 그걸로 충분……."

그 순간.

〈장평. 지금 한 말이 사실인가?〉

아무 말 없이 듣고 있던 파리하가 장평의 발을 가볍게 밟았다.

〈맹목개는 자력으로 세뇌를 풀었고, 청소반의 세뇌도 풀 수 있다는 것이?〉

굳이 전음으로 말하는 것은, 상앵 모르게 대화하려는 것이리라. 장평은 찻주전자를 집어 차를 따르며 전음을 날렸다.

〈그래. 내가 말했듯이, 지금의 내게는 확실한 해답이

있다.〉
 〈그런 문제가 아니다. 장평.〉
 〈그럼 뭐가 문제지?〉
 〈네 말대로 맹목개가 세뇌를 풀 방법을 가지고 있다면, 백면야차 측에서 이미 청소반과 거래했을 수도 있는 거 아닌가?〉
 파리하는 인피면구로도 감출 수 없을 정도의 초조함을 담아 전음을 날렸다.
 〈회생옥을 지키고 있는, 바로 그 청소반과!〉

* * *

 바둑판이 있었다.
 천하의 형세를 논할 때, 중원인들은 흔히 바둑판을 떠올리곤 했다.
 처음에는 소박하게 시작해 빈 곳을 취하며 세력을 키우더라도, 종국이 다가오면 반상 너머의 상대와 맞서 싸워야 했다.
 좋고 싫음의 문제가 아니었다.
 내가 번성하려면, 상대를 꺾어야 했다. 결국은 승자와 패자로 나뉘어야 했다. 바둑이라는 유희가 창조된 순간부터 그리 정해졌기 때문이었다.
 맹목개는 흘러넘치는 정보들에 잠긴 채, 바둑판을 보고 있었다.

'오너라. 장평.'

반상 너머에 장평이 앉아 있었다.

이제는 감춰진 것도, 감출 것도 없었다.

〈백면야차는 죽어야 한다.〉

〈백면야차는 불멸하리라.〉

종극에 이르러, 모든 것들은 분명해졌다.

〈첩보망을 재건하고, 초절정고수를 포섭하여 용태계를 제거한다.〉

〈장평의 계획을 망치고, 장평이 지녔을 비장의 수를 봉쇄하며 장평의 목숨을 끊는다.〉

서로의 목적은 분명해졌고, 현 상황도 분명했다. 맹목개는 장평의 행보를 예상할 수 있었고, 장평 또한 맹목개의 응수를 짐작할 수 있었다.

단 한 가지의 미지수를 제외하면.

'회생옥.'

반상 위를 원점으로 되돌리는 외부의 변수. 승자에게서 승리를 빼앗을 수 있고, 패자는 패배를 면할 수 있는 회귀의 힘이.

'전생의 회생옥은 현생의 장평에게 간섭했다. 전생의 기억과 은원을 현생의 장평에게 상속시키는 것으로 현생을 변화시켰다.'

맹목개는 미간을 찌푸렸다.

'그렇다면, 현재의 회생옥은 대체 어디에 있는 거지?'

* * *

〈걱정할 것 없다.〉

불안해하는 파리하와는 달리, 장평은 대수롭지 않다는 듯이 전음을 날렸다.

〈백면야차는 청소반이 회생옥을 지키고 있다는 사실을 모르며, 알게 될 가능성도 없다.〉

〈확실한가?〉

그 순간. 상앵은 차분한 목소리로 말했다.

"두 분께는 아직 논의가 필요한 일이 있으셨던 모양이군요."

대화의 맥이 부자연스럽게 끊어진 탓에, 두 사람이 전음을 주고받고 있음을 눈치챈 것이었다.

무슨 일인지 넌지시 묻는 상앵의 시선에, 장평은 차분한 목소리로 말했다.

"무례임은 알지만, 모르는 편이 나은 일이오."

"이해해요. 모르는 편이 나은 일은 알면 문제가 될 일만큼 흔한 법이니까요."

상앵은 자리에서 일어나며 말했다.

"찻잎이 떨어졌군요. 옆집에서 빌려올게요."

그녀가 밖으로 나가자, 장평은 감각에 집중해 주변의 인기척을 살폈다.

"백면야차는 회생옥을 찾을 수 없다."

그는 주변에 엿들을만한 사람이 아무도 없음을 확인한

뒤에야 입을 열었다.

"백면야차는 회생옥의 존재 자체는 알고 있었지만, 그 회생옥이 어디에 있는지는 모른다. 전생에서도 수년에 걸쳐 중원 전체를 샅샅이 뒤진 끝에야 찾아낼 수 있었지."

"회생옥은 청소반이 지키고 있다며?"

"정확히 말하면, 회생옥을 감춘 무덤을 지키고 있는 거다."

장평은 전생의 기억을 떠올렸다.

"태조는 회생옥을 황궁 지하에 묻어두고, 그 위에 누군가의 무덤을 세웠다. 그리고 가장 신임하는 환관을 그 관리자로 지명했지."

"……최초의 청소반장."

"청소반장에게 내려진 공식적인 명령은 지하의 무덤을 비밀리에 관리하라는 것이었다. 하지만, 청소반장은 또 하나의 밀명을 비밀리에 수행하고 있었다."

"그게 뭔데?"

"만약 당대의 황제가 그 무덤에 참배하고 싶다고 하면, 황제 한 사람만을 무덤으로 안내하라는 것이었다."

장평은 냉소했다.

"그리고 마찬가지로, 오직 황제에게만 구전되는 유명을 남겼지. 제국과 황실에 재앙이 있어 멸망을 피할 도리가 없다면, 청소반장만이 알고 있는 지하의 무덤에서 제사를 올리라고."

"열쇠를 반씩 나눈 거로군. 황제에게 회생옥이 필요해

질 때까지, 자기가 뭘 맡고 있는지도 모르는 청소반장이 관리하도록…….”

황태자에 불과했던 용태계는 태조의 유명을 받지 못함은 물론, 존재 자체도 알지 못했다.

태조의 유명은 제위와 함께 동생을 거쳐 조카인 단종 용균에게로 이어졌으나, 용균의 치세에서 용태계는 백면야차로 타락하여 용균을 죽여 버렸다.

“……그럼 용태계는 회생옥으로 이어지는 유일한 단서를 스스로 끊어 버린 거네?”

“그래.”

백면야차는 결국 태조와 관련된 모든 사람과 장소들을 추적해야 했고, 마침내 회생옥을 발견한 것은 수년이나 지난 뒤의 일이었다…….

장평은 비웃었다.

“천명이 실존하는지는 모르겠지만, 적어도 태조는 백면야차의 편은 아닌 모양이더군…….”

“당연히 태조도 이를 바득바득 갈고 있겠지. 자기 후손들을 제 손으로 갈아 버린 미치광이가 제국을 지키라고 남긴 유물로 우주급 대재앙을 일으키고 있으니…….”

파리하도 킬킬거리며 비웃었다.

발밑에 보물을 두고도 천하를 헤매다니. 그야말로 한편의 우화가 아니겠는가?

“그래서, 그 무덤 주인은 누군데?”

“거병 직전에 죽은 동네 친구라더군.”

"수십 년 전에 죽은 동네 친구? 전장에서 수백만은 갈아버렸을 전쟁 군주치고는 감상적인 면이 있군."

킬킬거리던 파리하의 눈에, 완전히 끓어 흰 수증기를 뿜어내는 찻주전자가 보였다.

그 순간, 파리하의 눈매가 예리해졌다.

"……장평."

"왜?"

"주전자. 물이 끓는군."

차를 우려내는데 끓는 물은 필요 없었다.

차종마다 다르긴 하지만, 대개는 따뜻함과 뜨거움 사이가 마시기 적당한 온도.

비전투 잠입요원 출신인 상앵이 이런 사소한 실수를 저지를 이유가 없었다.

오후 수업이 있으니 빨리 얘기를 끝내자고 말한 것은 바로 그녀 자신이 아니었던가?

"……그렇군. 물이 끓는군."

본래의 예정이 어긋났다는 뜻이었다.

아니면…… 아예 돌아올 생각이 없었다거나…….

"오른쪽 집은 아예 비어있고, 왼쪽 집에는 한 명밖에 없다. 무림인은?"

장평이 빠르게 주변의 인기척을 살피자, 기감에 집중한 파리하가 답했다.

"반경 백 리 안에, 내공을 지닌 사람은 아무도 없어."

초절정고수의 기감에 잡히지 않는 자는 입신지경의 고

수나 내공이 아예 없는 자들뿐.
　둘 중 하나였다.
　'상앵이 우리에게서 도망친 건가?'
　'아니면…… 내공이 없는 자들이 상앵을 납치한 건가?'
　장평과 파리하는 서로를 바라보았다.
　'어느 쪽이지?'

田生武士

5장

5장

 당황하기보다는 상황을 정리하는 것이 합리적인 판단이었다.
 "쫓아야지."
 파리하가 말하자, 장평은 답했다.
 "어떻게? 내공이 없는 일반인이라 기감으로는 특정할 수 없어."
 "후각."
 파리하는 마당을 턱짓으로 가리켰다.
 "그녀는 이불을 빨고 있었다. 우리의 후각이라면 쫓을 수 있을 거다."
 그녀는 나직이 말했다.
 "만약, 중간에 의도적으로 탈취작업을 하지 않았다면."

"그렇군. 만약 중간에 탈취작업을 했다면 도주고……."
"……아니면 납치로군."
두 사람은 자리에서 일어났다.

빨다 만 이불에서는 젖은 솜이불 특유의 냄새와 양잿물 냄새. 그리고 희석되어 옅어진 땀과 오줌의 냄새가 남아 있었다.

"……오줌?"
두 사람은 미묘한 표정을 지었다.
어쨌건, 중요한 것은 신속함.
유일한 단서인 냄새가 흐려지기 전에 쫓아야 했다.
"가자."
문밖으로 나선 두 사람은 난처함을 느꼈다.
'시선이 너무 많다.'
아무래도 주택가의 골목길. 여기저기에 사람이 있었다. 경공술은 물론 뛰어가는 것조차 눈에 뜨일 판이었다.

두 사람은 수상하지 않게 보일 수준으로 잰걸음을 걸었다.

그러나, 추적은 오래 이어지지 않았다. 같은 장소에 멈춰선 두 사람은 난처한 표정으로 서로를 바라보았다.
"……끊겼다."
찰랑이는 물결이 신발 밑창을 적셨다.
염천의 물길이.

* * *

장평과 파리하는 주변을 돌아보았다.

뱃놀이를 위한 소형 유람선 두 대와 연안용 평저선(平底船) 한 척이 수면에 떠다니고 있었다.

"평저선이 수상한데."

평저선을 노려보는 파리하의 말에, 장평은 강 건너편을 바라보았다.

"강 건너편에 주인 없는 조각배가 버려져 있다. 어쩌면 강을 건넜을 수도 있다."

도주냐. 납치냐. 두 가능성 중 어느 쪽도 배제할 수 없기에, 두 사람은 초조한 표정으로 주변을 돌아볼 수밖에 없었다.

"……도망칠 거라면 염천교로 뛰어가는 편이 빠르지 않았을까?"

"발을 씻어서 냄새를 지우려던 것일 수도 있지."

상생은 무공을 익히지 않았지만, 그렇기에 더욱 주도면밀한 첩보원이었다. 변수가 너무 많았다.

파리하는 평저선을 바라보았다.

무공을 모르는 건장한 뱃사공 세 명이 배를 몰고 있었고, 화물을 실을 신실 겸 창고는 빗장으로 단단히 잠겨 있었다.

파리하는 차분히 말했다.

"평저선을 조사해 볼까?"

화물선치고는 적재량이 적은 것이지, 사람 하나 가두고 숨기는 것은 일도 아니었다.
　거기에 장정 셋이라면 무공을 모르는 아녀자의 납치범이 되기에 충분하지 않겠는가?
　"염천은 수운에 쓰이기엔 너무 얕다. 조운선(漕運船)일 가능성이 크다."
　농가 입장에서는 굳이 현금화를 거쳐 돈으로 세금을 내는 대신, 추수한 곡식을 현물로 내는 편이 여러모로 간편했다.
　그러나 반대로 말하자면, 관아 입장에서는 가을 무렵에만 잠깐 쓰이는 수송선을 한해 내내 묶어 둘 이유가 없었다.
　"평저선은 민간 선박이다. 대개 가을에만 관아의 하청을 받는 민간 선박."
　"물 위의 표국이나 마찬가지로군."
　"그래."
　표국집 아들은 건조한 목소리로 말했다.
　"문제가 생기면 무림인 대신에 관원을 부를 가능성이 높은 상인들이지."
　"하지만, 모든 평저선이 조운선으로 일하는 것은 아닐 텐데?"
　"조심할 필요 정도는 있지."
　무림인들이야 상대방이 강하면 물러나기라도 하지, 관원들은 무림인 무서운 줄을 몰랐다.

아마도 절차대로 행동할 것이고, 결과대로 보고할 것이다.
언젠가, 맹목개의 책상 위에 보고서가 놓일 때까지…….
"동방 놈들이란……."
파리하는 투덜 거렸다.
난입은 포기한 모양이었다.
"도망친 거면 쫓을 도리가 없으니 포기한다 치고, 만약 납치라면 어떻게 하지?"
"피해자를 쫓을 도리가 없으니 범인을 쫓아야겠지."
"그래. 문제는…… 그게 누구냐는 거지."
장평과 파리하가 상생에 대해 아는 것은 염천교에 산다는 것뿐이었고, 염천교에 대해 아는 것은 상생이 산다는 것뿐이었다.
정보가 필요했다. 상생. 혹은 염천교의 현황에 대한 정보가.
"……."
답은 분명했다. 문제는, 그 답이 마음이 들지 않는다는 점이었다.
"……다른 방법은?"
"없는 것 같군……."
장평과 파리하는 한숨을 내쉬었다.

* * *

나룻터는 많은 것을 겸하고 있었다.

여객선들이 정박하는 곳이자, 상선들이 보급품과 화물을 싣고 내리는 곳이었다.

그러나, 염천 나룻터의 터줏대감은 어선들이었다.

어선이 어창(魚艙)을 여는 것과 동시에 즉석에서 경매장이 열렸고, 빠르게 팔려나간 씨알이 굵고 값나가는 생선들은 각지의 주방으로 옮겨졌다.

작거나 인기 없는 생선들은 내장을 따고 손질하는 아낙네들의 손을 거친 뒤 소금에 절여져 젓갈이나 어포 공방으로 옮겨지곤 했다.

시끄럽고 혼잡한 곳이었고, 주변이 시끄러우니 언성도 높아질 수밖에 없었다. 언성이 높아지니 더 시끄러워지는 곳이기도 했다.

조업을 마친 장년의 어부 포용립 또한 물가에 쪼그리고 앉아 생선들을 분류하고 있었다.

"비린내가 심하군……."

한숨을 내쉰 포용립은 그는 옆에서 일하던 동료 어부를 보며 말했다.

"방 형. 이거 적당히 팔아 주시오."

"무슨 일 있나?"

"손님이 왔소."

손을 씻은 포용립은 식칼을 든 채로 몸을 돌렸다. 착잡한 표정의 포용립이 어느 으슥한 골목으로 들어서자, 그에게 시선을 보냈던 두 사람이 기다리고 있었다.

"마교도인가?"

장평은 고개를 끄덕였다.
"예. 백리 대협."
"……장평."
백리흠은 목소리를 듣자마자 모든 것을 눈치챘다.
"풍문대로 정말로 마교도가 된 모양이로군."
"원치 않던 일이지만, 이렇게 되었습니다."
"옆 사람은 혼돈대마겠지?"
"그렇다."
백리흠은 식칼을 든 채로 물었다.
"여긴 무슨 일로 온 거지?"
"……."
장평은 드물게도 난처함을 느꼈다.
'백리흠은 가족을 되찾기 위해 모든 것을 바쳤고, 가족들과 살기 위해 모든 것을 버렸다.'
평생 손바닥 위에서 춤춰야 했던 불운한 이에 대한 최소한의 동정심이었다.
'그런 그에게, 그가 사랑하는 아내는 사실 그를 속이고 감시 중인 무감정한 첩보원이었음 밝혀야만 한단 말인가? 백리흠이 쟁취한 모든 것을 부숴 버리면서까지, 이들을 이용해야 한단 말인가?'
장평이 머뭇거리자, 보다못한 파리하가 말했다.
"네 아내가 도망쳤다. 아니면 납치되었거나."
"……."
백리흠은 이를 악물었다.

"네놈들 짓인가?"

"아니다."

파리하는 퉁명스레 말했다.

"우리는 무공도 모르는 아녀자를 놓칠만큼 무능하지 않다."

"……그래서. 무슨 말을 하려는 거지?"

"만약 납치된 거라면, 네 아내를 되찾는 일을 돕겠다."

"도망친 거라면?"

"왜 그렇게 생각하지?"

파리하는 여유로운 미소를 지었다.

"평범한 애엄마인 민간인이, 우리들을 상대로 도망칠 이유나 능력이 있다고 생각하나?"

"이유도, 능력도 충분하지. 내 아내는 황궁에서 양성한 특수요원이니까."

그 순간, 장평은 크게 놀라 백리흠을 바라보았다.

"백리 대협……?"

장평은 백리흠의 간절함을 똑똑히 목격했다. 그는 그야말로 일생을 바쳐 가족들을 되찾았고, 평온한 삶을 위해 모든 것을 포기했다.

"……알고 있었던 겁니까?"

그 모습을 보며, 장평은 모략가들의 냉정함에 치를 떨곤 했었다. 사랑을 위해 모든 시련을 감내하는 백리흠에 대한 동정심과 함께.

"알면서도 사랑했던 겁니까?"

장평은 몇 번이고 진실을 말해 줄까 고민했지만, 결국 그러지 않았다. 그에게 자유를 안겨주는 마지막 순간까지도, 차마 진실을 말하지는 못했다.

그러나, 정작 그 당사자가 이미 알고 있었을 줄이야.

"언제부터 알고 계셨던 겁니까?"

"처음 만난 순간부터 짐작했네. 좀 더 정확히 말하면, 그날 밤 몸을 섞는 순간부터."

백리흠은 담담한 목소리로 말했다.

"몸은 처녀인데 행동은 농염하더군. 처녀와의 첫날 밤에서 남녀 둘 다 꿈결 같은 만족감을 느끼다니. 그야말로 음담패설에서나 가능한 비현실적인 일이 아닌가."

"남녀가 몸을 섞으면 둘 다 만족하는 것이 정상 아닌가?"

파리하가 고개를 갸웃거리자, 장평은 그녀에게 전음을 날렸다.

〈야설 좀 그만 봐라. 노처녀.〉

전직 난봉꾼은 뚱한 표정의 파리하를 외면하며 물었다.

"그걸 알면서, 어째서……?"

"사랑하게 되었으니까."

"그녀와의 모든 것이 미인계에 불과하다 하더라도요?"

마교가 미지의 신비조직이던 시절. 무림맹 첩보부는 마교의 정체를 밝히기 위해 첩자를 보내곤 했다. 백리흠 또한 그 중 하나였고, 상앵은 변절을 위한 안전장치였다.

"내 곁에 잠든 그녀를 보며 깨달았지. 너무 늦었다는

것을. 그녀는 이미 내 삶의 일부라는 것을 인정해야만 했네……."

"전형적인 미인계로군요."

장평은 담담한 목소리로 말했다.

"나름대로는 경계하고 있던 사내가 결국 마음을 빼앗겼다는 점까지 포함해서요."

"그래. 나도 알고 있었네. 멈춰야 한다고 몇 번이고 다짐했지. 하지만…… 너무 늦은 뒤였네."

백리흠은 장평을 바라보았다.

"그녀가 날 사랑할 수 없다면, 내가 그녀를 사랑하면 되네. 감시를 위해 내 곁에 있다면, 감시 당하면 되네."

"거짓말로 엮인 가짜 가족에, 이 모든 것을 감수할 가치가 있는 겁니까? 지금껏 쌓아 온 지위와 무공은 물론, 앞으로의 삶을 내던질 가치가?"

"있네."

백리흠은 단호하게 말했다.

"그녀는 나를 남편이자 아버지로 만들어 주었으니까."

"……그렇군요."

장평은 마침내 납득했다.

'서수리.'

서수리는 몸을 섞을 때마다 장평을 만족시켰지만, 쾌락이 잦아드는 순간에 느껴지는 것은 쓸쓸함이었다. 두 남녀를 잇는 것은 사랑이 아니고 사랑일 수 없다는 사실에 장평은 착잡함을 느끼곤 했다.

'어쩌면, 우리 또한 이리 될 수도 있었겠지.'

선을 그을 수 있던 것은, 남궁연연과 용윤 덕분이었다. 정인이 있고 아내가 있기에 장평은 선을 넘지 않았고, 서수리 또한 그 사실을 알기에 선 앞에서 발을 멈추었다.

장평은 착잡한 목소리로 말했다.

"대협께서는, 너무 멀리 가셨군요."

"그래. 돌아오기엔 너무 멀리까지 와 버렸지."

백리흠은 쓸쓸한 표정으로 말했다.

"내 삶에, 내 목숨보다 소중한 것들이 둘이나 더해졌으니……."

잠시, 침묵이 흘렀다.

한 사내가 자신의 삶을 회고하며 사랑에 대한 마음을 되돌아보는 깊고 진한 상념의 시간이.

"……그래서."

파리하는 뚱한 표정으로 말했다.

"옛날 얘긴 언제까지 할 거야?"

"응?"

"응은 무슨 응이야?"

파리하는 발끈했다.

"없어진 사람 신경 쓰는 건 나밖에 없어? 이 자리에 나밖에 없는 거야?"

"아, 맞다."

장평이 머쓱한 표정을 짓자, 백리흠은 물었다.

"그래. 그러고 보니 자네들은 무슨 일로 여기까지 온

건가?"

"황궁으로 연결되는 첩보망을 복구하려고 왔습니다."

"청소반의 연락망을 통해서?"

"예."

"청소반과 협력하겠다고? 마교도의 전언은 아예 듣지도 않을 것 같은데?"

"그건 제가 알아서 하겠습니다. 상생 부인을 찾아 주시기만 하면 됩니다."

장평은 추적 결과에 대해 간략히 설명했다.

"냄새로 뒤를 쫓던 도중에 염천에서 끊겼단 말인가?"

"예."

"그러고 보니 딸아이가 간밤에 이불에 지도를 그려서 이불을 빨아야 한다고 했었지……."

장평은 미묘한 표정을 지었다.

'진짜로 오줌 냄새였군……'

* * *

장평은 물었다.

"짐작 가시는 바가 있으십니까?"

"무림인들은 아닐 걸세. 내 주변에는 보는 눈이 너무 많네."

파리하는 비웃었다.

"촌놈들이 뭘 보겠어? 옹이구멍 채워 두려는 눈깔들인데."

"……촌놈들?"

백리흠은 쓴웃음을 지었다.

"아, 그렇군. 모르고 있던 거였군."

"무엇을 말이오?"

"자네들은 정말로 내가 자유를 얻었다고 생각했던 건가? 아무도 모르는 곳에서 유유자적 살고 있는 거라고?"

"아닙니까?"

"아닐세. 나는 그저 가족들과 함께 투옥되었을 뿐. 여전히 갇혀 있는 거라네."

"누구에게요?"

"황궁에서 수련한 요리사들은 아까운 줄 모르고 양념을 펑펑 퍼부어대는 성향이 있지. 동창에서 파견한 박 숙수처럼."

"……!"

장평은 흠칫 놀랐다.

"시골 밥집은 단골 장사라네. 손님의 자존심을 건드려 돈으로 찍어 누르도록 유도하는 것은 번화가의 고급 기루에서나 먹힐 영업방식이지. 하오문에서 급히 사람을 보내느냐고 시골 경험이 없는 점소이를 보낸 모양일세."

"……더 있습니까?"

"이미 천자문을 뗀 아들을 굳이 학당으로 보내는 학부모? 딱 봐도 뱃놈과는 거리가 멀어 보이는 내게 유난히 잘해 주는 어부? 내가 잡은 고기는 묘하게 후한 값으로 쳐주는 어포장수?"

장평은 자신의 질문이 틀렸음을 깨달았다.

"대체 얼마나 많은 이가 백리 대협을 감시하고 있는 겁니까?"

"다섯 명까지 세고 그만두었네. 더 세봤자 심란하기만 하니까."

"하지만…… 백리 대협은 무공을 폐하고 금분세수까지 했잖습니까."

백리흠은 가족을 되찾기 위해 모든 것을 잃었다. 그럼에도 불구하고, 그는 아직도 붙들려 있는 것이었다. 의심을 의심으로 끝낼 수 없는 사람들의 의심 속에서…….

"나는 도와달라고 말한 것이 아닐세."

장평이 뭔가를 말하려던 순간, 백리흠은 담담한 표정으로 말했다.

"현 상황을 설명했을 뿐이니, 그냥 정보로서 들어주게나."

"……무림인이 아니라면 대체 누가 이런 짓을 벌인 겁니까?"

그때, 파리하가 벽에 붙어 있는 벽보를 발견했다.

"장평. 저거."

근방에서 보쌈꾼이 돌아다니는 모양이니 아녀자들을 홀로 내보내지 말라는 관아의 방문이었다.

"보쌈꾼……!"

백리흠이 침음성을 삼키자, 장평은 물었다.

"보쌈꾼이 뭡니까?"

"시골의 젊은 여자들을 납치해서 다른 지방에서 팔아 치우는 인신매매범들일세."

법은 멀고 칼은 가까우니, 대부분의 백성들은 스스로를 지켜야 했다. 불행한 일이었지만, 어디서나 일어나는 일이기도 했다.

"흔한 잡범이로군요."

대부분의 경우, 지나가던 무림인. 특히 무림초출의 신진고수가 멋들어진 칼춤으로 해결하는 것이 일반적인 사례였다.

"이놈들은 좀 다르네."

"어떤 점이 다릅니까?"

"아직 살아 있다는 점이."

확실히, 이상한 점이었다.

엉덩이가 무거운 관아에서 나설 정도로 피해자가 많으면서도, 아직까지 무림인들에게 발각되지 않았다니.

"……어떻게 아직까지 안 잡힌 거지?"

납치 자체는 그리 어려울 것 없었다. 적당한 곳에서 기회를 엿보다가, 보는 눈이 없을 때 보쌈하면 그만이었다.

문제는 도망치는 것이었다.

길을 따라 돌아다니는 자들. 최소 한 명 이상의 아녀자를 끌고 다니는 집단이 눈에 띄지 않는 것은 불가능에 가까웠다.

장평이나 파리하조차도 이동 경로의 대부분을 험지 돌파로 해결하는 판이었으니까.

"남들 눈을 피해서 이동할 방법이 있는 건가?"
"남들 모르게 이동……?"
그 순간, 파리하는 흠칫 놀라며 말했다.
"배. 장평. 배!"
"뭐?"
"빗장 걸린 평저선!"
장평 또한 깨달았다.

조금 전, 그가 보았던 수상한 평저선의 창고에는 두툼한 빗장이 걸려 있었다는 것을.

화물에 발이 달린 것도 아닌데, 창고 밖에서 문을 잠글 이유가 무엇이겠는가?

발 달린 화물을 가둬 둔 것이 아니라면?

그들이 다급히 강변으로 달려가자, 저 멀리에 평저선이 멀어지는 모습이 보였다.

"저놈들인가……?"

그 배를 본 식칼을 쥔 백리흠의 손이 부들부들 떨렸다.

"보쌈꾼이 맞소?"
"쫓아가서 창고를 따보면 알겠지."
장평과 파리하가 경공술을 펼치려는 순간.
백리흠은 두 사람을 제지했다.
"끼어들지 말게."
"건장한 뱃사공만 셋이었고, 더 있을지도 모릅니다."
"그렇겠지. 하지만, 끼어들지 말게."
잠시 침묵하던 장평은 고개를 끄덕였다.

"가십시오."

그 순간, 백리흠은 식칼을 움켜쥐고 내달리기 시작했다.

"보쌈꾼이야! 보쌈꾼이 나타났다!"

그가 고래고래 소리를 지르며 달려가자, 마을 사람들은 깜짝 놀라 주변을 돌아보았다.

"뭐? 보쌈꾼?"

"그 망할 것들이 우리 동네까지 왔다고?"

마을 사람들은 잡히는 대로 몽둥이며 낫 등을 집으며 쫓아오기 시작했다.

"보쌈꾼 잡아라! 보쌈꾼이다!"

"다들 나오라고 해! 관아에도 알리고!"

마을 사람들이 뒤늦게 몰려가는 와중에, 백리흠은 어느새 평저선 근처까지 다가간 상태였다.

"감히 내 마누라를 건드리다니, 회를 떠서 어포로 만들어 버리겠다!"

전력질주와 분노로 얼굴이 붉어진 그의 모습은, 그야말로 악귀와도 같았다.

"어? 어어?"

질겁한 뱃사공들은 굵직한 장대를 휘둘렀다.

딱!

제대로 맞는다면 사람의 머리 정도는 부술 법한 묵중한 일격이었다. 그러나 백리흠은 내공을 잃었다지만, 절정고수였던 몸.

"네깟 놈들에게 뺏기려고 되찾은 마누라가 아니다!"

장대를 밟고 달려간 백리흠은 마침내 갑판 위에 뛰어올랐다.

"뭐야 저거?!"

"무림인인가?!"

터턱!

백리흠이 내려앉은 충격에 작은 평저선의 선체가 흔들렸다. 안 그래도 물기로 미끄러운 갑판.

뱃일에는 서툰 백리흠은 본능적으로 발을 멈추고 균형을 잡았다.

흔들림에 익숙한 뱃사공들에게는 기회였다. 그들은 손에 잡히는 대로 아무거나 내던졌다.

"지금이다!"

"던져! 아무거나 던져!"

백리흠에게는 불행히도 그 안에는 그물도 있었고, 반쯤 펼쳐진 그물은 백리흠의 두 다리를 휘감았다.

"억?!"

다리가 묶인 백리흠은 그 자리에 벌렁 넘어졌고, 뱃사공들은 몰려들어 백리흠을 때리고 짓밟았다.

"덜떨어진 촌놈이, 우리가 누군지는 알고 덤비는 거냐?"

"죽여! 죽여버려!"

백리흠은 발길질과 곤봉에 흠씬 얻어맞으면서도 가장 가까운 놈의 다리를 붙잡고 있는 힘껏 깨물었다.

"악! 이 미친놈이 내 다리를 물었어!"

"미친놈아! 놔! 놓으라고!"

팬다고 해결될 일이 아님을 깨달은 뱃사공들은 백리흠의 식칼을 주워 들었다.

"놔! 안 놓으면 뒤진다?"

백리흠은 맞으면 맞을수록 더 억세게 깨물었다. 결국 깨물린 뱃사공은 칼을 든 동료에게 외쳤다.

"이 미친놈 배때지를 쑤셔 버려!"

그 모습을 지켜보던 파리하는 고개를 설레설레 내저었다.

"눈이 썩을 것 같은 싸움이군……."

그녀는 손가락을 장전했다. 은밀하게 지풍을 쏘아 도와주려는 것이었다.

그러나, 장평의 손이 그녀의 손가락을 가로막았다.

"왜? 네 친구 맞아 죽는 꼴 지켜보려고?"

내공이 없는 이상, 일방적으로 두들겨 맞을 수밖에 없는 상황이었다.

그러나 장평은 묵묵히 지켜보기만 할 뿐이었다.

"……난 모른다."

파리하는 한숨을 내쉬며 손가락을 풀었다.

그 사이, 식칼을 든 뱃사공은 백리흠의 몸에 연거푸 식칼을 내리찍었다. 그러나 백리흠은 몸을 이리저리 움직여 급소 대신 큰 근육으로 안전하게 칼날을 받아냈다.

"아오. 웬 미친놈이야, 이거?!"

그 순간이었다.

텁!

물에 흠뻑 젖은 마을 사람들이 하나둘씩 갑판 위로 올라왔다.

"……?!"

뱃사공들이 노를 놓았는데, 배의 속도가 여전할 수야 없는 법. 안 그래도 잔뜩 벼르고 있던 마을 사람들은 순식간에 뱃사공들을 포위했다.

"포 형! 괜찮소? 정신 좀 차려 보시오!"

그리고 백리흠은 눈이 풀리고 피범벅이 된 상태에서도 뱃사공의 다리를 문 채였다.

주변에서 몸을 흔들자, 백리흠은 그제서야 정신줄을 잡고 입을 열었다.

"창고…… 마누라……."

사람들은 창고의 빗장을 열었다. 역시나 그 안에는 아녀자들이 묶여 있었고, 그들 중에는 이미 자력으로 결박을 푼 상앵 또한 있었다.

"상공!"

그녀는 다급히 백리흠에게 달려갔고, 피투성이가 된 백리흠의 얼굴을 어루만졌다.

"왜 이랬어요? 죽기라도 하면 어쩌려고요!"

백리흠은 엉망이 된 얼굴로 헤벌쭉 웃었다.

"우리 마누라는…… 남 주기엔 너무 미인이라서……."

"멍청이……!"

잔뜩 움츠러든 채 눈알을 굴리는 뱃사공들을 보며 마을

사람들이 천천히 다가갔다.
 겁먹은 뱃사공은 외쳤다.
 "우, 우리 뒤에 누가 있는 줄 알아? 우리는 하오문도야!"
 마을 사람들은 하오문을 잘 몰랐다.
 또 다른 뱃사공은 다급히 말했다.
 "자수하겠소! 이대로 관아에 데려가시오!"
 마을 사람들은 법을 잘 몰랐다.
 그러나, 그들이 잘 아는 것도 있었다.
 "너희들, 회 좋아하냐?"
 "그건 왜 묻소?"
 "지금부터라도 좋아하라고……."
 식칼의 칼날이 번쩍였다.
 뼈만 남기고 살점을 발라내는 것이 직업인 사람들의 손에서.
 "……으. 야만인들."
 악명 높은 대마두 파리하조차도 차마 더는 보지 못하고 눈을 돌렸다.
 "회를 먹을 때마다 기억날 것 같은 장면이로군."
 장평은 무심한 표정으로 말했다.
 상앵과 다른 사람들의 부축을 받으며, 백리흠은 미소 짓고 있었다.
 승자의 미소를.

* * *

그날 밤.

모두 잠든 늦은 밤에, 촛불 하나가 단칸방을 밝히고 있었다.

붓고 멍들어 엉망이 된 얼굴의 백리흠의 머리맡에서, 상생은 정성스럽게 그를 돌보고 있었다.

깜빡.

미미하게 촛불이 흔들리는 순간, 벽의 그림자들이 흔들렸다.

상생은 조용히 말했다.

"오셨군요."

장평과 파리하였다.

장평은 곤히 잠든 백리흠의 얼굴로 눈을 돌렸다.

"여분의 금창약이 있소."

"무림인의 금창약은 약효가 빠르죠. 마교의 약이라면 더욱 그럴 테고요."

"거절하는 거요?"

"예."

상생은 조용히 고개를 끄덕였다.

"의심 많은 사람들이 의심을 더할 빌미를 주고 싶지 않네요."

"……감시당하는 것을 알고 있었소?"

"예."

장평은 그녀를 바라보았다.
"도망칠 수도 있었을 텐데."
"도망친들 어디로 가겠어요. 언제인들 우리가 자유로워지겠어요."
상앵은 젖은 수건으로 백리흠의 얼굴을 조심스럽게 닦아 주었다.
"상공과 함께하고 싶은 것이 많아요. 상공에게 해 주고 싶은 것도 많고. 도주행 같은 잿빛의 삶이 아닌, 소박하더라도 다채롭게 상공의 삶을 칠해 주고 싶어요."
상앵은 희미한 미소를 지으며 말했다.
"그것이, 최소한의 보은이자 속죄일 테니까요. 무책임하게 한 사내의 인생을 망친 죗값을 치를 유일한 길이요."
"……알고 있었구려."
백리흠을 보는 따스한 상앵의 눈길을 보며, 장평은 깨달았다.
"백리 대협이, 부인의 정체를 안다는 것을."
"그게 문제였죠."
상앵은 착잡한 표정으로 말했다.
"속은 걸 알면서도 사랑한다니. 미인계 요원에 불과한 저를 위해 모든 것을 내주다니. 이런 남자를 어떻게 사랑하지 않을 수 있겠어요?"
"그를 사랑한다고 생각하는 거요?"
"떨어져 지내는 시간에는 눈앞에 떠오르고, 같이 있는

시간에는 아무 생각도 들지 않아요. 손바닥은 거칠지만 손길은 부드럽고, 상공이 웃는 모습을 보면 나도 모르게 웃고 있어요."

 상앵은 고개를 돌려 장평을 바라보았다.

"이 감정이 사랑이 맞는지는 모르겠지만, 설령 사랑이 아니라도 상관없어요. 사랑이 아닌 무언가를 품은 채 상공 곁에 있을 테니까요."

"……백리 대협은 참으로 대단한 남자요."

 장평은 백리흠을 바라보았다.

"이렇게 다칠 필요까지는 없었소. 내게 맡기면 한주먹에 해결할 수 있는 문제였소."

"하지만 그러지 않았죠."

 평생 누군가의 꼭두각시로 살아 온 사내는, 더 큰 싸움에 휘말리는 것이 어떤 것인지 잘 알고 있기 때문이었다.

 보쌈꾼들을 물리치기 위해 장평의 힘을 빌리면, 장평의 싸움에 엮이게 된다는 것을.

 그렇기에 백리흠은 평저선 위로 향했다.

 그가 감당해야 하는 싸움을 치르기 위하여.

"그가 이겼소. 악순환을 끊었소."

 장평은 차분한 목소리로 말했다.

"덕분에, 맹목개의 눈을 피할 수 있었소."

 지금, 맹목개는 장평의 행적을 놓친 상태였다. 하지만, 하필 백리흠이 머무는 장소에서 정체불명의 고수가 나타난다면? 그 정체불명의 고수가 하필이면 청소반 소속인 상생을 도와준다면?

단번에 장평임을 파악한 맹목개는 청소반을 견제하고 감시할 것이었다.

"그가 대비하지 못한 일격을 날릴 기회를."

아무것도 모르는 지금의 그가, 장평이 청소반과 접촉하는 것을 막을 수 없듯이.

"청소반에 전할 말이 무엇인가요?"

백리흠이 싸운 덕분에. 그리고 장평이 싸우지 않은 덕에 쟁취한 단 한 번의 기회였다.

"나는 이제부터 첩보망을 재건할 거요. 마교의 잔당과 내 인맥을 섞은 독자적인 첩보망을. 북경의 청소반에게 출발점이자 거점이 되어 달라고 전해 주시오."

"그 대가는요?"

"서수리에게 전해 주시오. 내 가설이 틀렸다고. 되찾으려 할 때마다, 빼앗겼다는 사실만을 되새길 뿐이라고."

"그럼, 어떻게 해야 하나요?"

"반대로 했어야 했소."

장평은 차분히 말했다.

회귀자의 메아리로 시작한 그가, 한 사람으로 거듭나며 쟁취한 것들을.

"없는 것은 없다고 인정하고, 잃어버렸음을 받아들여야 하오."

"평생의 목표를 포기하는 것은 쉽지 않은 일이에요. 꼭 그래야만 하나요?"

각인되어 있던 백면야차에 대한 증오심 대신, 회귀에 대한 집착을 뛰어넘은 지금의 그를 이끄는 하나의 답을.
"포기해야 끝낼 수 있고, 끝을 내야 시작할 수 있소."
"무엇을요?"
메아리였던 사내는 부서진 자들에게 말했다.
"다시 시작하는 것을."

* * *

〈다시 시작해라.〉
패배한 반역자가 말하고 있었다.
〈잃어버린 것들을 포기하는 것부터.〉
자신이 틀렸으니, 지금부터라도 다시 시작하자고. 자신을 도와 역적이 되어달라는 말을 뻔뻔스레 염치도 없이 늘어놓고 있었다.
"……다시 시작하라고?"
어두운 지하실. 오직 청소반만이 알고 있는 비밀통로의 끝에서, 서수리는 이중 암호로 적힌 서신을 접었다.
증오할 수 없다는 것은 불편한 일이었다.
만약 가능했다면, 그녀는 분명 장평에 대한 증오와 배신감에 이끌려 이 서신을 구겨 버렸을 테니까.
"포기하는 것부터, 다시 시작하라고?"
서수리는 웃었다.
역설적이지만, '아무것도 없다'는 것은 청소반이 지닌

유일한 정체성이기도 했다.

하지만 지금, 장평은 그마저도 포기하라 말하고 있었다. 다시 시작할 수 있으니 다시 시작하라고.

"정말이지…… 장평답네……."

서수리는 서신을 보며 잠시 생각에 잠겼다.

충신으로서, 반역자가 보낸 서신을 처리하는 방법은 명확했다. 상부에 이 서신을 전달하고, 반역자의 역추적에 협조하는 일이었다.

"내가 받아선 안 될 편지를 보내다니."

서수리는 촛불에 서신을 태웠다.

이 서신은 여기에 도착해서는 안 되었다.

상생은 이 서신을 써서는 안 되었고, 보냈다 해도 검열을 통과해서는 안 되었다.

하지만 도착했고, 읽었다.

"오기 전에 막았어야지. 맹목개."

그렇다면, 이 또한 천명이리라.

그녀가 이 짧은 글귀에 선동되어 역심을 품는 것도, 맹목개가 치러야 할 대가이리라.

"이 편지를 받지 못하게 막았어야지."

만약 이 편지를 받기 전에 증오할 수 있었다면, 장평을 증오했을 것이다.

"너 혼자서만 자유를 누릴 생각이었다면. 네 주인을 위해 우릴 버릴 거라면, 끝까지 막아냈어야지!"

하지만 그녀의 증오는 편지를 읽은 순간부터 빚어지고

있었다. 그들의 발밑에서부터, 아무도 모르게 복수심이 타오르기 시작했다.

"백면야차는…… 죽어야 한다……!"

사람의 마음은 계산대로 되지 않는 법. 불변의 충성을 탐한 권력자들은 백화원을 세워 감정이 거세된 자들을 양성했다.

그들은 현명했고, 그들의 경계심은 합리적이었다.

우려했던 일이, 실제로 일어났으니까.

"용태계의 파멸이야말로, 맹목개에 대한 최고의 복수일 테니까!"

증오가 이성을 넘어서는 순간이.

* * *

후회는 인간의 본성이었다.

이뤄지지 않은 희망의 흔적이며, 실패한 가능성의 잔해였다.

희망을 품는 한, 꿈을 꾸는 한. 사람의 마음에서 후회만을 도려낼 수는 없었다. 늘 함께하며 마주해야 하는 것이었다.

〈후회의 여지 없는 완벽한 삶을 살면 되잖아?〉

백면야차 용태계. 인세를 걷는 신은 신의 관점으로 후회를 다루려 하고 있었다.

천 번이고 만 번이고 다시 시작해, 무량대수를 넘어설

삶의 모든 분기점을 겪어보려 하고 있었다.

〈후회를 넘어, 다시 시작해라.〉

장평. 현재를 살고 있는 회귀자의 메아리가 택한 것은 포기였다.

신과 동등한 존재가 되는 것을 포기하고, 인간을 초월한 존재가 되는 것도 포기했다.

후회를 후회로 남겨 두기로 한 필멸의 인간은, 이제 자신만의 답을 품은 채 백면야차 용태계를 마주 보고 있었다.

무림맹주이자 황제의 섭정이 다스리는 적지의 심장에, 마침내 첫수를 놓았다.

청소반이라는 암흑 속의 비수를.

* * *

"그래서."

파리하는 장평을 바라보았다.

"청소반이 배신하면 뭐가 바뀌는데?"

청소반은 항명한 백화요원의 비밀결사. 명령체계에서 이탈한 첩보원들로 이뤄진 비밀스러운 조직이라고는 해도, 한계 또한 명확했다.

"걔들은 숫자도 적은 데다가, 관할 구역도 북경밖에 못 없지 않아?"

"맞는 말이다. 적고 좁다는 것이 청소반의 한계지."

백화원은 동창의 하위 조직. 기반인 백화요원 자체도 그리 많지 않은 데다가, 탈주하는 이들은 백화요원의 일부에 불과했다.

　동창이나 금의위처럼 직접적인 명령권을 지닌 것도 아니고, 개방이나 하오문처럼 방대한 첩보망을 지닌 것도 아니었다.

　자기들이 주도적으로 뭘 할 능력은 없다고 봐야 했다.

　"잘해 봐야 연락망을 교란하거나 정보를 오염시키는 것 정도밖에 못 하겠지."

　"그런데?"

　"그들은 북경 안에서라면, 연락망을 교란하고 정보를 오염시킬 수 있다."

　장평은 자신만만한 미소를 지었다.

　"백면야차가 머무르고 있는 북경 안에서!"

* * *

　안개.

　서류의 산을 앞둔 맹목개가 문득 느낀 것은, 새벽을 맞은 길거리에 안개가 자욱히 깔려 있다는 것이었다.

　'안개?'

　지금의 맹목개는 사실상의 황제인 섭정 용태계의 참모이자 책사였다.

　동창. 금의위. 개방. 하오문. 백화원. 첩보부.

천하의 모든 첩보가 그의 방으로 흘러들었고, 중원의 모든 일을 파악한 맹목개는 몇 장의 명령서와 지령으로 무림 전체를 감시하고 통제할 수 있었다.

적어도 어제까지는.

'안개라고……?'

맹목개의 머릿속. 정보들로 그려진 풍경에 점점 안개가 끼기 시작했다.

왠지 모르게, 어딘지 모르게 그의 시야에 벗어난 사각지대가 생기기 시작했다.

'……이게 어떻게 된 거지?'

맹목개는 침착하게 자신의 현황을 진단했고, 어렵지 않게 오류의 원인을 파악했다.

'오염이다. 유입되는 정보들이 혼탁해지고 있다.'

상충 되는 첩보와 모순된 정보들이 눈에 띄게 늘어나고 있었다. 벌어지는 현장의 실수나 보고 과정에서의 착오를 훨씬 넘어서는, 의도적인 공작이었다.

'누군가가 정보전을 걸어 온 것이다.'

문제가 무엇인지 명확해졌다.

그러나, 문제는 바로 그것이었다.

'……대체 누가 이런 짓을 벌이는 거지?'

* * *

"한 줌의 청소반으로 정보전을 걸겠다고?"

파리하는 미간을 찌푸렸다.
"중원의 모든 첩보조직을 틀어쥔 맹목개를 상대로?"
"청소반은 그럴만한 저력이 있는 조직이다."
최측근을 양성하는 백화요원은 인재들만 골라 뽑았고, 그들 중 회의를 품고 탈주한 자들이 청소반이었다.
재능과 실력. 거기에 노련함까지 겸비한 최정예 첩보집단이었다.
"무엇보다도, 신뢰받고 있었지."
배신이 일상인 첩보계에서, 결코 배신하지 못하는 백화요원은 안심하고 요직에 배치할 수 있었다.
"요직일수록 치명적인 급소. 그들은 눈에 익은 옛 직장을 휘젓고 다닐 수 있는 거다."
파리하는 미심쩍은 표정으로 물었다.
"그들의 역량에 대해서는 의심의 여지가 없지만…… 아무리 그래도 숫자가 너무 부족하지 않나?"
"아니. 부족하지 않다. 충분하고도 남지."
"……중원 전체의 첩보기관을 청소반 단독으로 교란시킬 수 있다고?"
"중원의 첩보기관 전체를 상대할 수는 없다. 그럴 필요도 없고."
"필요가 없다고?"
"그래. 내가 노리는 것은 첩보망 너머에 자리 잡은 유일한 통제자."
장평은 사나운 미소를 지으며 말했다.

"백면야차의 두뇌, 맹목개뿐이니까."

* * *

안개들이 피어오르고 있었다.

손바닥처럼 훤하던 천하를, 안개들이 스멀스멀 덮어가고 있었다.

'누구지?'

맹목개는 초조한 눈빛으로 주변을 돌아보았다. 이런 짓을 벌일 사람도, 벌일 수 있는 사람도 천하에 단 하나뿐이었다.

'장평. 너라는 것은 알고 있다.'

저 멀리서 장평의 그림자가 아른거렸다.

천하라는 바둑판을 사이에 두고, 맹목개와 수싸움을 벌이는 존재가.

'대체 누굴 쓴 거냐?'

그럼에도 불구하고, 맹목개는 혼란스러워 할 수밖에 없었다. 천하라는 바둑판 위에 장평이 둔 수. 맹목개의 정보망을 오염시키는 한 수가 무엇인지 알 수 없었기 때문이었다.

'어디서부터 오염된 거지?'

맹목개는 초조한 얼굴로 주위를 두리번거렸다.

'개방? 하오문? 금의위? 동창? 청소반? 무림맹 첩보부?'

백면야차의 두뇌로서, 맹목개는 천하의 모든 정보집단을 통제하고 있었다. 모든 집단은 모든 정보를 보고하고 있었다.
　'장평이 수를 쓰고 있다는 것은 분명한데.'
　그게 문제였다.
　'……대체 어디서부터 점검해야 하는 거지?'

* * *

　"맹목개는 중원 전체의 정보조직들을 통제하고 있지."
　장평은 사나운 미소를 지었다.
　"그 혼자서."
　"혼자라는 점을 노린 거로군."
　"그래."
　백면야차가 마각을 드러내기 전, 제국과 무림맹의 첩보를 총괄하던 것은 미소공주 용윤이었다.
　"중원 전체의 첩보망은 혼자서 맡을만한 일이 아니지."
　그러나 그 당시에도 용윤이 직접 지휘하던 것은 무림맹의 첩보부 정도였고, 동창과 금의위는 인력만 차출하는 정도였다.
　지휘체계 자체가 존재하지 않는 하오문은 그냥 감시나 하는 정도였고, 협조적인 개방의 정보력은 맹목개의 지휘 아래 감사와 감찰에 주력하고 있었다.
　"하지만, 백면야차는 혼자일 수밖에 없고."

용윤은 황제가 직접 밀어주는 최고위 황족임에도 불구하고, 동창과 금의위를 지휘하려 들지 않았다.

그럴 능력도 없거니와, 동창 제독과 대영반이 있는 이상 그럴 필요도 없기 때문이었다.

"맹목개도 혼자일 수밖에 없다."

이론상, 최소한 다섯 명 이상의 관리자가 필요했다. 하다못해 맹목개가 맡고 있던 감사 업무만이라도 누군가에게 맡겨야 했다.

"미친 파괴신이 믿을 수 있는 것은 마찬가지로 미쳐버린 노예 하나뿐."

하지만, 대체 누구에게 맡기겠는가?

"누가 있어 그들의 광기에 동조하겠는가?"

장평은 사납게 웃었다. 목덜미를 물어뜯는 늑대처럼, 아가리를 적시는 백면야차의 피냄새를 만끽하고 있었다.

"이제, 한 사람이 천하의 모든 정보를 틀어쥐려 한 대가를 치를 때다."

장평은 자신만만하게 말했다.

"무너져라, 백면야차!"

* * *

'누구냐?'

정보는 힘이었다.

누군가를 알고 있다는 것은 그 사람을 예상할 수 있다

는 것이었고, 예상할 수 있다면 통제할 수도 있었다.

통제력은 권력이었다.

'누가 날 무너트리고 있는 거냐?'

손아귀 안의 모래처럼, 통제력이 흘러나가고 있었다. 맹목개는 당황하며 주먹을 움켜쥐었지만, 주먹을 움켜쥔 채로는 다른 모래들을 주워 담을 도리가 없었다.

발밑에 백사장이 있는데. 눈앞에 모든 것이 있는데. 그 혼자서는 더 이상 할 수 있는 것이 없었다…….

"빌어먹을……."

눈 앞에 쌓여 있는 서류의 산이, 폐지 뭉치로 변해가고 있었다. 안다고 믿고 있던 모든 정보가 의심스러웠고, 분명하다고 확신했던 모든 예상이 어긋나고 있었다.

"어떤 놈이냐? 대체 어떤 놈이야?! 대체 어떤 놈이, 장평과 손을 잡은 것이야?!"

맹목개는 격분과 비통함에 휩싸여 부르짖었다.

한 사람. 제국을 등지고 장평과 손을 잡은 한 사람의 배신자로 인해 벌어진 파국이었다.

한 사람. 믿고 일을 맡길 단 한 사람만 있어도 막을 수 있는 일이었다.

"대체 누가 감히, 주군의 천하를 빼앗으려 드는 거냐?!"

맹목개가 분기탱천하여 외치는 그 순간.

덜컥.

창문이 열리며, 한 사람이 방으로 들어왔다.

"무슨 일이야? 무슨 문제라도 생겼어?"

창문 사이로 스며드는 햇볕을 후광처럼 두르고, 인세를 걷는 신이 그의 앞에 서 있었다.

"……주군."

맹목개는 흐느꼈다.

죄책감으로 목이 매인 그는 무릎을 꿇고 고개를 조아렸다.

"죄송합니다. 주군……."

"무슨 일인데 머리를 박고 그래?"

용태계가 온화한 미소를 지으며 묻자, 맹목개는 이를 악물고 말했다.

"장평에게 당했습니다. 첩보망이 오염되었습니다."

"장평? 오염?"

용태계는 고개를 갸웃거렸다.

"대체 뭘 어떻게 당했다는 거야?"

"현재의 첩보망 내부에 배신자가 있습니다. 장평이 포섭한 누군가가 오염된 정보를 뿌리고 있습니다."

용태계는 고개를 갸웃거렸다.

그는 대체 뭐가 문제인지 모르겠다는 표정으로 말했다.

"배신자를 잘라내면 되는 일 아니야?"

"배신자가 누군지 알 수 없습니다."

"그럼 그 반대로 하면 되겠네."

"예?"

용태계는 시원스러운 미소를 지으며 말했다.

"배신자가 아닌 것이 분명한 놈들 정보만 받으면 되는 거 아니야?"

"지금의 저는 아무것도 확신할 수 없습니다. 만약, 제가 오판하여 배신자에게 속으면 어찌합니까?"

"그건 그것대로 잘된 일이지. 아직 남아 있는 놈들중에 배신자가 있다는 뜻이니까."

"……!"

용태계는 웃으며 맹목개의 몸을 번쩍 들어 올렸다. 그는 맹목개의 몸을 툭툭 털어주며 말했다.

"여유를 가져. 맹목개. 사람이 살다보면 실수할 때도 있고 질 때도 있지. 뭐 그런 걸로 의기소침하는 거야?"

"……제가 실패하면, 주군의 꿈도 끝날 수 있기 때문입니다."

"뭐?"

그 말을 들은 용태계는 껄껄 웃었다.

"대체 무슨 소릴 하는 거야? 내가 여기 있는데 내 꿈이 왜 끝나?"

"상대는 장평입니다. 빈틈을 물어뜯는 교활한 짐승이요."

"걔가 장평이라면, 나는 용태계야."

용태계는 맹목개의 등을 탁 두드렸다.

"방구석에 너무 오래 박혀있어서 그래. 오래간만에 식당가서 아침이나 먹자구."

"하지만……."

"명령이야. 따라와."

용태계의 미소는 태양처럼 밝았다.

"예. 주군."

그 순간, 맹목개는 그가 자신이 섬기는 신이라는 사실에 기쁨과 자부심을 느꼈다.

"일하다가 막히는 부분 생기면, 오늘처럼 혼자 끙끙대지 말고 나 불러. 내가 해결해 줄게."

"주군께서 직접 묘책을 마련해 주시려고요?"

"힘이 있는데 굳이 머리까지 쓸 필요가 있을까?"

식당으로 향하는 무림맹의 문도들이 인사를 건넸다. 용태계는 그들에게 친근한 미소를 지으며 말했다.

"의심 가는 놈들은 다 죽여 버리면 되는데?"

* * *

"통제력에 비해 조직이 비대한 것이 문제라면, 해결책은 둘 중 하나다. 관리자를 늘리던가, 조직을 축소하던가."

장평은 자신만만하게 말했다.

"믿고 부릴 사람이 없는 백면야차는, 잘라 내는 쪽을 선택할 수밖에 없지."

배신자에 의해 오염된 정보를 받아 보느니, 차라리 규모를 줄이는 한이 있더라도 첩보망을 재구성하는 편이 나았다.

"그리고 잘라 내기로 마음먹은 시점에서, 결단을 내릴 수밖에 없다."

"뭘?"

"누굴 남기고 누굴 잘라 낼지를."

장평은 여유로운 표정으로 말했다.

"백면야차가 자기 휘하에 누굴 남겨 둘지는 모르겠지만, 제일 먼저 잘려 나갈 놈이 누구인지는 뻔하지."

"하오문."

하오문의 유구한 역사와 명성이 보증하는 것이 있다면, 신뢰할 이유도 필요도 없는 오합지졸 집단이라는 것이었다.

지금처럼 배신자의 그림자가 머릿속에 아른거리는 상황이라면, 하오문의 이름이 제일 먼저 떠오를 수밖에 없었다.

"쫓겨나는 것만으로도 뒤통수가 근질거리는 판에, 등 뒤를 노려보고 있는 것이 세상에서 제일 강한 폭군이라."

그리고 장평이 노리는 것이 바로 그것이었다.

"날로 먹을 기회라고 생각되지 않나?"

"그건 그렇지."

파리하는 투덜거렸다.

"……못 믿을 놈들이긴 하지만."

그들이 탄 조각배는 어느 화려한 여객선에 도착했다.

삼층 여객선의 선미에 배를 대자, 무공을 익힌 여자가 그들을 맞았다.

"기다리고 계십니다."

장평과 파리하는 그녀를 따라 걸음을 옮겼다. 좋은 술과 음식의 냄새가 코를 덮고, 화려한 홍등과 다채로운 장식이 눈을 자극했다.

그러나 여자가 두 사람을 이끈 곳은, 객실이 아닌 배의 지하로 이어지는 계단이었다. 화려한 선실들과는 달리, 칙칙하고 푹푹 찌는 지하의 주방을 밝히는 것은 싸구려 촛불들뿐이었다.

"피 냄새 맡기 싫으면 벽 너머에 숨겨놓은 부하들 물리시오."

장평은 나직이 말했다.

"내가 손을 쓰면, 부하들의 시체를 치우게 될 거요. 호로견자."

부엌의 구석에서 냄비를 젓고 있던 호로견자는 너털웃음을 지었다.

"기세가 등등하군. 회생대마 장평."

장평은 파리하를 빤히 바라보았다.

"……회생대마?"

호언장담과는 달리 왜 벌써 소문이 퍼졌냐는 무언의 비난에, 그녀는 불편한 표정으로 말했다.

"어디서 들었지?"

"대상들은 입이 싼 편이지. 주머니를 열어 둔 사람에겐 특히."

"하삼이 또……?"

1장 〈333〉

파리하는 이를 악물었다.

장평은 냉정한 표정으로 말했다.

"말하는 도중에 미안하지만, 아직 사람들 안 내보냈구려."

"신경 쓰지 말고 일 얘기나 하세."

"내가 신경 쓰고 말고는 내가 정할 일이오."

장평은 선체의 벽을 짚었다.

"요청은 끝났소."

콰직!

그의 손아귀 힘에 벽이 뜯겨나갔고, 다시 한번 힘을 주자 부서진 목재는 수백 개의 이쑤시개로 변했다.

"경고하겠다. 시체들을 치우거나 시체가 되고 싶은 것이 아니라면, 살아 있을 때 치워라."

"경고까지 거부하면 어쩔 건가?"

"하오문에는 두목이 많지. 널 죽이고 네 자리를 물려받고 싶어 할 다른 두목을 찾겠다."

호로견자는 코웃음을 쳤다.

"이제 와서 필두대마 따위의 협박에 겁먹을 거라고 생각하는 건가?"

호로견자는 천천히 몸을 돌렸다.

장평은 보이는 그대로 말했다.

"죽어 가는 사람 같은 몰골이군."

만난 지 몇 년 되지 않았음에도 불구하고, 호로견자의 머리는 희끗희끗하고 얼굴에는 주름살이 늘어 있었다.

눈 밑이 거뭇거뭇한 것이, 눈에 띄게 초췌해진 상태였다.
"아니면, 죽음에서 도망치는 중이거나."
장평의 말에 호로견자는 이를 악물었다.
"그래. 도망치는 중이지. 백면야차라는 이름의 죽음에게서……."
느슨한 대규모 점조직인 하오문을 전멸시킬 수는 없지만, 수뇌부를 제거하는 것은 어렵지 않았다.
아군도 인망도 없는 조직이 하오문. 심지어 내부에서도 사분오열하는 조직이 아니겠는가?
백면야차의 뇌리에 배신자의 그림자가 아른거리는 순간부터, 호로견자의 생사는 정해진 것이나 다름없었다.
"그 미친 놈들은 일단 날 죽인 다음에 생각하겠지. 사람을 믿는 것은 어려워도 죽이는 것은 간단하니까."
"역대 하오문주들의 재임 기간이 짧은 이유를 이제야 알겠군."
"빌어먹을 두목 놈들."
장평의 조롱에, 호로견자는 이를 악물었다.
"하오문주 자리를 포기하고 도망치려고 해도, 나 대신 하오문의 문주가 되겠다는 놈이 아무도 없더군. 평소에는 그렇게 내 자리를 탐내던 놈들이 말이야."
"그러게 평소에 인덕을 쌓아 두지 그랬나?"
장평이 비웃자, 그는 이를 바득바득 갈며 말했다.
"네놈 짓이지? 배후에 있는 것은 네놈이겠지?"
"그래. 내 솜씨지."

"네놈 때문에 토사구팽 당하게 생겼다! 납작 엎드려 개처럼 복종한 보람도 없이!"

"세상 오래 살고 볼 일이군."

장평은 비웃었다.

"천하의 하오문주가 배신 당했다고 억울해하는 꼴을 다 보다니."

"무림이 미쳐 돌아가는 덕분이지. 두서없이 미친 파괴신과 침착하게 미친 대마두 때문에!"

"칭찬으로 듣지."

장평은 벽을 바라보았다.

"최후통첩이다. 치워."

"……후."

호로견자는 손뼉을 짝짝 쳤다. 그러자 벽 너머의 인기척들이 사라졌다.

장평은 이쑤시개를 바닥에 버리며 말했다.

"그냥 순수하게 궁금해서 묻는 건데, 저들은 뭘 하려던 거였지?"

"교섭이 틀어지면, 주저하지 말고 수전(手箭)을 쏘라고 했다."

소형 화살을 쏘는 암기인 수전은 초절정고수에게 먹힐 만한 암기가 아니었다.

"수틀리면 자살할 생각이었군."

장평은 피식 웃었다.

"왜. 내가 고문이라도 할 줄 알았나?"

"네가 얽힌 일에는 섣불리 예상하지 않기로 했다. 넌 예전에도 속을 알 수 없는 놈이었고, 이젠 얼마나 막 나갈지 모르는 놈이니까……."

호로견자는 한숨을 푹 내쉬었다.

"죽기 싫다. 협력하자."

"그러지."

상황은 그야말로 오월동주.

피차 체면 차릴 사이도, 상황도 아니었다.

"뭐가 필요하지?"

"초절정고수."

"안 그래도 찾고 있다. 은거기인 몇몇과 접촉했지만, 별 소득이 없더군."

"왜?"

"싸울 이유가 없어서."

무림맹주이자 제국의 섭정.

이미 속세를 등진 자들로서는 오히려 용태계 쪽이 정당하게 느껴지리라.

"그들도 은거하기 전까지는 무림인이자 중원인이었던 자들이니……."

"……무림맹을 배신한 대마두의 편을 들긴 쉽지 않겠지."

호로견자는 장평을 노려보았다.

"더 도와줄 일은 없나?"

"감시망 교란과 첩보망 복원."

파리하는 한 걸음 앞으로 나서며 말했다.

"아직 살아 있는 거점을 알려 주지. 수단 방법을 가리지 말고 연락 체계를 복구해라."

"……혹시나 해서 묻는 건데, 그 연락망. 설마 마교와 연결하라는 건 아니겠지?"

"맞는데?"

"장평. 이 개자식아!"

결국 폭발한 호로견자는 버럭 화를 냈다.

"이젠 아예 마교도와 한 식구가 되라고?! 어찌어찌 백면야차 잡아 봤자 무림공적으로 몰려야 하잖아?!"

"그건 그때 가서 생각하자고."

"제기랄……."

체념한 호로견자는 파리하를 보며 손을 내밀었다.

"자금."

"네 목숨값으로는 부족한가?"

"연락망 재건하라며? 급하고 은밀한 일을 맡겼으면 세탁된 급전도 융통해 줘야지."

맞는 말이었다.

파리하는 부루퉁한 표정으로 물었다.

"……얼마면 되지?"

"많으면 많을수록 좋지만, 최소 금 천 냥."

파리하는 으르렁거렸다.

"너 죽이고 다른 두목 찾을까?"

"걔들도 너희들보다는 백면야차가 더 무서울 거다."

맞는 말이었다.

파리하는 불쾌한 표정으로 고개를 끄덕였다.

"그래도 오백 냥이면 충분할 텐데?"

"아무것도 묻지 않는 놈들과 마교도 밑에서 일해도 상관없는 놈들의 공통점이 뭔지 아나?"

"뭔데?"

"시세보다 몇 배는 비싸다는 거다."

"……알았다. 돈 구해오지."

납득한 파리하는 고개를 끄덕였다.

"돈 구하면 여기로 돌아오면 되나?"

"내가 등신으로 보이나? 백면야차가 노리고 있는데 같은 은거지에서 이틀이나 지내게? 금화 전장에 입금해라. 조일수 계좌로."

"조일수?"

"내 본명……."

"알았다."

대화를 마치자, 호로견자는 한숨을 내쉬었다.

"어쩌다가 이런 꼴이 된 거지? 내가 뭘 잘못했다고?"

"정직하게 살았어야지."

"꺼져……."

대화 전보다도 피폐해진 호로견자의 모습을 보며, 장평과 파리하는 웃으며 밖으로 나왔다.

"코가 제대로 꿰였군. 그치?"

"그래."

백면야차에게 버려진 이상, 호로견자는 마교와 손을 잡을 수밖에 없었다. 백면야차의 유일한 적인 대마두 장평과.

"내가 누구인지는 중요하지 않다."

 첩보망이 파괴되고, 대마들은 몰살당했다. 지금의 마교에 승산이 없음은 호로견자 본인이 누구보다 잘 알고 있으리라.

 그러나, 그럼에도 불구하고 그는 울며 겨자 먹기로 장평과 협력할 수밖에 없었다.

"상대가 백면야차라는 것이 중요하지."

 이해할 수 없는 사람을 신뢰할 수는 없었다.

 용태계는 황실의 최고 웃어른이면서 친척이기도 한 황족을 몰살시켰고, 섭정에 오른 뒤에도 이해할 수 없는 짓들을 반복하고 있었다.

 권력과 지위를 탐하는 야심가는 이해할 수 있었다. 부귀영화나 쾌락을 탐하는 속물도 이해할 수 있었다.

 하지만, 이해할 수 없는 자를 이해할 수 없었다.

 호로견자가 손절 당한 즉시 장평과 손을 잡은 것은 그 때문이었다.

〈두서없이 미친 파괴신.〉

 인간과 인간으로서의 소통. 협상이나 교섭. 하다못해 환심을 사는 것조차도 불가능했기 때문이었다.

〈침착하게 미친 대마두.〉

 장평은 변절하기 이전에도 음험함과 교활함으로 악명

높았고, 심지어 지금은 마교와 결탁한 상태였다.

장평은 악인이었고, 위험한 사람이었다.

그러나, 그는 최소한 사람이기는 했다. 복수라는 목적은 이해할 수 있었고, 행동에는 일관성과 합리성이 있었다.

이해할 수 없는 신과 이해할 수 있는 악인.

"인세를 걸어도 신은 신. 사람 속에 섞이지 않는 자는 이물질에 불과하지."

중요한 것은, 선택의 여지가 생겼다는 것이었다. 백면야차가 아닌 누군가를 선택할 기회가.

"이로서, 판은 엎어졌다."

이제 더 이상, 장평은 적진에 숨어든 쥐새끼가 아니었다. 백면야차를 거부하는 자들의 선택지이자, 백면야차에게 거부당한 자들의 피난처였다.

"다시 시작하자. 백면야차! 새로운 규칙의 새로운 싸움을!"

장평은 선언했다.

"인세를 걷는 신이, 얼마나 많은 인간에게 외면당할지를!"

* * *

'판이 엎어졌다.'

맹목개는 굴욕감과 함께, 규칙이 바뀌었음을 인정해야

했다.

 장평은 중원에 있고, 교두보를 마련했다.

 첩보망의 내부에는 배신자가 있고, 하오문은 장평의 잠행에 협력하고 있었다.

 '더 이상, 장평은 일개 쥐새끼가 아니다.'

 아직 살아 있다는 것. 그 사실만으로도 장평은 매 순간 승리하는 것이고 백면야차는 매 순간 패배하고 있는 것이었다.

 무림맹주의 무력과 섭정의 권위로서 군림하던 절대자 백면야차를, 자신과 같은 반열로 끌어내린 것이었다.

 그리고 지금 이 순간. 백면야차의 대적자로 거듭난 장평은 천하를 향해 무언의 질문을 던지고 있었다.

 〈너희들은 백면야차를 용납할 수 있는가?〉

 질문을 받았으니, 답을 내놓을 것이다.

 누군가는 충(忠)을. 누군가는 의(義)를. 누군가는 협(俠)을. 누군가는 이해득실을.

 모든 이들이 자신만의 답을 내리고 그 답에 따라 행동하리라.

 배신자를 심어서 첩보망을 오염시킨 순간부터, 새로운 규칙의 새로운 싸움이 시작된 것이었다.

 〈하오문은 못 믿겠지? 버려라.〉

 맹목개의 머릿속. 바둑판 너머의 안개 속에서, 장평이 비웃고 있었다.

 〈너희가 버린 것들을 줍고, 너희가 지키지 못한 것을

모아서, 너희들에게 도전해 주마.〉

 가깝게는 첩보 조직들부터, 멀리는 한 지방의 패권을 쥔 무림 방파들까지. 장평은 하나하나 뜯어갈 작정이었다…….

'아직 끝난 것은 아니다.'

맹목개는 이를 악물었다.

 초전은 굴욕적인 대패였지만, 아직 싸움은 끝난 것이 아니었다.

'어쨌건, 놈의 최종 목표는 주군을 시해하는 것이니까.'

 용태계에게 불만을 품는 것과, 무림맹주 겸 섭정에게 반기를 드는 것은 별개의 문제였다.

 설령 반기를 든다 해도, 체제에 이탈한 단독세력으로 남는 것과 마교도 장평에게 적극적으로 협조하는 반란분자가 되는 것은 또 다른 문제였고.

'비기기만 해도 된다.'

 장평은 이기는 걸로는 부족했다. 크게 이겨야 했다. 무림지존인 용태계의 신위 이상의 전력. 피의 혼례식 때 몰살당한 마교의 전열 이상의 전력을 모아야 했다.

 새로운 규칙의 새로운 싸움이라고는 해도, 유리한 것은 백면야차였다.

'새로운 싸움을 시작해 보자. 장평.'

 맹목개는 고개를 들어 안개 너머의 장평을 노려보았다.

'백면야차에게 검을 들이댈 정도로 아둔한 자들을, 얼마나 모을 수 있을지의 싸움을.'

장평은 여전히 마교도이자 반역자.

한 번이라도 오판하면, 장평은 호랑이 굴에 제 발로 들어가는 격이었다.

'정보력과 판단력의 싸움을!'

* * *

"첩보망만 재건되면, 충분히 승산이 있다."

이제부터는 정보력과 판단력의 싸움.

"인세를 걸어봤자 신은 신. 사람들 속에서는 별나고 낯선 이물질에 불과하니까……."

장평은 자신만만한 미소를 지었다.

마교의 잔당과 하오문을 융합한 정보망은 이미 재건 작업에 들어간 상태였다.

이제, 부족한 돈만 주면 되는 일이었다…….

그때, 마교에서 보낸 자금을 회수하러 갔던 파리하가 돌아왔다.

장평은 느긋한 표정으로 물었다.

"마교에서 입금한 돈 찾아왔어?"

그러나, 파리하는 주저하며 장평의 눈치를 살폈다.

"……안 좋은 소식이 있어. 장평."

장평은 불길한 예감을 느꼈다.

"돈 문제는 아니겠지?"

"돈세탁 및 송금 과정에서 예상하지 못한 사소한 문제

가 생겼어."

"얼마나 안 왔어…… 아니, 얼마나 왔어?"

장평은 단도직입적으로 물었다.

"금 천 냥에서 얼마가 부족한 건데?"

"……천 냥."

"한 푼도 안 왔어? 동전 한 닢도?"

당황한 장평을 보며, 파리하는 고개만 끄덕였다.

"하삼 그 개자식이 결국……."

장평은 새삼스레 깨달았다.

"빌어먹을 마교 놈들……."

유능한 적은, 적일 때만 유능하다는 사실을.

* * *

미지의 무림공적 마교.

무림인들은 강대한 힘과 치밀한 음모. 그리고 강력한 충성심을 자랑하는 마교의 저력을 두려워하곤 했다.

정교하고 거대한 그들의 음모에 대처하기 위해 무림맹이라는 조직을 만들 정도로.

"혹시 심심해서 장난친 거면, 지금 말해. 난 충분히 놀라고 당황했으니까."

그러나 그것은 어디까지나 무림방파의 기준에서 평가할 때의 일. 국가 기준에서 보자면, 십만대산의 샴발라는 적은 인구와 척박한 국토를 지닌 약소국이었다.

"이런 일로 농담하게 생겼나?"

그리고 지금. 마교의 필두대마는 한심스러운 눈으로 전임 필두대마를 노려보았다.

"진짜로 신기해서 묻는 건데, 대체 어떻게 하면 활동자금을 털릴 수가 있는 거냐?"

장평은 치열하게 갈려 나가던 서기관과 회계관들을 떠올렸다.

"나름대로 열심히 준비한 자금 아니었어?"

"당연히 열심히 준비했지. 현금은 물론이고 환금성이 높은 것들은 몽땅 실어서 중원으로 보냈다. 금 삼천 냥 가까운 거금을."

"그런데?"

"돈세탁 담당자가 들고 튀었다."

파리하는 우울한 표정으로 말했다.

"팔아서 자금에 보태라고 위탁한 귀중품까지 전부 다."

"하삼인가 하는 그 대상? 횡령했다고 짜증 내던 그놈?"

"그래."

"……그런 놈에게 전 재산을 맡겼어?"

"떼먹을 것까지 감안해서 넉넉하게 보냈는데, 설마하니 전부 다 들고 튈 줄이야……."

장평은 어이가 없어서 말했다.

"설마하니 그놈 하나한테 자금을 전부 맡겼던 거야? 예전부터 횡령하던 놈에게?"

"우리라고 좋아서 맡긴 것 같나?"

파리하는 발끈했다.

"몰래 보내봤자 무림맹이 잡아내는데 어쩌라고? 수상하게 돈 많이 쓴다고 잡혀간 첩보원만 수십 명이야!"

짙은 현실감에 장평은 씁쓸함을 느꼈다.

'무림맹이 보기보다 유능했구나······.'

생각해보면, 마교도 하나가 잡히면 관련자 모두를 조사하기 마련이었다.

돈세탁 수단 또한 그런 식으로 하나씩 폐쇄된 것이리라.

"······남은 놈은 그놈밖에 없던 거로군."

장평은 한숨을 내쉬었다.

"그래서. 그 하삼이란 놈은 어디 있는데?"

"옥문관으로 들어가는 것까지는 확인했다. 아직 나왔다는 소식은 없고."

"그럼, 아직 중원 안에 있는 건가?"

"그것도 장담 못해."

파리하는 장평을 노려보며 말했다.

"누군가의 대활약 덕분에, 동방에 구축했던 첩보망이 박살 난 상태라서······."

"후······."

장평은 한숨을 내쉬었다.

결행 일자는 가을의 중추절. 지금부터 찾는다 해도, 시간이 부족했다. 횡령범 또한 마교도가 자신을 쫓을 것을 예상했을 테니까.

'내부 사정을 잘 알아서 저지른 짓이겠지.'

나름대로의 계산이 섰기 때문이리라.

설령 마교에게 추적당한다 해도, 보호를 조건으로 백면야차에게 마교의 기밀 정보를 제공하면 된다는 계산이.

"긁어 부스럼 만들지 말고, 그냥 잊어버려."

장평은 횡령범을 잡는 것은 포기했다.

"그거 말곤 돈 없어? 쓰다 남은 활동자금이나 숨겨 둔 비상금 같은 거?"

"당연히 있었는데, 누군가의 대활약 덕분에……."

"……알았어. 그만해."

장평은 파리하의 푸념을 끊었다.

"천마한테 돈 보내 달라고 연락 좀 해 봐."

"본부도 빈털터리고, 기다릴 시간도 없다."

그녀는 장평의 눈치를 보며 말했다.

"이제부터 어쩌지?"

평소와는 달리 눈치 보는 모습을 볼 때, 파리하에게는 아무 대책이 없는 것이 분명해 보였다.

"어쩌긴 뭘 어째. 벌어야지."

장평은 한숨을 내쉬었다.

"도박장이라도 가야 하나?"

초절정고수의 오감이라면 눈동자에 비친 패나 사발 안의 주사위 눈까지 확인할 수 있었다.

"돈 없는 무림인들은 다들 도박장부터 떠올리는 모양이더라."

파리하는 음울한 표정으로 말했다.

"덕분에 도박장에는 무림인 확인용 검사법이 따로 있던데."

"……털면?"

"작은 업장의 금고는 털 만한 가치도 없고, 크고 유명한 도박장을 털면…… 백면야차를 위한 초대장이 되겠지."

현실성이 떨어지는 장평의 발언들에, 파리하의 표정이 어두워졌다.

"……너. 돈 벌어 본 적 없지?"

"……."

장평의 인생 경험이란 뒷골목 직후에 무림맹. 먹고 죽을 돈도 없던 낭인 시절과, 서식에 맞춘 보고서만 올리면 따박따박 활동비가 지급되던 무림맹 시절뿐이었다.

"……."

어느새 그녀의 눈치를 보고 있는 장평의 모습에, 파리하는 좌절하며 머리를 움켜쥐었다.

"마교 최후의 작전이 이딴 식으로 끝날 줄이야……."

돈 기다릴 시간은 없고, 훔치면 들킨다.

장평 나름대로 쥐어 짜낸 계획들은 저 두 가지 전제조건을 뚫지 못했다.

"……잠깐."

그 순간, 장평은 깨달았다.

"훔치면 들킨다는 거지?"

"그래."

"반대로 말한다면…… 안 들키면 훔쳐도 된다는 소리네?"

"말했잖나. 돈 세탁 안 된 돈은 쓸 때도 잡힌다고. 기껏 복구한 연락망이 추적당할 거다."

"하나씩 해결하면 되지. 하나씩."

장평은 자신만만한 태도로 말했다.

"일단은, 훔칠 돈이 있는 곳부터 찾자고."

"……어떻게?"

"도둑질에 대해 제일 잘 아는 게 누구겠어?"

* * *

"……그래서 다시 왔다고?"

호로견자는 기막힌 표정으로 장평을 바라보았다.

"돈 훔칠 만한 곳을 물어보려고?"

"그게 하오문의 본업이잖나."

호로견자는 좌절했다.

"이딴 놈을 믿고 무림지존에게 도전해야 하다니……."

"진정하고 내 얘길 들어봐."

장평은 여유로운 미소를 지었다.

"훔치는 것 자체가 문제가 아니라, 훔친 다음에 일어나는 일이 문제잖아. 도둑 맞은 사람이 관아에 신고하면 결국은 백면야차를 불러들인다는 점이."

"그런데?"

"늦게 들키면 되는 거 아냐?"

"……무슨 개소리를 하려는 거지?"

"무림맹의 수사가 지연될 만한 곳을 털자는 소리지."

장평은 자신만만하게 말했다.

"신고하기는커녕 털렸다는 사실조차 숨겨야 하는 뒤가 구린 놈들. 자금 출처를 추적당해도 능수능란하게 수사를 방해할 수 있을 놈들."

"그게 어딘데?"

장평은 하오문주를 보며 말했다.

"하오문."

"……?!"

* * *

추국원은 삼대를 이어 온 하남 최고의 부자이자 골동품 수집가였다.

특히 도자기에 조예가 깊은 그는, 가품과 진품을 구별하는 안목으로 명성이 높았다.

실제로도 골동품 전문가들 사이에서 분쟁이 발생하면 추국원을 심판으로 삼을 정도였다.

그리고 추국원의 비밀은, 그가 하오문의 열 두목 중 하나, 위조의 두목이라는 것이었다.

나름 삼대를 이어 온 가업인 셈이었다.

"이 도자기, 진짜인가?"

깊은 밤. 낯선 목소리에 추국원이 눈을 뜨자, 그의 책상에는 처음 보는 괴한이 앉아 있었다.

"무림인이군."

추국원은 침착하게 답했다.

"서랍에 금자 스무 냥이 있다. 내일 정오까지는 관아에 신고하지 않을 테니, 그걸 들고 도망쳐라."

"진짜인가 보군. 이 도자기를 가져가란 소리는 안 하는 걸 보면."

"……평범한 도둑은 아니로군."

추국원은 이불 밑에 숨겨 둔 암기를 쥐며 물었다.

"뭐 하는 놈이냐?"

"그 암기를 쏴 봤자 안 맞을 사람이다."

사내는 얼굴에 쓴 인피면구를 벗었다.

초면이지만, 모를 수 없는 얼굴이었다.

"장평……?!"

대답하던 추국원은 가슴이 철렁 내려앉는 것을 느꼈다.

"그 악명 높은 장평이 대체 왜 여기에……?"

"호로견자가 널 아주 각별히 생각하더군."

장평은 느긋한 태도로 말했다.

"너와 함께라면 백면야차와 맞서는 것도 두렵지 않다고."

"벼락출세한 버러지 놈이 날 칭찬했다고? 대체 무슨 개소리를……."

그 순간, 상황을 파악한 추국원은 등줄기가 싸늘해지는

것을 느꼈다.

"……이 개자식이 나한테 무림공적을 던져?!"

사기꾼들의 수법 중 하나. 골치 아픈 장물을 떠넘겨 공범으로 엮는 '던지기'였다.

"눈치가 빨라서 좋군."

장평은 싱글싱글 웃었다.

"선택해라. 닷새 안에 호로견자에게 금 천 냥을 송금할지, 아니면 네 집을 제 집처럼 드나드는 장평의 모습을 목격당할지."

"나는 현물 위주로 일하는 사람이라서, 현금은 별로 없……."

"호로견자가 소개해 줬다니까?"

"개호로자식……."

추국원은 울상을 지었다.

"잠시 고민할 시간을 주시오."

"고민까지 필요한 일은 아닌 거 같은데."

백면야차에게 선전포고하기와 돈 뜯기기 중에서, 정상인이 골라야 할 것은 정해져 있었다.

"……내겠소."

하오문의 두목답게, 추국원은 빠르게 체념했다.

"하지만 닷새 안에 천 냥은 무리요. 액수도 액수지만, 돈세탁할 시간이 없소."

"얼마까지 되지?"

"열흘을 주면 금 백 냥까지는 구해 보겠소."

장평은 피식 웃었다.
"호로견자랑 얘기하고 왔다니까?"
"……이백 냥."
"사흘 안에 보내라."
장평은 자리에서 일어났다.
그는 만지작거리던 도자기를 제 자리에 조심스럽게 내려놓으며 말했다.
"개인적인 질문인데, 억울하지는 않나?"
"아, 아니오. 전혀……."
"정말인가? 이런 일을 너만 겪는 것이 정말로 억울하지 않은 건가?"
역사와 전통이 있는 하오문의 두목답게, 추국원은 눈치가 빠른 사람이었다.
"……내가 지목하는 놈에게 가겠다는 뜻이오? 호로견자가 날 지목했던 것과 마찬가지로?"
"호로견자는 너와의 추억을 떠올리며 매우 행복해 보이더군. 내 생각에는, 너도 각별한 사람이 하나쯤은 있을 것 같은데."
장평은 어깨를 으쓱하며 말했다.
"없다면 어쩔 수 없지만."
"생각해 보니, 한 사람이 떠오르는구려."
추국원은 비열한 미소를 지었다.
"늘 곁에 있는 하오문의 동료가."

* * *

며칠 뒤.

피곤한 모습의 장평은 호로견자를 보며 말했다.

"얼마나 들어왔지?"

"천육백 냥."

하오문의 열 두목 중 여덟을 턴 것이었다.

호로견자는 아쉬운 표정을 지었다.

"혹시, 북경에 들어갈 일은 없나?"

"없다. 왜?"

"좌불안석은 아직 안 털렸으니까."

"……."

이미 몰락한 두목까지 착실히 챙기는 하오문주의 모습에, 장평은 질린 표정을 지었다.

"이렇게 다툴 거면 뭐 하러 같은 패거리로 남아 있는 거지?"

"뭉쳐야 무림방파 하오문이지, 흩어지면 일개 잡범에 불과하니까……."

장평은 고개를 설레설레 내저었다.

그가 밖으로 나오자, 기다리고 있던 파리하는 장평을 보며 냉소했다.

"새 사람이 되는 거 아니었나? 좀 더 나은 사람으로 거듭나는 것이?"

"더 나은 사람이 되겠다고 했지 더 멍청한 사람이 되겠다고 한 적은 없다."

장평은 냉소하며 말했다.

"선함과 어리석음을 구분하지 못하는 자들에게까지 선할 가치가 있나?"

"그래. 그렇군."

파리하는 피식 웃었다.

"아무래도, 다른 사람 인생 망치는 재주는 변함 없는 모양이군……."

"……시비 걸 시간 있으면 하삼이나 찾아."

장평은 투덜거렸다.

"대체 어떤 놈인지 얼굴을 봐야 직성이 풀릴 것 같으니까……."

"보게 될 거다. 장평. 예언자께 맹세컨대, 넌 그놈 얼굴을 보게 될 거다."

파리하는 이를 바득바득 갈며 말했다.

"얼굴만 보게 될지, 몸까지 같이 보게 될지는 잘 모르겠지만……."

장평은 피식 웃었다.

"웃어넘길 일이 아니다. 장평."

파리하는 정색하며 장평을 바라보았다.

"하삼은 탐욕스러운 날강도지만, 마교와 무림 양측의 상황을 잘 아는 인물이었다."

"그렇겠지."

마지막 돈세탁 담당자라는 말은, 다른 자들이 모두 발

각될 때까지 발각되지 않았다는 뜻이었다. 외국인이라는 점까지 감안하면, 빈틈없는 수완가임이 분명했다.

"하오문의 두목들도 마찬가지다. 비열하고 타산적인 그들은 우리와 엮이지 않기 위해 기꺼이 돈을 냈지."

"무슨 소릴 하려는 거지?"

"그들은 우리가 지는 쪽에 걸었다. 눈치도 빠르고 이해득실에 민감한 자들이. 그런데, 다른 사람들이라고 저들과 다르게 판단할까?"

파리하의 외눈에 불안감이 떠올랐다.

"우리가 포섭해야 하는 일파의 종주들이?"

* * *

작금의 대룡제국은 비교적 평등한 곳이었다.

최소한 신분 체계에 있어서는 그러했다.

옛 주나라에서 제정된 오등작의 작위(爵位)는 왕조를 거치며 빛이 바랬고, 귀천을 따지는 신분제는 사문화되었다.

오직, 황제만이 만인지상.

신분 자체가 유명무실해진 탓에, 예법 또한 간소하고 단순하게 변모하고 있었다.

"에…… 그러니까……."

그러나, 북경의 관문을 지키는 경비병을 난감하게 만드는 문제는 바로 예법 문제였다.

여섯 마리의 준마가 이끄는 고급 마차의 마부는 정중하게 항의하고 있었다.

"이게 팔두마차(八頭馬車)도 아닌데, 뭐가 문제인 겁니까?"

마부의 항의를 들은 그는 낡아빠진 규정집을 뒤지며 쩔쩔매고 있었다.

"그게, 입성 규정에 따르면 육두마차(六頭馬車)도 후작(侯爵) 이상만 탈 수 있는 거라서요……."

"다른 지방에서는 아무도 트집 잡지 않던데요."

"그건 그들이 잘못한 거죠……."

경비병은 난처한 표정으로 말했다.

"그냥 말 두 마리만 빼서 따로 들어가시면 안 됩니까? 사두마차까지는 제한이 없는데요."

마부는 등 뒤를 바라보았다.

"가주님. 저리 말하는데 어찌합니까?"

"……태조께서는 본가의 충심을 어여삐 여겨, 개국공신 광열후(廣烈侯)의 작위를 내리셨다."

객실의 남궁풍양은 귀족적인 어조로 말했다.

"반납하지 않은 이상 현직 가주인 나 또한 후작이거늘, 어찌 일개 문지기가 태조의 권위를 침범한단 말이냐?"

경비병은 머리를 벅벅 긁었다.

"아, 미치겠네……."

그때, 환관의 복색을 한 누군가가 다가와 경비병에게 귓속말을 했다.

경비병은 그제서야 안도의 한숨을 내쉬며 말했다.

"통과하시랍니다!"

마차가 천천히 움직이기 시작하자, 남궁벽운은 그제서야 안도의 한숨을 내쉬었다.

"다행히도, 작위를 인정받은 모양이군요."

아들의 말에, 남궁풍양은 온화한 미소를 지었다.

"그렇게 생각하느냐?"

"아닙니까?"

"귀천이 없어진 세상에서 유명무실한 작위 따위에 무슨 가치가 있겠느냐. 인정받은 것은 작위가 아니라……."

마차가 천천히 입성하자, 대로에 서서 기다리는 한 사람이 보였다.

"……본가의 입지와 저력이지."

마차가 멈추고, 남궁풍양과 남궁벽운은 마차에서 내렸다. 그러자, 사내는 느긋한 미소와 함께 성큼성큼 다가왔다.

"오래간만이군. 남궁 아우."

남궁풍양은 공손히 예를 표하며 말했다.

"광열후 남궁풍양이 섭정께 예를 표합니다."

"같은 무림인끼리 이럴 필요가 있나? 격식 따지지 말고 편하게 가자고."

용태계는 그의 어깨를 툭툭 두드리며 말했다.

"무림맹주가, 남궁세가주를 환영하러 나온 걸로 말이야."

* * *

"확실히, 우리의 상황이 최악이긴 하지."

무림인들에게 마교와 합류하라 청해야 했다. 중원인들에게 황실에 거슬러야 한다고 설득해야 했다. 무엇보다도, 일파의 종주들에게 무림지존과 사투를 벌이라고 해야 했다.

장평은 쓴웃음을 지으며 말했다.

"제정신이라면 합류하지 않을 정도로."

(회생무사 12권에서 계속)

를 가지고 있지는 않다. 다른 경계—토종과 아닌 것의 구별도 그렇다. 다만 "토종"과 전래된 지가 그리 오래지 않은 외래식물이나 화훼식물은 구별하기가 쉽다. 우리나라 자연에 없는 것들은 다 언젠가 들어온 외래종이다. 그게 몇 세대나 이 땅에서 살아야 "토종" 자격을 획득할 수 있는지는 알 수 없다. "울 밑에 선" 봉선화는 인도, 말레이시아, 중국이, 쌀은 인도와 말레이시아가, 여름날 해질 녘에 초가지붕 위에서 흰 꽃을 피우는 박은 아프리카가, 호박은 열대 아메리카가 고향이다. 그리고 우리가 경의를 바치는 무궁화는 시리아가 본적이다. 그렇다면, 일본이나 중국 또는 아프리카나 아메리카에도 있는 것들을 우리의 토종이라고 부를 수 있을까?

풍경, 한국 풍경, 이 땅만의 풍경은 여러 요소들이 복합적으로 이뤄내는 것이다. 마침내 조심스럽게 말할 수 있다. 풍경에 나오는 소재들보다는 그것들이 발산하는 정서적인 울림에 이 땅의 아우라가 깃들어 있다.

"……나는 사람들, 그리고 그 사람들이 사는 사회적인 풍경을 찾는다고 쏘다녔다. 그러나 온종일 긴장한 채 두리번거리며 헤매다가 느닷없이 다가오는 자연 풍경도 마다하지 않고 즐겼다. 그렇지 않았다면 쏘다니는 일이 훨씬 더 고달팠을 것이다"(「시간의 빛」)라고 쓴 적이 있다.

이 사진과 글들은 즐거움의 열매이다.

여기저기 흩어져 있던 내 영혼의 부스러기들을 한자리에 잘 정리해서 모양 나는 책으로 내주신 까치글방의 여러분들 "고맙습니다."

2008년 초여름
강운구 씀

도 했었다. 그러나 차츰 이 땅 위의 현실을 인식하게 되자 이어서 우리의 정체성, 넓게는 전통문화와 산천초목들에까지 관심이 갔다.

우리가 애착을 가지는 토종식물이란 무엇이며, 그것이 자생식물이나 특산식물과는 어떻게 구별될 수 있는지는 확실하게 말할 수가 없다. 그 말을 사전에서는 특산식물이라고 하는데, 그런 것은 몇 종 되지도 않을 뿐만 아니라 중국이나 일본에 있는 것과 별로 다르지 않다. 세포나 염색체, 형태와 빛깔이 좀 달라서 특산식물이 된 것들이 대부분이기 때문에 보통 사람들은 구별하기가 쉽지 않다. 뿐만 아니라 구별할 수 있다고 하더라도 큰 의미를 가지기는 어렵다. 사전에 나와 있는 뜻과는 좀 다르게 흔히 쓰는 "토종"이란 이 땅에서 몇 세대나 살아온 것을 일컫는지도 알 수 없는 막연하고 애매한 말이지만, 대개는 그 말이 주는 정서적인 울림에는 친숙하다. 이 땅의 고유성, 전통, 애국⋯⋯마침내는 국수주의에까지 이르는 숨은 뜻을 그 단어는 가지고 있는 듯하다.

누구나의 고향 집 마당에, 장독대에 토종인 듯 피어 있는 맨드라미는 열대지방이, 채송화는 남아메리카가, 접시꽃은 중국이 고향이다. 장미나 해바라기, 미루나무⋯⋯, 나는 수입되거나 귀화한 식물이라고 해서 무조건 타박하지 않는다. 토종이 아니더라도 아름다운 것은 아름답고, 확실한 토종이라도 미운 것은 밉다. 들어온 것들에는, 이국적이어서, 어쩌면 더 끌리기도 한다. 그러나 이 땅의 정서와 연계될 때는 가능하다면 그런 식물들은 배제하려고 한다.

내가 어렸을 적에 백두산은 온전히 우리의 것이었다(그렇게 배웠다). 그런데 어느 날 그 절반만 우리 것이라고 했고, 어디서도 그 말에 이의 제기가 없어서 참 이상한 적이 있다. 그 백두산을 가로지르는 국경선 가까이의 이쪽 식물과 저쪽의 것이 다를 수 없듯이 식물이 명확한 경계

후기

이 땅 풍경을 이루는

우리나라의 식물들에 관심을 두기 시작한 것은 그것이 이 땅의 고유한 풍경을 이루는 중요한 요소였기 때문이다. 꽃을 포함한 자연 그 자체가 나의 주된 관심사는 아니었지만, 그것들은 이 땅의 사람들과 풍경을 떠받치고 있었으므로 관찰을 게을리 할 수가 없었다. 꼴 난 사진하는 데 온갖 잡학이 다 소용된다. 그래서 자생식물에도 꽤 많은 시간과 정성을 바쳤다. 그러다 한 발 더 들어가자 이른바 "토종"식물에 대해서 궁금해졌다. 설악산에서 한라산까지, 그 사이의 거의 모든 땅을 오래도록 여러 번 헤매었다. 들길이나 산자락을 지나다가 어떤 작은 풀꽃 한 송이가 눈에 뜨이면, 시간이 허락하는 한, 무릎 꿇고 들여다보았다. 그리고 그 꽃을 "이름 모를 꽃" 항목에 밀어넣고 말 수만은 없었으므로 이리저리 묻거나 이 책 저 도감을 뒤져서 조금씩 이름과 생태를 알아가게 되었다. 그렇게 되자 그 꽃들이 점점 더 예뻐 보였다. 그래서 아주 조금씩 천천히 그것에 더 다가갔다.

　장미나 해바라기 또는 미루나무(포플러) 같은 것들은 우리나라에 온 지가 오래되기도 했을 뿐만 아니라 하도 흔해서 그것들의 본적 같은 것은 떠올리지 않아도 된다. 그러나 내겐 그런 게 끼어들어간 풍경은 용납되지 않았다(는 것은 찍지 않았다는 말이다). 풍경은 있는 그대로여야겠지만, 그런 것들이 이루는 것은 혼종(混種)의 풍경이기 때문이다. 그러므로 이 땅의 맨 얼굴이나 고유한 풍경을 찍을 때, 딸려들어오는 것들을 무조건 다 받아들일 수는 없었다. 생각이 어렸을 적에는 그런 것을 찍기

출처

제1부
11쪽 겨울에 피는 꽃은 없다-108쪽 겨울 : 눈꽃
-「생활 속의 작은 이야기」, 2002년 1, 2월호부터 2003년 11, 12월호까지.

제2부
117쪽 가을빛-137쪽 산벚 고운 빛
-「자연을 담는 큰 그릇」, 2006년 봄호부터 2007년 가을호까지.

제3부
143쪽 그래도 반가운 꽃
-「자연을 담는 큰 그릇」, 2005년 봄호.
150쪽 풀빛 자연-184쪽 마침내 열매
-「자연을 담는 큰 그릇」, 2002년 봄호부터 겨울호까지.

제4부
195쪽 지리산 설경
-「중앙일보」, 1998년 1월 10일자.
200쪽 무서운 꽃
-「중앙일보」, 1998년 4월 3일자.
206쪽 봄을 재촉하는 야생화
-「모닝 캄」, 1995년 4월호.
220쪽 바래봉 철쭉제
-「대우건설」, 1995년 6월호.
230쪽 만추, 그 열매
-「모닝 캄」, 1994년 11월호.
244쪽 말마늘 또는 나르시스
-「하나은행」, 2001년 봄호.
260쪽 소나무
-「픽토리얼 코리아」, 1999년 8월호.
270쪽 아름다운 시간은 그리 길지 않다
-「하나은행」, 2001년 가을호.

다 가버린 거라고 사람들이 체념할 때쯤 남쪽 지방의 여러 낮은 산자락 호젓한 숲에서 뜻밖의 아름다운 시간을 만날 수 있다. 알몸을 드러낸 숲의 나무들이 텅 빈 것 같은 공간에 허허롭게 자리잡을 때, 여름 내내 은밀했던 숲 속에서 무슨 일이 있었는지를 살피기라도 한다는 듯이 맑은 가을 햇살이 두리번거린다. 그럴 즈음 그 숲 가장자리의 작은 나뭇가지 끝에 겨우 남아 있는 몇 잎이 가장 아름답다. 잎새의 저 무게, 또는 건듯 스치는 바람 한 자락, 아니면 안개 같은 부슬비가 잠깐 지나간 뒤에 가을의 마지막 모습은 자취를 감추고 만다. 그리고 떨어져서도 제 빛깔을 잃지 않은 채로 저희끼리 몸 비비며 뒹구는 것들은 다른 깊이로 아름답다. 그러나 언제나 그렇듯이 아름다운 시간은 길지 않다. 이윽고 그런 시간은 다음 계절의 급습에 어느 날 문득 소멸되어버린다. 낙엽처럼 떨어져 뒹구는 시간 위에 다른 시간이 겹치며 한 해는 이윽고 막바지로 치닫는다. 막바지에는 늘 숨가쁘다.

 담백한 나무들은 봄부터 가을까지의 시간을 다 털어버린 알몸, 그 정수만으로 기나긴 침묵을 지키다가 차디찬 바람이 스치고 지나갈 때는 때로는 마지못해 우우 신음 소리를 내기도 하며 여윈 팔을 하늘로 벌리고 서 있다.

아입지 않기 때문에 눈에 잘 띄지 않을 뿐이다. 그런데 그런 늘푸른 나무들의 잎은 한결같이 단풍이 들지 않는다. 그저 말라서 떨어질 뿐, 화려한 빛깔로 물들지 않는다. 낙엽에 빛깔로 모양을 내는 것이 굳은 절개에 무슨 손상이라도 입히기 때문에 그런 것일까? 아니면 모양을 낼 줄 모르기 때문에 아예 그냥 버티는 것이 상책이라고 판단해서, 늘 푸른 척하며 슬그머니 몇 잎씩 갈아치우는 것일까? 소나무나 전나무 같은 침엽수인 낙엽송은 그런 것의 잎보다도 짧고 가는 잎에 노랗게 물을 들여서 떠나는 통과의례를 성의껏 치른다. 보잘것없는 잎일지라도 수많은 것들이 한꺼번에 물든 낙엽송은 눈부시며, 절정일 때 바람이라도 불어주면 소리도 없이 꽃가루처럼 날려서 쌓인다. 어째서 남아 있는 것들은 무심한 척하며, 떠나는 것들은 빛깔이 아름답게 차려입는 것일까? 늘 마지막 순간은 처참하게 아름다워야 한다고 떠나는 잎새들은 간곡하게 말한다.

10월 초부터 텔레비전과 신문들은 마치 그해에 처음 벌어진 진기한 일이기라도 하다는 듯이 단풍, 단풍 하며 야단들이다. 그러면 사람들은 덩달아 바람에 휩쓸리는 낙엽들처럼 단풍을 따라 몰려다닌다. 어디냐에 따라서, 취향에 따라서 단풍이 절정인 시기는 다르다.

내내 무심한 척하며 버티는 상록수보다는 솔직하게 때에 순응할 줄 아는 나무들이 더 담백한 식물이다. 그런 나무들은 아직 맑고 따사로운 가을 햇살이 숲을 비출 때, 곱게 차려입었던 치장을 훌훌 털어버리며 이 땅의 가을과 아름다운 이별을 한다. 절정이 한참 지나 거개의 잎들이 자연의 품으로 돌아가는 11월 중순께, 이미 가을은

그저 단풍을 핑계로 삼아 떠났다가 온 셈일 것이다.

단풍 — 짐짓 과장된 붉은빛으로 작별의 감정을 과장하는 단풍나무뿐만 아니라 모든 낙엽수들의 물든 잎을 우리는 그렇게 부른다. 노란 잎도 그러므로 단풍이다. 살짝 초록빛이 남아 있는 자작나무의 노란 잎은 봄빛처럼 환하며, 작별이 무엇인지도 모른다는 듯이 하늘거리며, 재잘거리는 아이들처럼 웃는다. 그 빛깔의 선명도나 잎의 모양은 그해의 기온이나 가을의 강수량에 따라서 달라진다. 따라서 이름난 곳이라고 할지라도 해마다 늘 좋은 것은 아니다. 멀리서 숲을 바라다보면 울긋불긋 화려해 보여도 가까이서 보면 칙칙하고 말라서 한 귀퉁이가 쭈글쭈글한 경우도 많다. 빛깔이 선명하고 형태 또한 제 모양대로 반듯한 것을 보기란 그리 쉽지 않다.

늘푸른나무가 있고 가을에 잎이 지는 나무가 있는데, 어느 것을 더 좋아하는가는 그 사람의 취향에 달렸다. 시각적인 아름다움보다는 뜻을 중요하게 생각하는 사람들은 늘푸른나무의 절개를 더 좋아한다. 그러나 소나무, 대나무, 그리고 전나무 같은 것들은 겨울에도 푸르다고는 하지만, 겨우 푸른빛을 유지하는 처지이기 때문에 한여름의 그 생기 넘치는 초록빛은 아니다. 그리고 내내 심드렁한 같은 표정이기 때문에 사람에 따라서 그 점을 좋아하거나 싫어할 수도 있다. 그런 늘푸른나무들도 낙엽이 지기는 한다. 죄다 한꺼번에 갈

▶ 강원도 평창군 오대산.
▶ 278-279쪽 : 강원도 평창군 오대산.
▶ 280-281쪽 : 전라북도 고창군 문수산.

아름다운 시간은 그리 길지 않다

강원도 평창군.

단풍은 내장산이 최고라고 하더라, 아니다 설악산이라던데, 아니야 그보다는…… 하고 사람들은 외우기를 좋아한다. 단풍조차 자기 눈으로 찾거나, 자기만이 좋아하는 어떤 단풍을 가지기보다는, 이렇다더라는 평판을 따라가는 사람들이 많다. 평판 좋은 곳이 좋은 것은 물론 사실이다. 그러나 단풍보다는 사람이 더 많을 것이므로 어지러워서 단풍을 보기가 쉽지 않다. 단체로 줄을 서서 내장산이나 설악산을 넘는다고 한들 단풍잎을 들여다볼 겨를이 있을 리 없다.

▶ 강원도 인제군 내설악.
▶ 272–273쪽 : 강원도 평창군.
▶ 274–275쪽 : 경상북도 경주시 남산.

저 먹고살기가 어려웠던 시절에는 춘궁기가 있었다. 가을에 수확한 얼마 안 되는 곡식들은 긴 겨우내 다 먹어버렸고, 먹을 것이 아직 자라지 않은 배고픈 봄을 그렇게 불렀다. 그때 고픈 배를 채우기 위해서 어린 소나무의 줄기를 벗겨서 먹기도 했다. 그와는 달리 좀 사치스러운 것이지만, 일부의 잘사는 계층에서는 소나무의 꽃가루를 받아서 꿀로 버무린 송화 다식을 만들어먹기도 했다. 또한 가을에는 솔잎과 함께 쪄서 그 향기를 배게 한 송편을 빚어먹기도 했다.

지금은 거의 사라졌지만, 한국 사람들의 전통 가옥인 초가집이나 기와집들은 다 소나무를 중요한 재료로 삼아 지었다. 그리고 그 집들에는 온돌이라는 난방시설이 있었는데, 그것은 아궁이에 불을 때서 따뜻하게 하는 것이다. 그 중요한 땔감은 역시 소나무였다. 뿐만 아니라 대부분의 가구들 또한 소나무로 만들었다.

그리고 한국인들은 죽으면 거개가 소나무로 만든 관 속에 넣어져서 그 사람 고향의 솔밭에 묻히게 된다.

그 솔밭에 비 오고 눈 오면서 세월이 흐르고 흐른다.

▶ 솔잎과 솔방울이 늦가을 빛을 받고 있다(경상북도 경주시).
▶ 268-269쪽 : 밤새 온 눈을 맞고 더 처진 소나무들(강원도 강릉시).

소나무

천연기념물로 지정된 소나무(강원도 정선군 화표동).

한국 사람들은 소나무를 좋아한다. 그 모양을 좋아하고 또한 계절의 변화에 아랑곳하지 않고 늘 푸른 그 빛이 상징하는 뜻도 좋아한다. 곧게 뻗어올라간 소나무도 좋아하고 허리가 휘어 옆으로 굽은 것도 좋아한다. 뿐만 아니라 혼자 있는 소나무도 좋아하고, 무리지어 빽빽한 솔밭도 좋아한다.

한국의 산에는 예나 지금이나 소나무가 많다. 그 많은 소나무들은 한국의 땅과 잘 어울려서 한국적인 정서와 풍경을 이룬다. 옛날,

▶ 솔방울에서 빠져나온 솔씨에서 막 싹이 텄다. 아직 날개 달린 씨의 껍데기로부터 다 벗어나지도 못한 이 싹이 몇백 년, 거대한 나무로 자랄 수 있을지는 아무도 모른다(서울).
▶ 262-263쪽 : 울창한 솔숲(강원도 강릉시 대관령).
▶ 264-265쪽 : 안개 낀 아침의 나이 든 소나무(경상남도 합천군).

하지 않는다. 그럼에도 불구하고 자생하는 것처럼 보이는 해묵고 키 큰 게발 선인장들에 대해서 한국의 식물학자들은 "조류를 타고 들어온 것이 뿌리내려서 오랜 기간 동안 번식했을 것이다"라는 의견의 일치를 보인다. 내 생각에는 그렇다면 "수선화도 그랬을 것이다"이다. 그리고 기후가 비슷하므로 다른 자생식물들이 아주 오래전에 그러했던 것처럼 번식해나갔을 것이다. 그리고 무엇보다도 동양의 몇몇 나라, 특히 중국과 한국과 일본에는 같은 식물이 많이 분포해 있다. 그것들은 예전에는 같은 대륙으로 이어져 있었기 때문이거나, 아니면 아마도 짐승들이나 바람 또는 파도 같은 것들이 비슷한 기후의 지역에 자랄 수 있는 씨앗들이나 뿌리들을 서로 옮겼기 때문일 것이다. 그러므로 지중해 연안 원산의 수선화와는 좀 다른 제주도의 수선화는 한국의 자연에 자생하는 식물로서 인정을 받아야 마땅할 것이다. 꽃 스스로는 사람의 그까짓 인정을 받은들 어떻고 안 받은들 어떨까만은. (야생의 수선화를 화훼식물이라고 부르는 것은 그 꽃으로 보아 승격된 것일까? 아니면 격하된 것일까? 이 또한 사람들의 문제일 뿐이겠지만.)

   늘 바람 부는 들녘, 제주 대정의 바닷가에 그 아름다운 소년처럼 보이는, 그러나 머슴 같은 강한 생명력을 가진, 결코 물에 빠져 죽는다든가 아니면 가뭄에도 말라죽지 않는, 수선화가 올해도 어김없이 피어나 기쁨의 새봄을 샛노란빛으로 노래한다.

   여행이란 몰려다니거나 떠도는 것만이 아니다. 때로는 쪼그리고 앉아, 꽃 한 송이에 한나절을 바치기도 하는 것이 진정한 여행이다.

라고 불리는 고유의 격조 높고 아름다운 서체를 완성했다. 뿐만 아니라 그곳에서 그가 남긴 그림 중 가장 유명한, 아마도 이 세상에서 가장 쓸쓸한 풍경화일 「세한도」를 그리기도 했다. 그가 그곳에서 쓴 시 중에는 수선화를 노래한 것이 몇 편 있다(pp. 12-14, 219). 그때로부터 150년쯤의 세월이 흘렀건만 놀랍게도 제주도 대정에서 수선화에 관한 사정은 달라진 것이 없다. 지금도 대정 근처의 여러 마늘밭에서는 자리를 차지하며 번식하는 수선화를 호미로 캐어서 밭둑 너머로 던져버린다. 그러나 그 연약해 보이는 아름다움을 가진 수선화는 버려진 돌무더기 위에서도 뿌리를 뻗고 살아난다. 수선화는 보기에는 귀족 같으나 머슴 같은 끈질긴 생명력을 가졌다. 그래서 수선화는 아직까지도 제주의 그 바람 많은 들녘에서 봄마다 새봄의 기쁨을 어느 꽃보다도 먼저 샛노란 빛깔로 노래한다.

그런 수선화가 무슨 까닭으로 우리나라 식물학자들의 관심을 끌지 못했는지는 알 수 없다. 그러나 그것들은 엄연히 제주도 대정 땅에 자라고 있다. 그것은 지중해가 원산이라지만 중국의 남쪽 지방에도 많이 자란다. 그것들은 유럽의 품종보다 노란 빛깔이 엷고 꽃잎도 작다. 제주도에서 자라는 수선화는 바로 중국의 품종과 빛깔이나 모양이 같다. 아마도 까마득한 옛날 언제인가, 바다의 태풍 길을 따라 파도를 타고 중국의 해안으로부터 떠밀려와서 제주도 대정의 바닷가에 표착한 것이 아닐까? 마치 하멜과 그의 일행들처럼.

제주도의 북서쪽에 있는 한림 근처의 바닷가에는 늙은 게발 선인장들의 무리가 있다. 물론 열대 식물인 선인장은 한국에서는 자생다. 그는 서기로서의 역할을 충실히 해서 13년간의 억류 생활과 그 당시 한국의 상황에 대해서 비교적 자세한 보고서를 썼다. 그것이 서양에 한국을 처음으로 소개한 것이었다. 제주도는 파도의 길목에 있다는 점 때문에 서양과 가장 먼저 접촉했던 곳이다.

앞에서 말한 대로 수선화는 우리나라의 식물도감들에는 "지중해 연안 원산인 관상식물"이라고만 기록되어 있다. 이것은 한국 땅에서는 수선화가 자생하지 않는다는 말이다. 이를테면 제주도에서 사는 1,700여 종의 식물 중의 한 종이 아니며, 원예용으로나 재배한다는 말이다. 그런데 어찌 된 일인지 제주도의 남쪽 해안 여기저기, 특히 앞의 하멜 일행이 파도에 떠밀려왔던 대정 바닷가에는 수선화가 철따라 제 힘으로 번식하고 있다. 그것들은 물론 제주도 여기저기의 길가에 인위적으로 심은 수선화와는 확연하게 구별되는 것들이다. 앞에서 말한 것처럼 제주도에는 제주도 고유의 말(우리는 흔히 사투리라고 부른다)로서 수선화를 이르는 "몰마농"이라는 명사가 있다. 그 말은 이미 육지에서는 사라진 지 오래인 조선시대의 고어이다. 그러므로 적어도 조선시대에 수선화가 제주 땅에 자라고 있었다는 증거가 되겠다. 조선시대에 수선화가 제주도에 자생하고 있었다는 또다른 확실한 증거가 하나 더 있다. 저 유명한 추사 김정희 선생(1786-1856)이 8년 3개월 동안(1840년 9월 2일-1848년 12월 6일) 제주의 대정현(바로 하멜 일행이 표착했던 그곳이다)에서 귀양살이를 했다는 것은 널리 알려져 있다. 그곳의 좋지 않은 환경과 조건에서, 쉰다섯 살이 넘은 나이에도 불구하고 이른바 추사체 거의 그곳은 모진 삶을 영위하던 슬픔의 땅이었으므로 그곳 사람들은 "기쁨은 모래알만 하고 시련은 바위만 한 섬"이라고 말하기도 했다. 그런 섬이 우리나라에서 가장 이국적인 풍경을 가진 아름다운 관광지가 되었다. 제주도는 서양 사람들에게는 캘파르트 섬(Quelpart Island)이라고 알려졌었는데, 태평양에서 발생하여 북상하는 태풍의 길목에 있다. 그래서 태풍에 난파당한 배들이 그 섬으로 밀려오는 수가 많았다. 기록으로 남아 있는, 최초로 한국 땅에 상륙한 서양 사람은 한자의 발음으로만 알려진 빙리이(憑里伊)라는 사람으로 1582년 제주도에 들어왔다. 그때는 한국 사람들이 아직 알파벳을 모르던 때였다. 따라서 본디 이름이나 국적은 알 수 없다. 그는 파도에 떠밀려서 제주도에 표착하자마자 체포되어서 중국으로 압송되었지만, 우리나라에 온 최초의 서양 사람이었다. 그 뒤에도 여러 번 제주도를 통해서 서양 사람들이 한국으로 들어왔다. 그중 가장 유명한 사람은 「조선에 온 네덜란드인」이라는 책을 써서 한국을 서양에 최초로 소개한 하멜이라는 네덜란드 사람이었다. 그는 중국에서 일본으로 가다가 난파당한 배의 선원 64명 중에서 살아남은 36명의 동료 선원들과 함께 1653년 8월 16일 새벽에 제주도의 남쪽 해안에 있는 대정현에 상륙했다. 그 당시 우리나라는 세계를 모르고 있을 때였으므로 표착한 서양 사람들을 다시 국외로 내보내지 않는 관습을 가지고 있었다. 그래서 이들은 13년 동안이나 억류되어 있다가 1666년 8월 30일에 일본으로 탈주해서 고국 네덜란드로 돌아가게 되었다. 그 책의 저자인 하멜은 난파당했던 배의 서기였

이다. (그 뿌리는 마늘이라기보다는 양파의 뿌리와 똑같이 생겼다.) 그런데 그 꽃은 서양에서는 나르시스라고 부르는, 물에 비친 자신의 모습에 홀려서 바라보다가 빠져 죽은 아름다운 소년 나르시소스가 이 꽃으로 피어났다는, 저 그리스 신화의 바로 그 꽃이다. 같은 꽃을 두고 서양에서는 자기 도취를 말하고, 이곳에서는 말의 먹이를 말한다. 그것은 제주도에서 그리스까지의 실제 거리만큼이나 동떨어진 뜻이다. 서양과 동양은 그처럼 멀다.

제주도의 평균 기온은 14.6도이며 겨울에 가장 온도가 낮을 때는 4.7도이다. 그래서 높이에 따라 온대, 난대, 한대성 온도이므로 1,700여 종이나 되는 아주 다양한 식물들이 서식하고 있다. 식물 보물섬인 셈이다. 관광지로 개발되어서 국제공항도 있는 교통이 편리한 섬이지만, 50년 전쯤만 해도 척박한 땅에서 모진 삶을 영위하던 변방이었다. 조선시대에는 죄를 진 정치범들을 귀양보내던 머나먼 섬이었다. 한때 몽골 사람들이 침략해서 그들이 영토로 삼았던 적도 있고, 또한 일본 사람들이 수시로 들락거렸다. 그래서 그 변방, 척박한 섬에는 한국어뿐만 아니라 몽골어와 일본어의 화석들도 남아 있다. 그래서 또한 언어 보물섬이라고도 할 수 있다. 그러나 과

◀ 250-251쪽 : 한반도의 2월은 겨울이다. 그러나 제주도의 남쪽 해안은 배추꽃이 눈부시게 핀 봄이다. 이 꽃들은 관광객을 위해서 "피게 한" 것이다(제주도 남제주군 대정읍).
▶ 앞의 꽃과 달리 이 수선화의 부화관은 분명하고 아름답다. 작지만 서양의 그것과 같은 형태이다. "금잔옥대(金盞玉臺, 금으로 만든 잔과 옥으로 만든 잔대)"라고 불리는 이런 모양의 수선화는 그 아름다움에 반한 많은 사람들이 캐어간 탓에 지금은 흔하지 않다.
▶ 254-255쪽 : 제주도의 수선화는 서양의 그것보다 꽃의 크기가 작고 노란 빛깔도 연하다. 이 꽃이 피기 시작하면 이 나라에 봄이 오기 시작한다.

겨울에도 피는 민들레는 찬바람을 피하려고 아예 꽃줄기는 생략해버렸다. 그리고 경계심 많은 곤충처럼 땅바닥에 납작 엎드려 있다(제주도 남제주군 대정읍).

봄을 노래한다. 그것들은 화초로서 심은 것들이 아니라 밭둑이나 돌무더기 사이에 야생으로 피는 것들임이 분명하다. 신식 이름으로는 수선화이지만 제주도 토박이 사람들은 그곳 사투리로 몰마농이라고 부른다. 몰이라고 쓸 때 ㅁ 아래에 있는 모음인 아래아(ㆍ)라는 글자와 발음은 사라진 지가 오래이다. 지금은 한 "한글"의 상표로나 쓰일 뿐이다. 그런데 그 사라진 아래아의 언어 화석이 제주도에는 남아 있다. 육지 사람들은 도저히 낼 수 없는 아와 오 사이의 발음을 제주도 사람들은 하고 있다.

어떤 관습이나 문화는 더는 전파되어 나아갈 곳이 없는 변방에 정착되어서 남는 수가 많다. 그것은 가장 얕은 곳에 물이 고이는 것과 같은 이치일 것이다. 어느 나라에서나, 문화의 중심에서는 언어와 문화가 빨리 바뀌게 마련이고, 중심으로부터 멀리 떨어져 있는 변방에서는 변화가 느리게 마련이다. 제주도에 남아 있는 아래아라는 글자의 발음은 그 한 보기이다. 그 몰마농은 말의 마늘이라는 뜻

말마늘 또는 나르시스

제주도 해안의 바람이 적은 곳에는 가을에 핀 해국이 겨울까지 피어 있기도 하다(제주도 남제주군 대정읍).

다는 그 곁의 배추꽃이 당당하고 화려하다. 배추는 가을에 씨를 뿌렸던 것이 겨우내 자라서 늦은 겨울에 꽃을 피운 것이다. 푸른 잎과 노란 꽃이 무리지어 피어 있는 배추꽃은, 삭막한 겨울 풍경 속에서 싱싱한 봄의 생명력과 새봄의 희망을 나타내는 것 같은 밝은 빛깔로 신선하다. 그 꽃은 제주도의 저 유명한 유채꽃과 흡사하다. 그 배추들은 식용으로서가 아니라 관상용으로서, 4월에 유채꽃이 피기 전까지 관광객을 불러들이려는 미끼로서 재배되었다. (배추가 식용에서 관상용으로 바뀐 것은 타락일까? 승격일까?)

제주도의 남쪽 해안 따뜻한 곳에는 그런 꽃들 말고도 몇 가지가 더 늦겨울부터 이른 봄까지 핀다. 수선화가 그중의 대표적인 꽃이다. 한국에서 나온 몇 가지 식물도감에 수선화는 지중해 원산의 화훼식물이라고만 분류되어 있다. 그것은 야생 또는 자생하는 수선화는 없다는 말이다. 그런데 제주도의 남쪽 여기저기에는 아직은 겨울인 2월 초순쯤부터 수선화가 무리지어 피어서 샛노란 빛깔로 새

말마늘 또는 나르시스

꽃 가운데의 노란 부화관(corona)이 복잡하게 생긴 수선화이다. 이런 모양의 수선화가 제주도에 가장 많다.

한반도 서남쪽 태평양에 마침표처럼 섬 하나가 떠 있다. 그 섬, 제주도의 남쪽 해안에 꽃이 피면 이 나라에 봄이 오기 시작하는 것이다. 제주도의 꽃 소식이 전해진 뒤부터 사람들은 목을 빼고 봄이 빨리 오기를 기다린다. 그러나 중부지방까지 봄이 오는 데는 한 달쯤이나 걸린다.

제주도 남쪽 해안의 따뜻한 곳에는, 실은 겨울에도 꽃이 피어 있다. 해국이나 쑥부쟁이 같은 꽃들은 이른 가을에 피었다가 늦가을에 지는데, 따뜻한 곳에 피어난 것은 겨울에도 지지 않는다. 그리고 민들레는 제주도의 그 흔한 돌담 안, 바람이 자는 곳에서는 한겨울에도 피었다가 지기를 되풀이하며 왕성하게 번식해나간다. 그러나 겨울은 겨울인지라 민들레는 경계심 많은 곤충처럼 목을 잔뜩 움츠리고 땅바닥에 납작하게 엎드려 있다. 야생은 아니지만, 그보

▶ 제주도 대정읍의 밭둑에 무리지어 피어 있는 수선화.
▶ 246-247쪽 : 제주도는 해발 1,950미터인 한라산 하나로 이루어진 섬이라고 할 수 있다. 아래에는 초록빛으로 식물이 자라고 있지만, 낮은 둔덕 너머로 보이는 한라산 꼭대기에는 많은 눈이 쌓여 있다.

작지만 영롱한 빛을 지녔든 크지만 못생겼든 간에 열매는 제 몸을 깎아서 만든 한 해의 결실이다. 사람들은 그것을 보고 다냐? 시냐? 먹으면 몸에 좋으냐? 탈나는 것이 아니냐?에 관심이 많다. 어디까지나 사람의 기준으로 열매들을 판단한다. 모든 야생의 열매가 사람의 몸에 이롭더라도 그것은 거의가 보잘것없이 작은데도 말이다. 만약 산에서 자란 머루가 거봉포도와 마주쳤을 때, 그것이 제 동족이 사람의 교묘한 훈련을 받아서 그렇게 된 줄을, 아니 제 동족인 줄을 알아차릴 수 있을까? 어렵사리 알아봤다면 아마도 "세상에, 불쌍하기도 해라, 어쩌다가 저런 병신이 되었을까?"라고 말하지나 않을지 모르겠다.

살아 있는 모든 것은, 그것이 가령 개미 한 마리라고 할지라도 온 우주의 중심이 자기라고 생각한다던가? 그렇다면 산에서 자란 작은 열매들 또한 예외는 아니겠다. 작은 열매, 그 견고하고 정교한 조직과 모양, 그리고 사람을 위한 것이 아니라지만 그 빛깔! 그 속에 여러 대를 이 세상에서 이어나가게 할 미래의 생명까지 잉태하고 있으니 그 자체가 아름다운 우주라고 하겠다.

산과 들에 자란 식물의 열매는 사람이 먹을거리로 보면 보잘것없으나 볼거리로 보자면 보석보다 낫다.

저무는 계절에 이윽고 빛을 내는 작은 열매, 결실, 한 해의 그 정교한 집약을 보노라면 연말이 다가오는 것이 문득 두렵다.

남아 문득 산이 여위었다고 느꼈을 때 이미 가을은 가버린다. 진한 빛으로 여문 작은 열매들은 그럴 때쯤에는 눈으로 쉽게 다가온다.

열매 맺은 나무들은 해거리를 한다. 어떤 해에는 열매가 작고 적게 열리기도 한다. 열매를 크고 많이 맺는 해에 나무들은 섭취한 영양분을 열매를 만드는 데에 다 써버린 것이다. 그런 해의 나무들은 거의 자라지 못한다. 열매가 중요하다고 해서 그것을 키우는 데에만 골몰하면 다른 나무들보다 몸집이 허약해지기 마련이다. 그래서 나무에 따라서 다르기는 하지만, 2-3년에 한 번은 열매를 포기하고 제 몸을 돌보는 해가 있는데, 그것을 해거리라고 부른다.

나무들도 나이를 먹으면 노파심이 생겨서 더 강한 본능의 지배를 받는다. 그리하여 늙은 나무는 자잘한, 그러나 수없이 많은 열매를 맺는다. 그것은 곧 죽음이 다가오고 있음을 예감하고 쓰러지기 전에 종자나 많이 퍼뜨리겠다는 뜻이다. 야생이 아닌 과수원의 나무들도 마찬가지이다. 나이 든 나무는 좋은 거름을 아무리 많이 준다고 해도 결코 큰 열매를 맺지 않는다. 작으나 많은 열매를 맺을 뿐이다. 과수의 나이를 셈하고 있던 농부는 나무들이 그런 망녕을 부리기 전에 베어버린다. 그러므로 천수를 다할 수 있는 자연의 나무는, 곧 제 수명을 다하고 나서도 몇 년씩이나 기념비처럼 의연하게 버티고 서 있는 고사목은 그에 비하면 행복하고 행복하다.

◀ 238쪽 : 청미래덩굴(전라남도 진도군).
◀ 239쪽 : 노박덩굴(서울 북한산).
◀ 240-241쪽 : 생강나무 밑에 그림자를 드리운 머루(서울 북한산).

천남성(전라남도 지리산).

고 집요한 싸움을 한다(비유를 잘못 드는 것일까? 그것은 꼭 사람들 사이의 눈에 보이지 않는, 좀처럼 끝나지 않는 싸움과 닮아 보인다).

상대방보다 먼저 가지를 길게 뻗고 키를 보다 높게 자라게 하는 것은, 시야가 툭 터진 경치를 즐기기 위한 것이라기보다는 더 많은 빛과 땅속의 물과 자양분을 차지하기 위해서이다. 그야 그 나무가 사는 동안 쾌적하고 튼튼하게 살자는 뜻인데, 그것은 사람들처럼 내가 더 잘났다고 재기 위해서가 아니라 다만 열매를 잘 맺어서 종족을 번성하게 하겠다는 거룩한 본능을 따른 것일 터이다.

꽃이 지고 나서부터 자라기 시작했을 야생의 열매들은 잎이 무성할 때는 애써 찾아보기 전까지 눈에 잘 띄지 않는다. 그러나 해가 빨리 설핏해지고 밤이 그만큼 더 길어질 무렵부터 한 해가 이미 기울었다는 것을 눈치챈 식물들은 마지막 모양을 낸다. 마지막 잎새들은 장엄한 빛 부심, 그 현란한 빛깔로 차린 잔치를 끝내면 훌훌 미련없이 날려서 영원한 흙으로 돌아간다. 마침내 앙상한 가지들만

시로미(제주도 한라산).

  작은 씨앗들을 바람에 날려서 멀리까지 이민을 보내기도 하고, 큰 열매들을 잘 익혀서 그 그루터기께에 떨어지게 하거나 더러는 비탈에 굴려 얼마쯤 떨어진 곳에서 싹이 돋아나도록 한다. 어떤 식물이건 좋아하는 자리가 있게 마련이며, 제가 좋아하는 곳에 자리 잡은 식물들은 그 근처에 많은 동족들을 자라게 하여 군락을 형성한다. 굳이 군락이 아니더라도, 어떤 식물이건 그 근처에는 똑같은 종류가 얼마쯤은 있기 마련이다. 흡사 우리나라의, 지금은 비록 내력뿐인 곳이 많지만, 씨족부락 같은 것이다.
  식물들도 살기 위한 싸움을 한다. 그 싸움은 동족끼리 벌이는 수도 있으나 그리 심한 편은 아니다. 솔 숲, 그 빽빽한 줄기 위를 수더분한 곡선의, 꼭 공동으로 쓰고 있는 듯한 지붕 같은 잎들의 어울림이 그런 것의 한 보기가 되겠다. 그러나 키 큰 나무와 키 작은 나무 또는 잎이 크고 많은 나무와 그렇지 못한 나무가 우연히 곁에서 자랄 때는, 한 나무가 마침내 죽을 때까지 몇십 년 또는 몇백 년에 걸친 길

좀작살나무(서울 북한산).

앗이 밭의 배추보다 훨씬 더 작게 자란다는 점이 그 보기이다.

파브르는 "식물들은 사람들이 좋아하라고 열매 맺지 않는다"고 했다. 여러 식물은 다 이유가 있어서 열매를 맺는다. 종족을 보존하려는 본능은 동물에게만 있는 것이 아니다. 모든 식물들은 온 세상이 자신과 같은 종족으로 뒤덮이기를 바라지야 않겠지만(알 수는 없다) 적어도 자신과 같은 종족이 번성하도록 될 수 있는 대로 튼튼하고 많은 씨앗을 뿌려야 할 의무가 있다는 것은 확실히 안다.

▶ 234-235쪽 : 화살나무(서울 북한산).

산초나무(서울 북한산).

을 차례로 맞으며 그때마다 알맞은 모습으로 자라면서 삶을 즐긴다.

우리가 먹는 곡식이나 채소, 그리고 과일은 다 자연에서 스스로 자라고 열매(씨앗)를 맺는 것들로, 몇백 년 동안 사람들이 길들여서 개량한 것들이다. 말하자면 사람들은 먹을 것이 많도록 뚱뚱하게, 또 더 달도록 식물의 체질을 바꾸었다. 그래서인지 몇백 년이나 흘렀으나 식물들은 "사람에게 길들여진 것을 후회하며"(「파브르 식물기」), 기회만 있으면 본성으로 돌아가려고 한다. 이를테면 거름을 주지 않은 과수의 열매가 작아지는 것, 밭 근처의 산비탈에 떨어진 배추 씨

만추, 그 열매

◀ 팥배나무(서울 북한산).
▶ 참빗살나무(서울 북한산).

해가 기울며 낮이 짧아지면 식물들은 이윽고 겨울이, 견디기 어려운 계절이 다가오고 있음을 눈치챈다. 그리하여 부랴부랴 씨앗을, 열매를 단단히 여물게 하거나 진한 빛깔로 서둘러 익힌다.

성질이 급하여 이미 봄에 꽃이 피었다가 지자마자 열매를 익히고 떨어뜨린 것들도 많다. 세상이란, 계절이란 믿을 것이 못 된다는 듯이. 봄볕이 반짝일 동안 "앞날은 알 수 없어 서둘러야 돼……"라고 생각한 듯이. 그렇듯이 열매를 일찍 익힌 것들은 대개가 높은 산처럼 조건이 좋지 못한 곳에서 사는 것들이다.

일찍 꽃을 피우고 열매를 떨어뜨린 성질 급한 식물들이 멋없는 꼴로 나머지 계절을 무심하게 살 때, 느긋한 식물들은 줄서서 오는 계절

역이라도 높이에 따라서 다르다. 바래봉 아래쪽은 5월 중순이지만 바래봉 꼭대기는 5월 말께가 산철쭉의 절정이다. 6월 초에 지리산의 세석평전에서 유명한 "철쭉제"가 열리는데, 그것은 연분홍의 철쭉으로 낮은 곳에서는 전국에 걸쳐 4월 초순에서 중순이면 피었다가 지는 것이다. 그리고 운봉 바래봉의 철쭉제는, 실은 산철쭉을 말하는 것으로 5월 중순에서 하순까지가 꽃이 가장 많이 핀다. 만약에 남원 땅으로 구경을 간다면 그 사람 많은 광한루에나 갈 것이 아니라 운봉 땅도 밟아보는 것이 좋다. 남원에서 여원치를 넘으면 남도 소리의 고향, 운봉이다. 운봉리 당산에는 아마도 이 나라에서 가장 아름다울 장승 한 쌍이 있다. 그것들은 안타깝게도 둘 다 목이 부러져서 시멘트로 겨우 세워놓은 것이다. 몇 년 전에 도둑이 훔쳐가다가 뉴스로 보도되자 길가에 버린, 그래서 무참하게 목이 부러졌다. 그렇더라도 그 장승은 아름답다. 아마 조선 어느 때에 돌을 쪼아 그것을 만들었던 이름 없는 석공의 기막힌 솜씨와 더 기막힌 장난기 있는 익살에 누구나 반할 것이다(그 근처에는 그보다는 좀 나이가 덜 든 다른 한 쌍의 장승도 있다). 그 장승 한 쌍 사이로 운봉읍이 보이고, 그 운봉읍 너머로 덕수봉과 바래봉이 있는 지리산 줄기가 보인다. 그 줄기 꼭대기가 눈부시고 붉은빛을 낼 때면 때는 초여름으로 접어든 것이다. 붉은 꽃밭, 초록의 풀밭을 배경으로 한 푸르른 날, 한나절이나 꽃구경을 했더니 멀미가 났다. 빛깔도 너무 짙으면 질린다. 잠깐 보고 스쳐야 아쉽고 그립지 진종일을 구경했더니 나중에는 무덤덤해졌다. 그랬더라도 내년에 또 보고 싶은 풍경이다.

은 것은 철쭉이 아니라 개꽃이오"라고. 노인이 말하는 철쭉은 철쭉이었으나 "개꽃"은 산철쭉을 말하는 것이었다. 철쭉에는 두 가지가 있다. 철쭉과 산철쭉이 그것이다.

바래봉 일대에는 산철쭉이 능선을 이으며 줄줄이 절정을 이루고 있는 틈바구니에 허여멀건 철쭉이 드문드문 피어나고 있었다. 진달래나 철쭉 종류는 햇볕을 좋아해서 다른 나무들이 그 잎새를 펼쳐서 그늘을 만들기 전에 후다닥 피었다가 지는 꽃이다. 햇볕을 많이 받으면 빛깔이 진하고 그렇지 못했을 때는 엷은 빛깔이다. 성질이 그러하여 목장을 했던 민둥산이 햇볕 받기에 좋았으므로 짐승(오스트레일리아산 양)이 사라지자 겨우겨우 목숨을 부지하고 있던 산철쭉이 기쁨의 함성을 지르며 세력을 확장하기 시작한 것이다. 그런데 그것이 근래에 알려지기 시작해서 "철쭉제"까지 열리게 되었으니 다시 위기에 처할지도 모른다. 한두 사람이 아니라 몇십 명씩 무리지어 온 사람들이 줄줄이 풀밭을 누비는데, 그 한 무리가 지나가면 풀밭 위에 새로 길이 하나 생긴다. 그리고 산철쭉 사이를 뚫고 지나가는 길도 생긴다. 무슨 "제"라는 것은, 말하자면 어떤 것에 대한 사람의 경외심을 나타내는 것일 터이다. "철쭉제"라면 철쭉에 경배드리는 것이다. 그런데 충분히 그렇다기보다는 방해를 하는 것은 아닐는지?

같은 종의 꽃이라도 지역에 따라서 피는 시기가 다르고, 같은 지

◀ 226–227쪽: 자연이라기보다는 마치 솜씨 좋은 정원사가 잘 가꿔놓은 정원처럼 보인다.

이어지는 지리산의 본 줄기가 아련하게 보였다. 그리로 오르는 길목인 장구목재에서 몇 명의 노인들을 만났다. 그들은 운봉의 용산리에서 사는 이들이었는데, "동네 뒷산"으로 꽃구경을 나선 길이었다. "아 서울서 부산서 광주서 꽃구경한다고 부산하게 와쌌네……, 그래서 우리도 날 받아서 나섰제" 하고 한 노인이 말했다. 그날은 그러니까 그 동네 사람들이 나설 만큼 철쭉이 활짝 핀 해맑은 날이었다. 한 노인이 친절하게 가르쳐주었다. "이것이 진짜 철쭉이오. 철쭉이라 해쌌는 이 많

1. 덕두산 바로 아래께에 있는 운봉읍 용산리에 사는 노인들이 "뒷동산"으로 꽃구경을 왔다. 터줏대감들이 나들이를 한 날이므로 그날은 틀림없이 꽃이 활짝 핀 날이었을 것이다.
2-3. 운봉읍 서천리 당산에는 중요 민속자료 제20호로 지정되어 있는 잘생긴 장승 한 쌍이 서 있다. 얼마 전 도둑이 훔쳐가다가 버리는 바람에 목이 부러졌다. 당산에서는 음력 정월 초하룻날 밤에 당제를 올린다.

◀ 운봉의 바래봉 꼭대기에서는 거대한 지리산이 한 눈에 들어온다. 가장 멀리 보이는 능선의 가장 높은 곳이 지리산의 꼭대기인 천왕봉이다.
▶ "바래봉 철쭉제"까지 열리게 되었으므로 온 나라에서 사람들이 몰려오기 시작했다. 그래서 개화기의 일요일은 "꽃 반 사람 반"이라고 한다.

는 습기가 많기 때문인지 풀마름병이 없어서 목초가 잘 자랐으므로 목장으로서는 입지가 좋은 곳이었다. 그래서 산의 나무들을 베어내고 민둥산을 만든 뒤에 목초를 심고 목장을 만들었다. 오스트레일리아에서 면양 몇만 마리를 그곳의 기술자와 함께 들여다가 키웠었다. 그러나 그것은 경치만 좋았지 실속은 별로 없었으므로 슬그머니 그만두게 되었다. 바로 그 목장을 했던 민둥산이 자연 스스로의 복원력으로 몸을 추스르는 과정 중의 하나가 아름답게 펼쳐진 철쭉 꽃밭으로 나타난 것이다. "자연을 보호하자"는 구호를 따져보면 사실은 상당히 주제넘은 것이다. 자연은 사람이 보호할 만한 대상이 아니다. 오히려 사람이 자연의 보호를 받는 것이다. 따라서 구호는 "보호하자"가 아니라 "파괴하지 맙시다"가 옳다. 사람과 짐승의 간섭을 받고 망가졌던 자연의 복구능력, 본디 모습으로 돌아가려는 능력이 "바래봉의 철쭉 꽃밭"처럼 감동적인 풍경으로 나타난 것이었다.

바래봉 꼭대기에 올라서니 남동쪽으로 반야봉에서 천왕봉으로

산철쭉은 진달래과의 낙엽 과목이다. 지역에 따라 꽃피는 시기가 다르나 진달래가 지기 시작할 때 피는 꽃이다.

봉(해발 1,165미터), 그리고 덕두산(해발 1,150미터)이 이어지는 긴 능선이 있다. 그곳의 바래봉과 덕두산을 잇는 능선 위에는 아름다운, 산신이 사람 흉내를 내서 사람들이 좋아하라고 만든 정원이기라도 한 듯이 철쭉 꽃밭이 펼쳐져 있었다. 이 풍경은 근래에 새로 태어난 풍경이며, 막 사람들에게 알려지기 시작한 풍경이다. 1995년 5월 14일에 운봉읍에서 주최한 "바래봉 철쭉제"가 열렸었다. 그러나 그것은 일요일에 철쭉제 날을 잡은 것이었기 때문에 철쭉의 만개 시기보다는 좀 이른 편이었다. 철쭉의 화려한 만개는, 실은 5월 말이었다. 여느 지방의 철쭉은 대개 개울가나 잎이 돋기 전의 숲 가장자리에 무리지어 피어 있다. 그러나 "지리산 바래봉"의 철쭉은 싱그럽도록 푸른 풀밭 위에 무리지어 피어 있다. 그래서 풀밭과 꽃밭의 그 선명한 빛깔의 대비 때문에 한결 더 눈부시다. 그곳 풀밭의 풀은 자세히 들여다보면 이 땅의 것이 아닌 외래종 목초이다. 그 목초는 양을 먹이기 위해서 재배하던 것이다. 덕두산과 바래봉을 잇는 능선 일대는 저 유명한 "운봉목장"이었던 곳이다. 지난 1960-1970년대에 조국의 근대화를 선전할 때에 흔히 보여지던 풍경 중의 하나가 운봉목장의 고원지대에 양 떼가 몰려가는 것이었다. 그 장면은 지금으로 치자면 첨단산업을 내세운 홍보물과 같은 것이었다. 그 운봉 근처의 고원지대에

바래봉 철쭉제

"십 년이면 강산도 변한다"는 말이 있다. 그러나 겪어보아 아는 사실은, 자연 그대로의 상태로서는 그다지 크게 변하지 않으나 사람이 손을 대었다 하면 몰라보게끔 변한다는 것이다. 그리고 그 "변한" 것의 대부분은 개발이나 건설의 이름으로 "뽕나무 밭이 바다로 바뀐" 것처럼 된 것을 말한다. 그래서 새로 생긴 풍경들이란 하나같이 삭막한 인공물들의 나열인 수가 많다. 읍이나 면 정도의 시골에도 많은 고층 아파트를 지어서 하늘과 산을 가리는 답답한 경치를 만들고 있다. 다녀보면 온 나라가 아파트화되려는 것 같아 보인다. 구제불능의 상태로 강산이 변하는 것이다. 그런데 모처럼 그렇지 않은 것을 보았다. 새로 생겨난 풍경이 놀랄 만큼 아름다웠다.

「춘향전」의 무대는 알다시피 남원이다. 판소리 「춘향가」에서 이도령이 방자의 안내로 광한루에 올라서 "애 방자야 처음 보는 곳이라 어디가 어딘 줄을 모르겠구나. 늬가 좀 일러라"라고 했을 때 방자는 팔을 들어 열렬히 고하는데 동편을 가리키며 "저 건너 보이는 산은 지리산 내맥인디 신선내려 노는데요……" 하는 진양조의 대목이 있다. 동편의 지리산 내맥이란 운봉 쪽 고원으로 뻗어 있는 지리산 자락을 말한다. 바로 남원시 운봉읍의 곁으로는 지리산의 만복대로부터 뻗어나온 세걸산, 부운치(해발 1,122미터), 팔랑치, 바래

많이 자라고 있다.

  추사 김정희 선생이 제주도로 유배갔을 때에 쓴 글 중에는 "푸른 바다 푸른 하늘 시름 가지고 / 너와의 선연은 다할 수 없어 / 호미 끝에 버려진 예사론 너를 / 오롯한 창가에 놓고 기른다"고 읊은 것이 있다. "호미 끝에 버려진" 것이 바로 수선화를 말한다. 호미 끝에 버려지기는 추사의 시대나 지금이나 마찬가지이다. 생명력이 끈질긴 수선화는 아직도 밭 가장자리에 버티고 있는데, 밭을 매는 이들은 봄마다 그것을 캐어버린다. 제주의 관공서 사람들은 길가에 수선화를 심기도 했다. 그러나 그 작은 것이 차를 타고 휙 지나가는 사람들에게 잘 보일 리가 없다. 너른 둔덕이 많은 고장이니 한 자락쯤을 수선화로 뒤덮어서 관광자원으로 삼을 수도 있으련만.

  "봄에는 꽃이 핀다"는 말은 너무나 진부해서 아무런 흥미도 끌지 못한다. 말은 그렇다고 하더라도 봄마다 새로 피는 꽃은 봄마다 새삼스럽고 봄마다 반갑다.

  세상살이에 지쳐서 들꽃이 피어 있는 것을 볼 겨를이 없는 사람은 불쌍하다. 들판에 나가서 여러 빛깔로 아기자기하게 피어 있는 풀꽃들을 바라보면서도 무심한 사람은 더 불쌍하다.

  봄에 꽃이 피었는가 싶을 때는 이미 진다. 활짝 핀 순간이 지기 시작하는 순간이다. 봄은 우리에게 그렇게 왔다가 간다.

것으로 입었으나 속옷은 아주 좋은 것을 입었으며, 반대로 외떡잎 식물은 속은 가난해도 겉만 번지르르하게 치장한 식물이라는 것이다. 그래서 그것은 꼭 그런 사람처럼 잘 쓰러지고 잎이나 꽃잎이 잘 찢어진다.

여기에 실린 풀꽃들 중에서 보기를 들자면, 백합과의 얼레지, 산자고, 둥굴레, 수선화 같은 것이 외떡잎 식물이고, 미나리아재빗과의 복수초, 노루귀, 할미꽃, 그리고 국화과의 솜다리, 제비꽃과의 제비꽃 등이 쌍떡잎 식물이다.

제주도의 남쪽 지역에 가면 밭 가장자리에 수선화가 많이 자란다. 그곳 토박이말로 그것을 "몰마농"이라고 한다. 그곳 토박이말에는 아직 정확하게 아래아(ㆍ)가 남아 있어서 그곳 토박이들은 말을 가리킬 때 몰과 말의 중간쯤 되는 발음을 한다. 즉 몰은 제주도에 흔했던 말을 말하며, 마농은 마늘을 말한다. 몰마농은 말의 마늘을 뜻한다. 육지에서라면 말 대신에 아마도 "개"로 되지 않았을까 싶다. 꽃 중에서 사람이 먹을 수 있는 꽃인 진달래는 "참꽃"이고 먹으면 탈이 나는 철쭉은 "개꽃"이라고 하는데, 개는 먹을 수 있다고 개꽃이라고 한 것이 아니라 가장 흔한 짐승의 꽃이라는 뜻일 것이다. 제주도에서는 개보다는 말이 흔했을 터이므로 그런 이름이 붙었을 것이다. 식물 사전 같은 데를 보면 수선화는 지중해가 원산지이며 재배식물이라고만 되어 있다. 그런데 그것이 잘못된 것인지 아니면 들어온 외래종이 들판으로 나가서 자리잡고 강인하게 살아온 것인지는 알 수 없으나, 제주도의 남쪽에는 수선화가 저절로 들판에서

1. 양지바른 곳을 좋아하는 할미꽃(전라남도 보성군). 2. 이른 봄에 피는 꿩이눈(강원도 정선군). 3. 이른 봄 한라산에 피는 복수초(제주도).
▶ 216-217쪽 : 활짝 피어 골짜기를 훤하게 하는 산벚꽃(강원도 평창군 진부면).

논둑에 흔히 피는 산자고(전라남도 광양시).

물망처럼 가로 맥과 세로 맥으로 촘촘하게 짜서 쉬 찢어지지 않게 하며, 꽃 또한 확실한 꽃받침으로 보호하여 다치지 않도록 한다.

그런데 외떡잎 식물은 엉성한 "수염뿌리"를 가졌으므로 둥치는 넘어지기가 쉽다. 그리고 잎도 가로나 세로만으로 된 긴 잎맥을 가졌으므로 잘 찢어진다. 뿐만 아니라 꽃받침이 없어서 꽃도 다치기 쉽다. 그럼에도 불구하고 꽃은 대체로 쌍떡잎 식물에 비해서 크고 화려하다. 그래서 파브르는 외떡잎 식물을 겉은 번드르르하나 속은 별것이 아닌 식물이라고 설명했다. 쌍떡잎 식물은 겉옷은 수수한

온 나라 어디에서나 흔하게 피어나는 둥굴레(강원도 인제군 설악산).

각이 든다.

"될성부른 나무는 떡잎부터 알아본다"라는 속담이 있다. 떡잎에는 싹을 자라게 하는 영양분이 저장되어 있다. 그러므로 "젖잎"이라고도 부르는데, 그것의 상태에 따라 건강을 예측할 수도 있다. 식물에는 떡잎이 하나인 외떡잎 식물과 두 개인 쌍떡잎 식물이 있다. 그 작은 것이 하나냐 둘이냐에 따라서 그 식물들의 성질은 아주 달라진다. 이를 테면 쌍떡잎 식물은 튼튼한 "기둥뿌리"를 가지고 있어서 본 둥치를 넘어지지 않고 확실하게 버티게 한다. 그리고 잎을 그

동의나물(강원도 오대산).

십 송이에서 몇만 송이까지 떼로 달려서 한꺼번에 함성을 지른다. 그러나 풀꽃은 기껏 한 포기에 한 송이이거나 많아도 댓 송이밖에는 달리지 않는다. 그래서 언뜻 보면 초라하고 멀리서는 잘 보이지도 않는다. 이른 봄에 등산하는 사람들을 보면, 숨이 가빠서 그런지는 알 수 없으나, 멀리 있는 큰 경치는 바라보아도 자신의 등산화에 밟혀서 무참하게 뭉개지는 새봄의 기쁨에 겨운 전율 같은 샛노란 제비꽃은 보지 못하는 경우가 흔한 듯하다.

풀꽃과 친해지려면 풀의 자세로 몸을 낮추어야 한다. 그러므로 흔히는 엎드려야 풀꽃을 제대로 바라볼 수가 있다. 거기에다 확대경이 있으면 더 좋다. 1센티미터도 채 안 되는 크기의 꽃송이를 들여다보면, 세상의 어떤 생명이 또는 세상의 어떤 기계가 이보다 더 정교하며, 이보다 더 조형적이며, 이보다 더 빛깔이 고울까 싶은 생

▶ 210쪽 : 지리산 근처의 히어리. 온몸을 꽃으로 주렁주렁 치장한다.
▶ 211쪽 : 눈양지꽃(강원도 평창군 노인봉).

수선화(제주도 남제주군 대정읍).

그런데 그럴 때에도 더러는 느닷없이 눈이 내리기도 한다. 날씨가 주책을 부린 탓인데, 그것은 식물에게는 재앙이지만 우리에게는 횡재이다. 그러나 그것은 이내 "봄눈 녹듯" 하므로 큰 재앙은 아니다.

한라산에서는 복수초, 설악산에서는 얼레지 같은 것이 눈 속에 피어 있는 것을 드물게 볼 수 있다. 복수초는 한라산에서 자라는 것과, 경기도와 그 밖의 지역에서 자라는 것으로 구별한다. 한라산에서 피는 것은 그 조건이 그리 좋지 않은 편임에도 불구하고 결실을 차려서 잎을 먼저 자라게 한 뒤에 황금빛 꽃을 피운다. 그런데 경기도 같은 곳에서 피는 복수초는 그다지 서둘러야 될 이유가 없어 보이는데도 황급하게 꽃부터 피우고 그 다음에 옷을 차려입는다.

풀들은 채신머리없이 그럴 수도 있다고 여겨지지만 허우대가 멀쩡한 나무들도 예의 같은 것은 다 팽개치고 꽃부터 화들짝 피운 다음에 옷을 차려입으며 "옷이 없어서 그런 것은 아니에요. 다만 우리 조상들 때부터 습관이 그럴 뿐이지요"라고 하는 것들도 많다. 진달래, 히어리, 생강나무, 산수유 같은 것들이 그런 축에 든다. 그런 것들은 꼭 불안해서 허둥대는 조급증 환자들 같아 보인다.

우리나라의 산과 들에서 피는 꽃들 중에서는 나무들의 것보다는 풀들의 작은 것들이 더 아름답다. 나무들에 피는 것은 한 그루에 몇

봄을 재촉하는 야생화

꽃봉오리가 병을 닮았다고 하여 이름 붙여진 병꽃나무 (경상북도 경주시 남산).

봄은 왔는가 싶을 때 이미 떠나고 있다. 그것은 주춤주춤 왔다가 훌쩍 떠나버린다. 계절도 세월을 닮는지, 호된 추위와 더위로 중무장한 독한 계절들은 확장되어서 거의 한 해의 반씩을 차지하는 듯하다. 그 틈새에서 가을과 봄은 그래도 제 할 일을 서둘러 다 하고 간다.

높은 산처럼 여러 가지 조건이 좋지 않은 곳일수록 봄은 얼른 왔다가 간다. 그런 곳은 바람이 많고 습기가 적으며, 밤과 낮의 기온 차이가 크다. 그런 곳의 식물들은 고생고생을 하며 산다. 그래서 그런지 사람처럼 눈치가 발달되어 있다. 봄이 되어도, 산 밑에서는 푸른 풀이 돋아나고 눈부신 빛깔들의 꽃이 필 때에도, 시침 딱 떼고 납작하게 엎드려 있다가, 화창한 어느 날 더는 추운 밤이 오지 않으리라는 확신이 들 때에 서둘러서 싹을 틔우며 동시에 꽃봉오리를 밀어올린다. 그리하여 빠른 시간 안에 꽃을 피운다.

▶ 앵초꽃(강원도 속초시 설악산).

었다. 아마도 어디선가로부터 떠내려오거나 날아온 씨앗 하나에서 여러 해를 두고 번진 것일 터이다. 워낙 척박한 곳이어서 그런지 전부 다 키가 작았다. 그렇다면 그곳의 서울제비꽃들은 다 일가친척들이겠고, 그곳은 말하자면 우리의 시골 같은 씨족 마을이겠다.

거기에 다른 종자가 쳐들어오기 시작했다. 민들레, 서양민들레가 비좁은 틈 사이에 뿌리박고 같이 살잔다. 사람들은 보라와 노란 빛이 잘 어울려서 보기 좋다고 할 것이다. 그러나 식물들도 생존을 위한 투쟁을 한다. 동물들처럼 피투성이만 되지 않을 뿐, 빛과 물을 확보하려는 영토 싸움을 긴 세월에 걸쳐서, 마침내 어느 한쪽이 죽을 때까지 집요하게 계속한다.

일찍 꽃을 피우는 식물들은 어쨌거나 성질이 급한 것들이다. 멀고먼 앞날을 예측할 수 없고, 대체로 험한 세상을 믿을 수도 없으므로, 어렵게라도 조건이 되면 잽싸게 번식하여 종족을 보존하는 일부터 챙긴다. 그래서 빨리빨리 눈치껏 살아간다. 민들레나 제비꽃 같은 것들은 다른 것들이 싹이 트거나 필 때쯤 이미 씨앗을 훨훨 날려보내거나 단단하게 익히고 있다. 그리고는 남은 해 내내 어찌해도 상관없다는 듯 무심한 표정으로, 안전한 그러나 재미없는 삶을 산다.

우리나라의 꽃들은 거의 다 봄에, 한꺼번에 너도나도 활짝 핀다. 그래서일까? 우리나라 사람들의 성향은. 지금은 "만화방창(萬化方暢)"하지만 이삼 주일 전만 해도 쌀쌀했었다. 그때는 시멘트 틈 사이에 핀 그 모진 목숨을 보는 순간에 섬뜩했었다.

수밖에 없다.) 블록과 블록 사이의 2-3밀리미터밖에 안 되는 틈에 깊이 뿌리내린 모진 목숨인지라 스스로는 찬밥 더운밥 타령이야 하지 않겠지만, 주위가 너무나 지저분해서 구차한 목숨으로 보였다.

잎사귀나 꽃송이에는 미끄러져 내려온 병뚜껑이나 날아온 비닐 조각, 꽁초 같은 것들이 뒤엉켜 있었다. 꽃이 쓰레기와 섞여 있었다. 한마디로 쓰레기 속에서 꽃이 핀 것이다. (문득 지난날 서양의 한 기자가 "한국에서 민주주의가 실현되기를 바라는 것은 쓰레기통에서 장미꽃이 피어나길 바라는 것과 같다"고 했던 말이 떠올랐다. 쓰레기통에서 장미꽃이 피었다는 소문을 아직은 들은 바 없지만, 어쨌건 우리나라에도 민주주의는 기어이 실현되었다. 이상하게도 한 독재자를 그리워하는 형편없는 형편이 되기는 했지만. 그런데 장미꽃은 알고 보니 꽃병에서도 제대로 피어나기가 힘든 그런 꽃이었다.)

큰 둑에서 민들레꽃을 구경하다가 혹시나 하고 더 얕은 곳에 있는 둔치의 작은 둑으로 내려가보았다. 역시 몇몇 곳에 그 꽃이 드문드문 피어 있었다. 그러나 그곳에 핀 꽃들도 사진거리가 되지 않아서 이리저리 기웃거리다가, 놀랍게도 보랏빛 제비꽃이 무리지어 피어 있는 것을 보았다. 오로지 번식하기 위해서만 피는 것 같은 실용적인 모양의 땅딸보 민들레에 견준다면 제법 귀티를 내고 있는 듯이 우아하다. 보랏빛 꽃잎에 더 짙은 선명한 보랏빛 줄이 있는 것으로 보아 서울제비꽃이 분명하다.

4월 중순께에 많이 피는 것이므로, 거의 한 달쯤이나 일찍 핀 셈이다. 시멘트 블록의 틈새를 따라 그 꽃은 10미터쯤이나 이어져 있

무서운 꽃

한강 잠수교 북단께의 시멘트 블록으로 덮인 둑 경사면에 노란 점들이 샛노란빛을 내고 있다. 가까이로 가끔씩 산보하는 사람들이 오가건만 그것을 눈여겨보는 이는 없다. 그 견고한 시멘트 블록의 틈 사이에 뿌리내린 땅딸보, 서양민들레들이 새봄의 기쁨을 크기가 꼭 동전만 한 노란빛으로 노래하고 있다.

밤이면 온도가 영하로 떨어지는 지난달 중순이었다. 그러나 그 며칠 전에 기온이 올라갔던 며칠 동안을 잽싸게 이용해서 예년보다 이르게 꽃을 피워낸 것이었다.

처음 보는 것은 아니었지만 그래도 혹시나 사진이 될 만한 점이 없을까 하고 둑의 경사면 여기저기를 기웃거려보았다. 될 수 있는 대로 찬바람을 피해볼 요량인지 목을 잔뜩 움츠린, 아니 아예 목을 생략해버린 민들레꽃이 그보다 더 바닥에 납작 엎드린 잎사귀 위에 피어 있다. (자기 딴에는 그래도 모양을 낸 것이겠지만 이 세상에서 가장 아름다운 꽃이라고는 누구도 말하지 못하게 생겼다. 그러나 낭비 하나 없이 실용적이기는 하다. 더 늦게 좋은 철에 온통 피는, 목이 가늘고 긴 서양민들레는 이 땅딸보에 견주면 사치스럽다고 말할

▶ 한강 둑의 시멘트 블록 사이를 비집고 노란 서양민들레가 피었다.
▶ 202-203쪽: 한강 둑의 블록 틈 사이에 핀 서울제비꽃.

언젠가 1980년대 초에 올라보니 누군가가 그 꼭대기에 비석을 세워 놓았다. 거기에는 "경남인의 기상 여기서 발원하다"라는 글자가 굵고 깊게 새겨져 있었다. 그 몇 년 뒤에 갔을 때는 그 "경남인"이라는 글자가 무수히 얻어맞아 깨져서 알아볼 수 없었다.

그리고 또 몇 년 뒤에 갔을 때는 그 깨진 흠집투성이의 자리에 "한국인"이라고 굵고 깊게 새겨져 있었다. 그리하여 "한국인의 기상 여기서 발원하다"라고 되어 어느 도에서 온 누구에게나 공평하게 되었다. (그런데 그렇다면 백두산은 어떻게 되나?)

새해 첫 새벽, 근처의 초만원이 된 산장에서 선잠을 자거나 아니면 밤길을 전투하듯 걸어오른 "한국인"들이 새해의 첫 해돋이를 보려고 높은 산꼭대기 위에 그야말로 "인산인해"를 이룬다. 날씨가 궂지 않다면, 날마다 뜨는 해가 다를 리 없건만 새해 첫 새벽에 "한국인"들은 제사를 지내는 마음으로 해돋이를 맞는다. 오, 올해는 염원한 것이 더 많겠다. 아, 아픈 "갱제", 그리고 저 자본주의의 본질에 대해서 새삼스럽게 깨닫는 바가 크겠다.

막 돋은 햇빛을 받은 흰 꽃, 저 상고대는 잠시 눈이 부시게 빛나다가 그 햇빛에 녹아 스러진다. 그래도 그 잠깐은 찬란하고 엄숙하다. 공휴일에는 번잡한 저자의 거리처럼 붐비는 노고단이지만, 때에 따라서는 엄숙한 자연의 본디 표정을 짓기도 한다. 그런 것을 보았다면 국립공원이 아니라 지리산 그 자체, 자연을 본 것이다. 지리산 노고단의 시린 아침이다. 빛 부신 새해 새 아침이다.

터의 오솔길뿐이었다. 헉헉대며 꼬박 4시간은 올라야 이르렀던 노고단이 지금은 시암재의 주차장에서 쉬엄쉬엄 30분쯤 걸으면 된다. 망가진 덕택이다.

노고단은 "늙은 시어미 제사 지내는 터"라는 말이다. 옛날 옛적에 하늘의 여자인 천녀가 지리산의 정상인 천왕봉(해발 1,915미터)에 내려와서 살고 있었다. 그런데 엄천사의 중인 법우화상이 그 여자와 혼인해서 딸 여덟 명을 두게 되었다. 그 딸들은 조선 팔도의 무당들이 되어서 신과 사람 사이의 중재자 역할을 했다. 그 천녀가 죽은 뒤에 천왕봉 밑에 할미당을 짓고 제사를 지내기 시작했다는 이야기가 전해온다.

적어도 통일신라 때까지만 해도 나라에서 그 제사를 지냈을 것이라고들 짐작한다. 그 뒤 고려 때에는 꼭대기까지 가야 하는 관리들이 꾀가 나서 그랬는지, 그 제사를 노고단(해발 1,507미터)으로 옮겨서 지냈다. 또 그러다가 조선 때에는 종선대(해발 1,375미터)로 옮겨서 제사를 이어나갔다. 그러다가 조선 왕조와 함께 그 제사도 소멸하고 말았다.

노고단의 "늙은 시어미 제사 터"나 천왕봉의 "할미당"은 이름으로나 남아 있을 뿐 그 유적은 발견되지 않았다.

노고단에서 저 수려한 반야봉 너머로 백리 길을 가야 천왕봉에 오를 수 있다.

거대한 지리산은 전라북도, 전라남도, 그리고 경상남도의 세 개 도에 걸쳐 있다. 그런데 그 꼭대기인 천왕봉은 경상남도에 속한다.

지리산 설경

아침 햇살은 나무 꼭대기에 먼저 깃든다. 천천히 나무를 타고 내려와 온 땅 위로 퍼진다(지리산 노고단).

새벽이다. 긴 밤의 짙은 안개가 나뭇가지에 서려서 언 상고대가 짙푸른 어둠 속에서 드러나다가 반야봉 동쪽 줄기 위로 해가 돋자 빛 부시게 피었다.

국립공원 지리산의 노고단에서 보는 풍경이다. 지리산이라는 큰 이름 앞에 붙은 공원이라는 말은 불경스럽다. 공원이란 사람들이 놀고 쉬기에 알맞도록 시설을 한 것을 이르는 말이 아닌가. 따라서 거대한 산을 길들여서 거기에 알맞은 시설을 한다는 것은 곧 자연을 망가뜨린다는 것과 같은 말이겠다. 산은 공원이라는 틀에 갇히느라고 깨지고 깎이고 파였고, 그 사이사이로 울타리가 쳐지기도 했으며, 여러 갈래의 길들이 골짜기나 능선을 짓뭉개며 뻗어나가기도 했다. 그리고 사람들이 시도 때도 없이 꾸역꾸역 몰려들었다.

전에는 노고단으로 오르는 길이 화엄사로부터 가파른 10킬로미

▶ 196-197쪽 : 노고단의 아침이 눈부시다. 앞의 구름 아래가 반야봉이다.

4

만 먹는다. 그 정도의 술책으로서는 사람을 따돌릴 수 없다. 그러나 밤은 익기 전까지는 손대지 말라고 고슴도치처럼 서슬 푸른 가시로 중무장을 하지만 다 익으면 스스로 벌려서 알밤을 떨어뜨린다.

뿌리 깊은 나무임이 틀림없는 느티나무는 꽃도 좋지 않고 열매도 시원치 않다. 5월에 피는 느티나무 꽃은 작고 희미해서 눈에 잘 띄지도 않는다. 뿐만 아니라 직경이 고작 4밀리미터밖에 되지 않는 열매는 그 거대하고 풍풍한 몸통에 견주면 아주 보잘것없다. 제 몸 불리기에만 몰두하느라고 이기심만 지독하게 많은 느티나무에게는 꽃과 열매에 신경 쓸 겨를이 없다. 또한 젊은 느티나무는 큰 잎을 달고 여유롭게 너울거리지만, 늙은 느티나무는 작은 잎을 아주 많이 달고 삶에 대한 집착으로 조바심을 친다. 재벌 같은 거대한 나무가 제 목숨이나 걱정하느라고 째째하게 구는 것이다.

잎이 지고 나면 나뭇가지에 주렁주렁 달린 열매들이, 꽃보다 물든 잎보다 더 아름다운 열매들이 어쩔 수 없이 드러난다. 늦가을에서 초겨울까지 결실만, 핵심만, 드러내고 있는 벌거벗은 나무들은 아름답다. 이윽고 땅에 떨어진 열매들은 각기의 특성대로 뒹굴거나 썩거나 하면서 땅속에 묻혀 한 해 또는 여러 해를 기다리다가 조건이 맞으면 뿌리를 내린다. 그 열매들은 생명의 원천이다. 그런 열매들을 우리는 아무런 감회도 없이 일상적으로 씹어먹는다.

올해 나는 얼마나 더 깊이 뿌리를 내렸으며 얼마나 더 알찬 어떤 꼴의 열매를 맺었을까? 부끄러움 없이 핵심만 드러낸 채로 벌거벗을 수 있을까?

원의 나무들은 늙으면 도태된다. 아무리 비료를 주고 농약을 뿌려도 더 이상 큰 열매를 맺지 않기 때문이다. 그러나 자연에서 천수를 누리는 나무들은 끝까지 자잘한 노파심을 나타내며 삶에 강한 집착을 보이다가 시름시름 이승을 떠난다. 젊고 뿌리 깊은 나무들도 주변 환경에 변화가 생겨서 물이 마르거나 영양공급이 부실해지면 목숨에 위기의식을 느끼고는 자잘하더라도 많은 열매를 맺는다. 나는 죽더라도 자손은 어떻게 해서든지 살아남아 종족은 유지되어야만 한다는 본능이 그렇게 시키는 것일 터이다.

식물들이 없었다면 짐승들은 거의가 오늘날까지 살아남지 못했을 것이다. 열매들은 본디부터 짐승들의 입맛에 맞도록 달거나 고소하거나 시게 되어 있는 것인지, 아니면 오랜 기간 동안 어쩔 수 없이 먹어오면서 그 맛에 짐승의 혀가 길들여진 것인지는 알 수 없다. 거개의 열매는 향기 나고 맛이 있으나, 어떤 것은 지독한 냄새를 풍기며 쓴 독을 가진 것도 있다. 고고하고 우아한 자태의 은행나무 열매는 전혀 고상하지 않다. 은행은 과육이 흐물흐물하게 익으면 지독한 구린내를 낸다. 그 나무의 자태에 비한다면 좀 치사한 방어이다. 그리고 그 씨앗에도 독이 들어 있다. 아마 짐승들이 먹지 못하도록 한 작전일 것이다. 그러나 다른 짐승은 몰라도 사람은 용케 그 속의 은행 알을 발라내서 볶아먹는다. 독이 들어 있는 줄 앎으로 조금씩

▶ 감을 딸 때 꼭대기의 것 몇 개는 "까치밥"이라고 하며 남겨두는 인심이 있었다. 그러나 요즘은 거의 다 까치밥으로 남겨진다. 따는 인건비가 감 값보다 더 들기 때문이다. 더욱이 사진에서처럼 늙은 감나무의 잔소리 같은 자잘한 감은 까치들조차 거들떠보지 않는 모양이다(강원도 강릉시).

을 염두에 두었기 때문에 셀 수 없을 만큼 많은 알을 낳는 것이나 다름이 없다. 그 많은 알들이 다 부화되고, 그 많은 씨앗들이 다 싹이 터서 나무가 된다면 물속과 산이나 들판은 빽빽하게 밀도가 높아서 그만큼 더 생존경쟁이 치열해질 것이다. 마치 큰 도시의 사람들처럼.

그 많은 도토리가 다 싹이 터서 어미나무만큼 클 확률은 아주 적다. 일단 싹이 튼다고 하더라도 어미나무나 다른 큰 나무의 발치에 자리잡은 것은 그늘이라서 잘 자랄 수가 없다. 그늘 아래에서 오래도록 연약하게 버티다가 큰 나무가 어떤 사정으로 쓰러지거나 죽는 행운을 만난다면 햇볕을 받으며 씩씩하게 잘 클 수도 있다. 그러나 그런 행운은 모든 어린나무에게 돌아오는 것이 아니다. 그래서 도토리는 딱딱하고 둥글다. 될 수 있는 대로 멀리 떨어져서 바위에 맞아 튀거나 비탈을 따라 멀리 굴러가서 양지바른 곳에 자리잡고 싹 트는 행운이 있기를 바라며 참나무는 많은 도토리를 맺는다.

나무들에게도 노파심이라는 것이 있다. 쉽게 보기를 들 수 있는 것들 중에서 사과나무나 감나무는 늙으면 사람처럼 본능이 강해진다. 그리하여 때깔이나 크기는 염두에 두지 않고 쓸데없는 잔소리 같은 자잘한 열매들을 수없이 맺는다. 젊어서 앞날이 창창한 나무들은 크고 보기 좋은 열매들을 알맞게 맺는 자신감을 가지고 있으나, 이승을 떠날 날이 머지않았다는 것을 예감한 늙은 나무들은 일단 많은 후손을 남기려는 본능에 따라 열매를 맺기 때문이다. 과수

▶ 석류도 다 익으면 내내 움츠렸던 속내를 스스로 다 드러내 보인다. 알알이 박힌 알갱이들이 보석보다 더 투명하게 빛을 낸다(전라북도 정읍시).

1. 열매들은 다 아름답다. 맛없는 청미래덩굴의 열매도 그 알참과 빛깔과 어울린 모양이 아름답다(경상북도 경주시). 2. 괴불나무의 열매가 잘 디자인된 장식처럼 가지를 따라 달려 있다(강원도 춘천시). 3. 익기 전까지 서슬 푸른 가시로 무장하고 있던 밤송이는 마침내 다 익으면 스스로 벌려서 알밤을 떨어뜨린다(강원도 횡성군).

더 세므로 그런 머리와 힘을 써서, 나무 둥치를 발로 차거나 큰 돌로 쳐서 도토리를 떨어뜨리고는 줍는 것이다. 그것은 말하자면, 사람도 다람쥐나 그 비슷한 것과 경쟁 관계에 있는 짐승이라는 것을 뜻한다. 그런데 사실, 도토리는 짐승을 위해서가 아니라 참나무 스스로를 위해서 열매를 맺은 것이다. 그러므로 "참나무의 번식을 위해서 도토리를 줍지 맙시다"가 맞는 말일 것이다. 농작물로 개량되고 재배되어서 식량을 생산하는 많은 식물들은 차치하고, 자연에서 스스로 자라고 열매를 맺는 많은 식물들은 많은 짐승들을 먹여살리고 있다. 짐승들에게 "수탈"당할 것을 미리 알아서 그런지 식물들은 넉넉하게 열매를 맺는다. 그것은 물고기들이 다른 물고기들에게 먹힐 것

▶ 마가목의 열매가 그 가지 끝에 그해의 결실을 훈장처럼 달고 있다(경상남도 밀양시 천황산).

마침내 열매

"뿌리 깊은 나무는 바람에 흔들리지 않으니 꽃 좋고 열매가 많노라." 「용비어천가」는 이렇게 시작된다. 그러나 뿌리가 깊지 않아 바람을 많이 탔더라도, 뿌리가 얕은 보잘것없는 잡초일지라도 열매를 맺는다. 각기 제 성격에 따라서 알맞은 크기와 빛깔과 맛, 그리고 영양분을 가진 것을 맺는다. 그런데 우리는 마치 그것이 당연히 우리 것이기나 한 듯이, 먹을 수 있는 것과 없는 것, 영양가가 많거나 적은 것, 그리고 맛이 있거나 없는 것으로 구별한다. 그러나 식물들에게 그런 사람들은 염두에도 없다. 다만 스스로의 종족을 보존하고 번식시키려는 의지로 열매를 맺을 뿐이다.

얼마 전에 텔레비전에서 "도토리를 줍지 맙시다"라는 기사를 방송했었다. 도시 가까운 산에는 그런 표어를 길게 걸어둔 곳도 있다. 겨울에 먹을 것이 떨어진 다람쥐 같은 것이 굶어죽을지도 모르니, 그런 짐승들을 위해서 사람들은 도토리를 줍지 말자는 것이다. 그런데 사람들은 묵을 해먹으려고, 아니면 유전인자 속에 각인된 아득한 수렵시대의 본능이 되살아나기라도 한 듯이 "일단 확보하자"는 절박한 생각으로 도토리를 줍는다. 다람쥐보다는 지능이 더 높고 힘이

▶ 고운 빛깔로 익은 산수유 열매에 늦가을의 투명한 빗방울이 의지하고 있다(서울).

는 낙엽들과 아직 지지 않은 가지 끝의 몇 잎을 투명하게 드러낼 때 그 숲은 그해에 가장 고요하고 가장 아름답다. 어찌하여 숲은, 갈잎 나무들은, 잠들기 직전에 가장 아름답게 치장할까? 이듬해 봄이면 눈부신 신록으로 깨어날 것임에도, 왜 이 지상을 아주 떠나는 것처럼 완벽하게 정리를 하고 잠들까?

그 곁에 드문드문 자리잡은 늘푸른나무들이 덤덤하게, 그러나 마치 숲을 지키고 있다는 듯이 서 있다.

을 수도 있다. 환경이 어떻든 간에 자신의 의지력으로 곱디곱게 물들 수 있다.

이 땅에서는 북쪽의 높은 산 꼭대기로부터 가을이 먼저 온다. 바닥에서부터 꼭대기로 살금살금 기어서 올라갔던 봄의 풀빛은 꼭대기로부터 노랗고 붉은 화려한 빛으로 익어서 성큼성큼 내려온다. 정확한 해시계를 가지고 있는 식물들은 결코 때를 어기지 않는다. 변화에 둔한 것처럼 보이는 늘푸른나무들도, 묵은 잎을 더러 떨어뜨리기도 하고 열매를 익히며 겨울을 날 준비를 하며 때를 지키기는 마찬가지이다. 늘푸른나무들은 가물고 추운 겨울을 견뎌내려고 잎에 모양을 내지 않았으므로 철따라 크게 빛깔이 바뀌지 않을 뿐이다. 모양낸 갈잎나무들은 가문 가을과 추운 겨울을 미련하게 견뎌내려고 하지 않고 훌훌 털어버린 채 한 철을 쉰다. 봄부터 공들여 차려입었던 옷을 마지막에 화려한 빛깔로 물들여서 한껏 모양을 내다가 절정에서 미련 없이 날려보낸다. 그러나 어떤 갈잎나무의 잎은 마치 늘푸른나무의 잎처럼 초지일관한다는 듯이 겨울을 날 것처럼 푸른 채로 버티는 것도 있다. 그러다 어느 날 무서리를 맞고는 거무튀튀하고 쭈글쭈글하게 되어서는 실망처럼 툭 소리를 내며 떨어져 버린다. 그렇게라도 떨어지는 것은 그나마 다행이다. 어떤 것은 겨우내 쪼글쪼글한 채로 매달려서 찬바람에 와스스와스스 비명을 지르며 버티다가 새잎 돋을 때 제풀에 날려가는 비참한 것도 있다.

가을이 깊어지면 산은 바싹 여위어가고, 컴컴하던 숲이 텅 비어 멀리까지 들여다보인다. 그런 숲에 기우는 빛이 들어 땅을 덮고 있

세상에는 늘푸른나무들과 같은 사람들도 있고, 갈잎나무들과 같은 사람들도 있다. 나무들이 그렇듯이 사람으로서의 도리만 지킨다면 어느 쪽이 더 낫거나 못할 이유가 없다. 그러나 나무와는 달리, 몇십 년마다 오는 사람의 계절은 양쪽 모두의 모습을 변하게 한다. 그런데 늘푸른나무와 같은 사람들은 계절에 따른 변화를 담담하게 받아들이지만, 갈잎나무와 같은 사람들은 갈잎나무와는 달리 그렇지 못한 경우가 있다. 늘푸른나무와 같은 사람들은 주름살이 늘고, 머리칼이 낙엽 지듯이 우수수 빠지거나, 머리에 서리가 내려도 그것을 제 나이에 알맞은 모습으로서 담담하게 받아들인다. 그러나 갈잎나무와 같은 사람들은 성형수술을 받기도 하고, 가발을 쓰거나 물을 들이기도 하며, 오히려 변화를 거스르는 경향이 있다. 삶의 가을에 찾아오는 백발은 단풍과 같은 것이다. 나잇값을 하고 사는 이의 곱게 물든 은빛 백발은 투명한 가을 빛을 받은 단풍처럼 아름답다.

단풍은 가을마다 들지만, 해마다 고운 것은 아니다. 어느 해에는 투명하고 생생하게, 또 어느 해에는 칙칙하고 쭈글쭈글하게 단풍이 든다. 강수량과 일조량과 기온에 따라서 같은 산의 단풍 상태는 해마다 다르다. 곱고, 생생하게 눈부신 단풍이 드는 해는 그리 많지 않다. 나무들은 온전히 환경의 지배를 받지만, 사람들은 그렇지 않

▶ 눈부신 아름다운 때는 길지 않다. 그래서 가을 빛은 더 깊게 마음에 와닿는다(전라북도 고창군 문수산).
▶ 180-181쪽 : 숲 너머로 해가 기운다. 잎도 하늘도 붉다. 가을빛은 곱고 고요하다(대구시 비슬산).

도 쳐다보지 않고 지내는 도시 그늘 속의 삶에서도, 하늘이 높아가는 가을을 농부처럼 상달로 칠 수밖에 없겠다. 아침과 저녁나절에 목덜미가 선득해지면, 긴 팔 옷부터 부리나케 챙겨 입고 도시 사람들은 가을을 맞는다.

상록수들은 그저 덤덤한 모습으로 계절을 맞고 보낸다. 그런 것들은 겨울철이면 조금 초췌해지기는 하지만 푸른빛을 잃지는 않는다. 그에 비한다면, 낙엽수들은 계절을 따라가며 바쁘게 모습을 바꾼다. 그런 갈잎나무들은 화려하게 변신하다가 겨울에는 오히려 벌거숭이로 기나긴 겨울잠을 잔다. 한때는 늘푸른나무들의 늘 푸른 의연함이 좋더니 이제는 갈잎나무들의 화려한 변신과 기나긴 휴식이 더 좋아 보인다.

가을 속으로 175

길은 숲의 가을 속으로 빨려들어간다. 낙엽이 거의 진 숲이 한적하다(전라북도 고창군 문수산).
▶ 176-177쪽 : 여러 갈잎들이 개울물 위에 떠서 흐른다. 가을이 흐르고 한 해가 흐른다(경상북도 경주시 토함산).

가을 속으로

산벚나무 잎새가 투명한 빛을 받고 고운 빛을 낸다. 눈여겨보면, 모든 갈잎나무의 마지막 순간은 다 아름답다(강원도 인제군 내설악).

힘들었다. 가을이 오기까지는.

 붉은 함성 끝에 들이닥친 지독한 더위와 물난리의 터널을 지나자 멈칫거리며 가을이 왔다. 농사가 이 나라의 중심에 있었을 때, 가을은 한 해의 중심이었다. 추수를 끝낸 느긋한 때인 음력 10월을 으뜸가는 상달이라고 했다. 그러면 대부분의 사람들이 농사와 멀어진 요즘의 으뜸가는 달은 언제일까? 시작하는 달인 1월일까? 아니면 휴가기간이 있는 7, 8월일까? 그도 아니라면 일단 끝내고 정리하는 12월일까? 아예 그런 달은 없을지도 모른다. 그러므로 하늘을 한번

▶ 높은 산으로부터 가을은 성큼성큼 내려온다. 비가 그치고 등성이의 숲이 드러나자 늦게까지 남은 자작나무의 잎새들이 마지막 가을 빛을 빛냈다(강원도 평창군 오대산).

......
우리가 키 큰 나무와 함께 서서
우르르 우르르 비오는 소리로 흐른다면

흐르고 흘러서 저물 녘엔
저 혼자 깊어지는 강물에 누워
죽은 나무뿌리를 적시기라도 한다면
아아 아직 처녀인 부끄러운 바다에 닿는다면…….
— 강은교의 「우리가 물이 되어」 중에서

우리는 저 혼자 흐리지 못하는, 다만 시간의 강물에 떠흐르는 물이다. 그러면서도 언제나 그 무엇인가에 목마르다.

윗물은 아래로 아래로 흐르면서 흐려지기 마련이다. 윗물은 오염되었으나 아랫물은 맑기를 바라는 것은 이상(理想)이겠다. 그러나 중간에 오염원들이 없어서 더는 오염되지 않고 길고 길게 흐른다면 그 흐린 윗물도 정화될 수는 있다. 그런 것이 자연이다. 위도 중간도 아래도 오염되었다면, 그것은 자연도 어쩔 수가 없다. 자연은 스스로 정화할 수 없는 것은 고스란히 독을 배출한 사람에게 돌려준다. 그것은 우리가 자초한 재앙이므로 우리가 고스란히 떠안고 고통받을 수밖에 없다. 오염 문제뿐만 아니라 물의 양도 문제이다. 우리나라는 물 부족 국가로 분류되어 있다. 그러므로 물을 "물 쓰듯" 할 수 없게 되었다.

물이 그리운 무성한 여름이다. 어진 사람은 산을 좋아하고 슬기로운 사람은 물을 좋아한다(仁者樂山 智者樂水)는 말이 있다. 그렇다면 산과 물을 다 좋아하는 사람은 무엇일까? 어질기도 하고 슬기롭기도 한 사람일까? 휴가 철에는 산과 바다가 그런 사람들로 넘친다. 그런데 왜 그들이 모인 자리는 무질서하며, 떠난 뒷자리는 잡스러운 사람들이 지나간 곳처럼 쓰레기들로 넘칠까? 어질고 슬기로운 사람들로 홍수가 나서일까?

문득 오래 전에 읽은 시가 생각난다. 이 시가 나왔을 때는 산업화와 금수강산을 맞바꾸기 시작하던, 저 암담하고 고통스럽던 시대였다. 거두절미한 한 줄에도 자유와 평화에 대한 깊은 갈망이 절절하게 넘친다.

로 번 돈으로 물을 수입해다가 먹는 게 나을까, 아니면 처음부터 물을 덜 버리게 잘 관리해서 물을 수입 안 하고 정수비를 덜 들이는 게 나을까.

뿐만 아니라, 공기와 물은 그리 멀리 있지 않다. 산업 발전으로 인해서 물과 공기를 버리고, 잘 먹고 잘 살게 되어서 너나 할 것 없이 모두 자동차도 굴리게 되었다. 에너지 소비가 문제가 아니라, 에너지를 소비하면서 배출한 유해 가스가 더 심각하다. 공기오염이 더 가속화되면 생수를 사먹듯이 언젠가는 공기를 사서 코에 대고 숨을 쉬어야 하는 때가 닥칠지도 모른다. 이미 깡통에 담은 산소를 팔고 있지만, 앞으로는 집이나 차에 산소 발생 장치를 달아야 될지도 모른다. 그러면 그 산소를 생산하느라고 공기가 더 오염되는 악순환이 계속될 것이다. 돈이 없어서 물을 사마시지 못하면, 그리고 공기를 사마실 돈이 없으면 살 수 없는 세상을 사람의 세상이라고 할 수 있을까. 돈이 많아서 모두 다 사마시고 살 수 있다고 치자. 그러면 돈을 모르는 짐승이나 식물들은 어떻게 될까. 동식물이 살 수 없는 세상에서는 사람도 언제까지나 살 수 없다.

이제는 설악산이나 지리산으로 가면서도 마실 물은 가지고 가야만 한다. 산업화 이후, 높은 산의 깊은 골짜기마다 쉬러 간 사람들로 넘치게 되었다. 설악산 꼭대기께의 봉정암이나 여러 이름난 산의 산장에는 주말이면 몇백 명의 사람들이 몰려든다. 그런 곳들은 거의가 계곡의 상류에 자리잡고 있다.

"윗물이 맑아야 아랫물도 맑다"는 본디부터 틀린 말이었다. 맑은 되는, 말로만 듣던 경우를 당하고서는 새삼스럽게 세상의 각박함이나 환경을 생각했었다. 그땐 우리나라 온 산하에 청결한 미네랄 워터가 넘쳤었다. 어지간한 산의 계곡에서는 엎드려서 입을 대고 물을 마실 수가 있었다. 그러므로 물을 사서 먹는다는 것은 이상하고 신기하게 들렸었다. 바로 그 얼마 뒤부터 우리는 초라한 부자가 되어 서양 물을 수입까지 해서 마시게 되었다. 우리나라에서는 1994년부터 광천수의 시판이 정식으로 허가되었다. 그것은 슬프고 억울한 일이다. 조상 대대로 거저먹던 맑은 물이 사라진 그때부터 이 땅은 공식적으로 금수강산이 아니다.

유럽은 석회암 지대여서 물이 계곡의 석회를 씻어 담고 흐르기 때문에 석회 빛깔로 뿌옇다. 그러므로 그런 물은 먹을 수가 없다. 그런 수돗물로는 겨우 목욕이나 할 수 있을 뿐이다.

그에 비한다면 우리나라의 물은 다 미네랄 워터였다. 우리나라는 그런 물이 넘치는 금수강산을 산업사회와 맞바꾸었다. 그리하여 거의 모든 하천으로는 폐수가 흐르게 되었으며, 그것은 땅속으로 스며들어 지하수들조차 오염시켰다. 그즈음부터 사람들은 수돗물도 슬슬 의심하기 시작했다. 저쪽의 물이 그런 건 하느님 탓이지만, 우리의 물이 그렇게 된 건 우리 시대의 우리 탓이다. 하느님 소관 사항은 어쩔 수 없다고 하더라도 우리가 버린 것은 우리가 다시 맑게 할 가능성이 열려 있다. 공산품을 만드느라고 물을 버리고 그것으

◀ 166-167쪽 : 우리나라의 물은 거의 빗물을 가둔 것이다. 그냥 두면 대부분은 바다로 흘러간다(전라북도 완주군 대아호).

우리는 거의 물이다

계류는 다 청결한 물이었다. 그것을 끌어다 식수로 사용하던 아름다운 때가 있었다. 이제 이런 것은 절에서도 보기가 쉽지 않다(전라남도 순천시 선암사).

보통 때는 잊고 있다가 지나치게 많아지거나 모자라게 되면 문득 절실하게 떠오르는 것들이 있다. 장마나 가뭄 때의 물도 그런 것 중의 한 가지이다. 물은 있어도 그만이고 없어도 그만인 그저 그런 게 아니라, 그것 없이는 어떤 생물도 살 수 없는 생명의 원천임에도 그렇다. 사람의 몸은 70퍼센트가 물로 되어 있다. 그러므로 거의 물이다. 그런 물 집을 우리는 몸이라고 하는데, 그것에서 물이 10퍼센트쯤 부족하면 생리 장애가 오는 고통을 당해야 하며, 20퍼센트가 부족하면 숨이 끊어지게 된다. 날마다 2-2.5리터의 물을 채워주어야만 몸을 유지할 수 있다.

20여 년 전 처음 프랑스에 갔을 때, 식당에서조차 물을 사마셔야

▶ 물은 순환된다. 지구에서 증발되었던 물은 비나 이슬로 되돌아온다. 이런 물방울이 모여서 도도한 강물도 된다(경기도 양평군 소리산).
▶ 162-163쪽 : 바닥까지 드러낸 맑은 물살따라 맑은 빛이 일렁인다. 숨차게 흐르는 계류도 가끔 이렇게 숨 돌리는 짬이 있다(강원도 인제군 내설악).
▶ 164-165쪽 : 마침내 하구에 이르러 바다를 만날 때 강은 넓고 깊어 고요하다(경상남도 하동께의 섬진강 하류).

지한다. 거기서 정보시대의 첨단적인 일을 하는 사람들에게도 마침내는 농부, 어부, 목부, 광부 같은 오래된 성격들이 들어 있다. 첨단일수록 풀빛이 귀하다. 그러므로 그것이 더 그리울 수밖에 없다.

"오뉴월 하루 빛이 무섭다"는 말처럼 5, 6월에 식물들은 날마다 쑥쑥 자란다. 잘 자라기를 바라는 농작물이나, 화훼종들은 이 탈 저 탈이 많으나, 우리가 흔히 싸잡아 부르는 "이름 모를" 풀들이나 "잡초"들은 생명력이 억세다(짐승들도 사람들도 그렇기는 마찬가지이다). 야생의 것들은 스스로 알아서 자리잡고 터전을 마련하여 종족을 불려나간다. 그러나 재배하는 것들은 그 성질을 파악하여 그에 알맞은 토양이나 환경을 만들어주는데도 불구하고 온갖 까탈을 다 부린다. 그것은 아마도 자연의 법칙에 순응하지 않고 지나친 결실을 바라는 사람들에게 저항하는 것이 아닐까? 농업에서 재배하는 어떤 품종도 본디는 자연의 것이었다. 농업 이전에는 돌아다니며 야생의 것을 따먹곤 했었다. 그중에서 쌀, 보리 같은 것들을 결실이 많고 입맛에 맞도록 몇천 년 동안 길들이며 농업이 발달해왔다. 그리하여 이제는 그런 품종들을 자연에 심거나 씨 뿌리면 아주 초라한 꼴로 겨우 살아남거나 몇 년 안 가서 도태되어 죽는다. 자연의 법칙을 거스른, 더는 자연이 아닌 것들이기 때문이다.

 도시는 자연을 거스른 거대한 문화적인 공간이다. 문화를 향유하느라고 거기에 나무를 심고 꽃도 심으며, 방에 꽃병과 화분을 들여놓는다. 산업화된 사회의 잘난 사람들은 거의 방 안에 앉아서 손가락이나 꼼지락거림으로써 동서양을 넘나들며 일한다. 시멘트 벽이나 길에 빽빽한 자동차들이나 고층건물들이 꽉 차게 보이는 창문이 사실은 더 문화적이고 도시적일 터인데, 웬일로 그런 이들 중 높은 사람일수록, 부자일수록, 멀리로나마 풀빛 자연이 보이는 방을 차

신록의 숲은 날마다 다른 농도의 풀빛으로 치장을 한다. 신록은 아이들이 재잘거리는 듯한 느낌을 준다(경기도 양평군 소리산 기슭).

고 "지구 표면적은 100분의 99가 이 공포의 초록색이리라. 그렇다면, 지구야말로 너무나 단조 무미한 채색이다……(중략)……이 일망무제(一望無際)의 초록색은 조물주의 몰취미와 신경의 조잡성으로 말미암은 무미건조한 지구의 여백인 것을 발견하고, 다시금 놀라지 않을 수 없었다"고도 했다. 병적인 천재의 참신한 생각이라는 점은 인정하지만, 동의하기는 어렵다.

정말 지구의 "100분의 99"가 초록색일까? 듣기에는 멋진 이국적 이름인 타클라마칸, 오르도스, 고비, 알라산 같은 저 머나먼 중국과 몽골의 사막들이 풀빛으로 덮인다면 우리는 누런 모래 바람에 당하지 않아도 된다. 중국에서는 황사를 바람 정도가 아니라 "검은 폭풍"이라고 한다. 아예 눈앞이 안 보일 정도의 어둠을 몰고 오는 무시무시한 것이다. 그리고 아프리카 사하라 사막의 모래 바람은 대서양을 건너 카리브 해와 북유럽까지 날아간다. 세계의 건조지대는 육지의 34퍼센트나 되며, 사막은 육지의 19퍼센트에 이른다. 그리고 지금도 풀빛은 점점 줄어들고 있다. 자연적인 재해보다는 사람들이 갉아먹어서 그렇다.

▶ 산벚나무는 냅다 꽃부터 피우는 왕벚꽃과는 달리 잎과 함께 핀다. 피는 잎이 꽃보다 더 맵시를 냈다(경기도 양평군 소리산).
▶ 156–157쪽 : 전라남도 강진의 만덕산에 신록이 만발했다. 여러 다른 풀빛이 맑은 빛을 받아 생기가 넘친다.

풀빛 자연

싱그러운 풀빛 잎들이 꽃처럼 피어난다. 일렁이는 봄빛을 받은 푸른 파장은 현란한 빛으로 번쩍인다. 봄빛을 받고 어른거리는 생명의 빛깔은 눈부시다. 우리는 그 빛깔을 모두 "푸르다"고 한다. 그러나 푸르름은 초록빛이다. 풀빛이다. 그런 풀빛은 다 푸른빛에 노란빛을 합한 것이다. 그 비율에 따라 풀빛은 몇백 가지나 된다. 거기에 먹 또는 붉거나 흰빛이 아주 조금이라도 섞이면 또다른 풀빛이 된다. 나무에 따라서, 풀에 따라서, 시기에 따라서 그 풀빛은 다 다르다. 푸른 잎으로 된 배경 없이, 냅다 꽃부터 피운 성질 급한 것들보다는, 푸른 잎을 후광으로 두르고 핀 꽃들의 빛깔이 더 고와 보인다. 풀빛은 저 혼자 튀기보다는, 꽃들을 더 아름다워 보이게 하는 보색 노릇을 한다. 풀빛은 모든 다른 빛을 떠받치는 보색이다. 들판에서부터 산꼭대기로 스멀스멀 풀빛은 번져나간다. 신록은 생명력이 뻗어나가는 싱싱하고 화려한 풀빛의 잔치이다.

  그런데 시인 이상은 수필 「권태」에서 "어쩌자고 저렇게까지 똑같이 초록색 하나로 되어먹었노?" 하고 푸른 들판을 힐난한다. 그리

▶ 공기가 써늘한 내설악 계곡에서는 꽃도 신록도 늦게 핀다. 조팝나무의 흰 꽃이 풀빛 후광을 받아 더 희고 아름답다.
▶ 152-153쪽 : 안개가 자욱한 내설악 계곡의 신록이 무르익어간다. 이내 짙푸른빛의 여름으로 바뀌게 된다.

함께 꽃이 피어난다. 노란 꽃만 있는 것보다는 풀빛을 후광처럼 보색으로 두르고 피는 것이 더 아름답다. 근래에는 화분에 재배한 것을 팔기도 한다. 그러나 워낙 햇볕을 좋아하는 꽃이라서 신경을 써주지 않으면 그 이듬해에는 잘 피기가 어렵다.

　복수초는 주로 낙엽수들이 빽빽한 숲의 양지바른 곳에서 자라는데, 그 나무들이 잎이 돋기도 전에 꽃을 피우고 그늘을 드리우기 전에 씨앗을 여물게 한다. 복수초도 사람처럼 날씨의 변화에 따라 감정이 변하는지, 흐린 날은 꽃잎을 열지 않는다. 그러므로 복수초꽃은 맑은 날에 찾아나서야만 그 아름다움을 제대로 볼 수 있다. 맑고 따스한 봄날 한때(제주도에서는 2월 하순 무렵, 중부 내륙지방의 높은 산에서는 5월 중순 무렵) 복수초는 생의 절정을 보내고 다음 새봄이 올 때까지 어둑신한 숲 그늘의 땅속에서 새로운 꽃을 준비한다.

겨우내 웅크리고 살던 도시를 떠나, 아직 찬 바람이 부는 남녘의 낮은 산자락에서 서둘러 일찍 핀 노루귀의 희거나 보랏빛의 작고 아름다운 꽃송이를 처음으로 보고 감격에 겨워 탄성을 내며 보고 또 보고 했던 기억이 있는 사람들이라면 아마 화훼류의 인공이 가미된 화려한 꽃들은 별로 좋아하지 않을 것이다.

복수초꽃은 최근에 많은 사람들이 좋아하는 것으로 알려졌다. 우리나라에서 일찍 피는 꽃들 중의 한 가지인 복수초는 야생화에 대한 관심이 높아지면서 널리 알려지게 되었다. 그렇게 사람들의 관심의 폭이 넓어진 만큼 먹는 문제로부터 자유로워졌다.

미나리아재빗과의 여러해살이풀인 이 꽃 이름은 복 복(福)자 목숨 수(壽)자를 쓰는 좋은 뜻을 가졌다. 그러나 복수라고만 하면 어쩐지 동떨어진 피비린내를 연상하기 쉽다. 우리나라의 대부분 지역에서 자생하는 이 꽃은 지역에 따라서 다르게 불린다. 겨울 끝 무렵에 느닷없이 땅에서 솟아올라 핀다고 "땅꽃"이라고도 하고, 눈밭에서 핀다고 "얼음새꽃"이라고 하는 것이 자연스러운 우리말 이름이다. 복수초라는 이름은 아마 일본의 것을 따온 듯하다. 그렇더라도 복수(福壽)보다는 수복(壽福)이 우리가 흔히 쓰는 친숙한 말이다.

복수초는 사는 곳에 따라 이름이 다르듯이, 꽃 모양과 잎 모양도 조금씩 다른 몇 가지가 있다. 학계에서도 전자현미경으로 꽃가루를 분석해보고 다른 점을 겨우 찾아낼 정도이니, 보통 사람들은 그냥 복수초 한 가지만으로 알아도 될 것 같다. 다만 육지에서는 꽃만 대뜸 피는 것들이 흔한데, 제주도에서 피는 것들은 싱싱한 풀빛 잎과

복수초는 숲의 나무 아래에서 군락을 이루며 사는데, 나무들이 잎을 피우기 전에 서둘러 꽃을 피운다(제주도 북제주군 절물오름).

  먹는 문제를 극복하고 난 뒤에 점점 문명화되면서 꽃은 방 안으로 들어오게 되었다. 생활 가까이에 자연의 일부, 자연 중의 그야말로 꽃인 꽃을 두게 된다.

  많은 사람들이 자연으로 꽃을 찾아나서는 것이 아니라 그것을 가져다가 자기의 생활공간을 치장하게 되고, 선물도 하게 되어 꽃의 수요가 늘어나면서 꽃 농사가 시작되었다. 그것에 사람들의 여러 욕망과 상업 같은 것이 끼어들면서 꽃은 더 진한 빛깔로 더 크고 더 오래 피어 있게, 자연의 본디 모습을 잃도록 개량되었다. 그리하여 화려한 꽃들이 때도 시도 없이 흔해지면서 사람들의 감각이 무디어지고, 새봄에 새 꽃이 피어도 무덤덤해지는 면역이 생긴다. 꽃의 역설이다.

▶ 빛을 좋아하는 복수초 가족이 잎을 활짝 열고 봄볕을 한껏 맞이하고 있다. 이 꽃은 비 오는 날이나 흐린 날은 꽃잎을 닫고 칩거하며(?) 날씨의 변화에 감정이 있다는 듯이 반응한다(제주도 북제주군 절물오름).

봄에도 한라산 자락에는 눈이 덮여 있고, 상고대라는 눈꽃이 자주 핀다. 그런 중산간 지대의 숲 속에는 이미 이른 봄꽃들이 피어 있다(제주도 한라산).

상 탓, 세월 탓이기만 할까?

흔한 축구 경기에서 자기편이 한 골 터뜨리는 것은 꽃이다. 넣었을 때마다 터지는, 특히 유럽이나 남미 사람들의 즉각적인, 적어도 우리보다는 1초의 몇분의 1만큼 더 빠른 함성도 사람들이 한꺼번에 피워내는 꽃이다. 꽃이 겨우내 뜸들이다가 마침내 언 땅 위로 작은 고개를 내밀고 꽃봉오리들이 터지는 순간에는 그보다 더한 함성이 나야 마땅할 터이다. 이제 축구가 이 세상의 꽃이고 꽃들은 더는 꽃이 아니게 된 것일까?

원시시대의 사람들도 꽃을 좋아했을 것이다. 그러나 꽃을 꺾어다가 동굴이나 움막 안의 어디엔가에 꽂았는지 어찌했는지를 우리는 알지 못한다. 동굴 벽화들에는 양식으로 삼는 여러 동물들의 그림은 많으나 꽃 그림은 남아 있는 것이 없다.

▶ 복수초꽃은 눈밭에서도 핀다. 땅 위는 얼어 있더라도 복수초는 오는 봄을 알아채고 꽃을 피운다. 그래서 얼음새꽃이라고도 불린다(제주도 북제주군 개월오름).

그래도 반가운 꽃

복수초의 키는 10-20센티미터이고 꽃지름은 3-4센티미터이다. 학명이 아도니스 아무렌시스인데, 저 신화의 미소년 아도니스를 말하며 그 뒤는 아무르(동북 아시아) 지역에 분포한다는 것을 말한다(제주도 북제주군 절물오름).

작고 여리디여린 풀싹이 밀고 나오면 얼었던 땅이 풀리고, 푸른 빛이 처음에는 아주 천천히 땅 위로, 그리고 마침내는 나뭇가지 끝으로 아주 빠르게 번져나간다. 푸른 풀빛은 이내 노랗거나 희거나 붉은빛으로 전이가 된다. 새봄은 환한 꽃 빛으로 온다.

세상이 좋아져서 겨울에도 여기저기에서 꽃을 흔하게 볼 수 있다. 주로 서양에서 들여온 화훼류들이라서 빛깔은 짙고 모양은 요염하다. 그뿐만 아니라 영하의 거리에서 열대의 노란 과일들과 이 땅의 "하우스"에서 만들어낸 샛노란 참외를 쌓아놓고 "싸요 싸요" 외치는 소리를 듣기도 한다. 또한 남쪽 섬에서 어쩌다 이르게 꽃이 피면 이 방송 저 방송에서 다투어 비춘다. 그 밖에도 계절 감각을 무디게 하는 것들이 이 세상에는 많고도 많다. 그래서 정작 때가 되어 꽃이 피어도 사람들은 그다지 감격하지 않게 되었다. 세상살이에 단련된다는 것과 계절 감각에 무심해진다는 것은 정비례한다. 사람들의 감정이 무뎌지는 것은 다 세

3

산벚나무 꽃들이 한꺼번에 그 빛깔로 봄을 그린다. 그 어울린 빛이 곱다.

> 사람도 나무처럼 나이와는 상관없이,
> 봄이면 저렇게 일제히 똑같은
> 여린 잎새를 내밀 수는 없는 것일까.
> ― 김종길의 「여린 잎새들과」 중에서

다시 새봄이다.

산벚 고운 빛

 봄이 되어도 한동안 봄의 실체는 보이지 않는다. 봄은 이 풀 저 나무에 잠복해 있다가 더는 참을 수 없을 만큼 나른해졌을 때 거의 한꺼번에 찬란한 빛으로 드러난다.
 막 돋아나는 나뭇잎과 풀들의 싱그러운 풀빛은 생명감으로 넘친다. 부드러운 새싹들이 돋을 때의 여린 빛깔은 그 잎들이 뻣뻣하게 자라면서 짙어진다. 이상하게도 확실하게 생명을 획득한 그런 잎들의 짙은 빛깔은 너무나 당연해 보여서 경이로움이 느껴지지 않는다.
 산벚나무 꽃의 분홍빛은 그것만으로도 아름답다. 꽃이 져야 잎이 나는 것이 그 나무의 성질이므로, 그 이웃 참나무의 막 돋아나는 여린 잎의 풀빛과 어울린다. 그러면 서로가 더 돋보여서 서로가 더 빛나게 된다. 분홍빛과 풀빛이 이루는 보색관계는 바로 봄빛이다. 자연의 빛깔은 다 서로 잘 어울리는 보색관계를 이룬다. 산에, 들에 어울리지 않게 튀는 빛깔이 있다면, 그것은 분명 사람이 만든 인공물일 것이다.
 봄비가 한 차례 산등성이를 적시고 지나간 뒤에 잎들은 피어나고

▶ 138-139쪽 : 경상남도 창녕군 관룡산.

봄의 실체, 그 연분홍 빛깔은 눈부셨다.

춥지 않은 겨울, 겨울에도 넘치는 여러 짙은 빛깔의 화훼류들은 이제 진달래의 연분홍쯤은 눈에 띄지도 않게 했다.

위대한 시인의 비장한 느낌을 주는 시에서 봄 이슬 같은 한 줄을 베낀다.

봄 아침의 맑은 이슬은 꽃머리에서 미끄럼을 탑니다.
— 한용운의 「나의 길」중에서

진달래는 봄비가 오는 날 산기슭에서, 이 땅에 다시 온 새봄을 여전히 수줍은 빛깔로 알린다.

이른 봄

설 지난 지 며칠 뒤에, 순천의 한 농부가 모심기를 하는 뉴스가 나왔다. 단군 이래 "하우스" 안이 아닌 노지 논에 이처럼 일찍 모심기를 한 적이 없다. 만약 서리라도 내리면 모는 다 죽어버릴 터이므로 다시 모심기를 하든가 아예 포기해버리든가 해야 할 것이다. 그러나 재해가 없다면 7, 8월쯤이면 수확을 할 수 있다. 제철보다 두어 달 빠른 수확이므로 좋은 값으로 팔 수가 있다. 벼농사, 가장 전통적인 일이며 가장 안정을 좇아야 하는 일조차 여러 가지 이유로 "노름"이 된 것이다. 그럴 만하게 된 여러 여건 중의 하나가, 우리나라의 지난 겨울이 춥지 않았다는 점이다. 온갖 변화로 지구는 점점 따뜻해져가고, 그 여파로 홍수와 가뭄 같은 상반된 상태의 재앙이 지구 곳곳을 잠식하고 있다. 그러니 겨울이 춥지 않다고, 꽃이 일찍 핀다고, 좋아할 일만은 아니다.

  몸도 마음도 모두 추웠던, 이 땅이 온통 긴 겨울이었을 적에, 봄은 왜 이렇게 더디게 오나 하며 목을 빼고 기다리다 못해서 아지랑이가 아른거리는 남녘으로 마중가서 헤맨 적이 있다. 아늑하고 양지바른 산비탈에 문득 인 것처럼 막 피어난, 진달래 몇 송이에 깃든

▶ 134-135쪽 : 경기도 양평군 소리산.

언뜻언뜻 보이기도 할 것 같다. 태풍에도 풀들은 끄덕없이 살아남는다. 돌담 덕보다는 바람따라 납작 엎드리기 때문이다.

　　풀이 눕는다
　　바람보다도 더 빨리 눕는다
　　바람보다도 더 빨리 울고
　　바람보다 먼저 일어난다.

　　　　　　　　　　　　　— 김수영의 「풀」 중에서

　시인이 노래한 풀은 민초(民草), 즉 억압에 시달리는 백성을 말하겠지만, 바람에 순응하여 다 같은 방향으로 머리를 돌리는 그냥 띠 풀이라고 해도 안 될 까닭이 없다.
　돌담 너머 떠 있는 섬 주위로 막 여름 바다가 펼쳐진다.

바닷바람

바닷가 벼랑 위의 밭이 풀밭이 되었다. 한동안 절박하게 매달려 농사짓던 밭이었건만 이제는 버려졌으므로 풀밭, 본디의 자연으로 돌아갔다. 그 밭에 "삘기" 꽃이 피어 산들바람에 머리를 젓고 있다. 잎 보다 일찍 돋았던 그 꽃이삭에 꽃이 피기 시작하면 여름이 온 것이다. 초여름의 그 흰 꽃이삭은 가을을 연상시키는 애늙은이 같다.

많은 수의 농작물들은 본디는 풀이었다.

띠의 어린순이 삘기이다. 그 순을 입에 넣고 오래오래 씹으면 껌 같이 되었다. 띠는 벼와 같은 과의 식물이다. 아이들은 열매가 아닌 삘기를 심심풀이로 먹었고, 볏짚이 귀한 지역의 어른들은 그것을 지붕을 이는 데에 많이 썼다. 밭둑으로 쫓겨났던 띠가 본디 자리를 찾아와 확실하게 자리를 잡았지만, 먹는 아이들도 쓰는 어른들도 없다.

모진 바닷바람이 자주 부는 그 바닷가 벼랑 위의 척박한 밭이 띠로 기름져 있다. 삘기에게는 한 자락 바람을 가려줄 돌담이 고마울까, 바다를 볼 수 없게 가리는 돌담이 미울까.

그래도 얼핏 스치는 바람에 고개를 흔들다보면 돌담 틈 사이로

▶ 130-131쪽 : 제주도 남제주군 대정읍.

답게 만든다. 서로 어울리지 않는 빛깔은 없다. 보색이니 뭐니 하는 사람이 만든 규칙은 사람들의 생활에나 적용될 수 있을 뿐이다.

　패랭이꽃, 이 땅의 정서를 지니고 있는 토종의 선명한 빛깔이 열기를 내뿜는 여름 산비탈의 풀밭에서 빛을 낸다. 홑꽃은 담백하고 소박하다. 카네이션과 같은 석죽과 집안 출신인데, 서양의 그것은 겹꽃이며 빛깔이 여러 가지이다. 인위적으로 만든 것이기 때문에 그렇다. 우리나라 패랭이꽃에도 몇 가지가 있으며, 크기와 빛깔이 조금씩 다르다. 어쩌다 볕 좋고 거름 좋은 모래 많은 땅에서 자란 것들은 빛깔이 선명하다.

　분명한 빛깔의 꽃이 꽃답다.

여름 빛깔, 패랭이

요즘은 계절이 자주 실종된다. 봄과 가을이 그런 경우가 많다. 그러니까 중간이 없는 "양극화"가 계절에도 나타나고 있는 셈이다. 사람이 그걸 닮은 건지, 아니면 계절이 그랬는지는 알 수가 없다. 사람들이 그렇듯이 식물들과 동물들도 그에 적응하며 살아가느라고 힘께나 들 것이다. 사회나 자연에서 새로운 환경에 적응해 진화하면 살아남고 그렇지 못하면 멸종되는 것이 가차 없는 이 세상 법칙이다. 그러나 사람들은 말로는 진화 못 하는 것도 엄연히 살아남아야 된다고 주장한다. 모든 생명은 다 같고, 그러므로 존중되어야 한다며.

"양극화"는 양극을 좋지 않게 보는 입장에서 하는 말이리라. 보편타당하게 말하자면, 그것은 중산층이 적다고 해야 될 것이다. 중산층이 두껍고 탄탄하다면(중산층에서만도 양극은 있을 수밖에 없다), 양극은 그리 문제가 되지 않을 것이다. 그러니 "양극화"라고 우려하는 것은, 결국 양극에 견주어 중산층이 적다는 문제이다.

빛깔에서도 튀는 빛깔보다는 중간조의 빛깔이 많아야 편안하며, 안정감이 있어 보인다. 자연을 관찰해보면, 중간조의 빛깔이 대부분이다. 거기에 이따금씩 튀는 빛깔들(양극)이 광채를 내며 더 아름

▶ 126-127쪽 : 경상북도 문경시 주흘산.

다르다. 그리고 그보다는 어디서 바라보느냐에 따라서 쉽고 분명하게 달라진다.

　삼면이 바다인 땅에 살면서도 단풍과 바다가 어우러진 풍경을 본 적이 없다는 생각을 오래 전에 문득 했었다. 가을마다 나섰지만 보이지 않았다. 몇 해 동안 바닷가의 크고 이름난 산을 찾아다니다 제풀에 지친 뒤, 낮고 이름 없는 산줄기를 따라가다가 이 풍경을 만났다.

　바다를 등지고 있는 낮은 산비탈의 나무들은, 그리고 노란 잎들은 가까이 있는 저 푸른 바다를 결코 볼 수 없다. 그러나 거기까지 가지 않은 사람들도 작은 숲의 노란빛과, 그 너머 선명한 수평선 아래에 가득 담겨 있는 푸른빛을 한눈에 볼 수 있다.

가을 바다

나지막한 능선의 산비탈에 가을이 찾아왔다. 노란 가을 너머로 노상 푸른 바다가 선명한 수평선 아래 담겨 있다. 그러니까 가을 바다이다. 단풍의 노랑과 바다의 푸름이 대비되어 서로 더 선명한 빛이 된다. 아름답고 낯설다.

바다는 늘 떠날 채비를 하고 있다는 듯이 출렁거리거나, 더러 폭풍우 때 파도를 몰아치며 불같이 화를 내긴 하지만, 철따라 표정을 바꾸지는 않는다. 산은 부동자세로 굳게 버티는 것 같지만, 스쳐가는 계절을 따라가고 싶어서 몸살을 앓으며 그 빛을 고스란히 반영한다. 그러나 사람들에게, 바다는 움직임이고 산은 정지로 각인되어 있다. 그리고 바다 하면 곧장 여름을 떠올리는 경우가 많다. 여름에 가본 바다가 전부인 사람들의 기억은 더욱 그럴 수밖에 없다. 그러니 가을 바다는 낯설 수밖에 없다. 바다로도 계절은 지나가지만 물속은 알 수가 없으며, 바다 언저리의 땅에 남은 흔적으로나마 그것을 알 수 있다.

풍경은 바라다보는 이가 처한 계절에 따라서 달라 보이지 만은 않는다. 같은 풍경이라도 누가 어떨 때 바라보느냐에 따라서 아주

▶ 122-123쪽 : 경상북도 포항시 장기곶 근처.

을이라는 빛나는 계절을 생략하고 곧장 겨울에 당도하는 것이다. 그러므로 단풍나무는 더 아름답다.

마을 뒤 얕은 산의 작은 골짜기마다 이런저런 단풍이 곱다. 그 단풍이 가고 나면 숲은 텅 비어, 단출하게 남은 둥치들 사이로 멀리 안 보이던 풍경을 드러낸다.

먼 산이 한결 가까이 다가선다.

사물과 명암의 윤곽이
더욱 또렷해진다.

가을이다.

— 김종길의 「가을」 중에서

시인은 인생의 가을을, 자연의 가을을 빌려 명료하게 말했다. 가을이다!

가을빛

참 더웠다, 지난 여름은. 그래서 이 가을이 더 반갑다.

잎들은 눈부신 빛깔로 일생을 끝낸다. 저물어가는 숲을 잠깐 밝히는 저 물든 잎들의 아름다움은, 해질 녘 대기를 물들이는 장엄한 노을과 같다.

해가 차츰차츰 짧아지고, 아침저녁의 온도가 조금씩 내려가기 시작하면, 나무들의 시계는 가을이 왔음을 알린다. 포기할 때는 포기하자. 더 버티다가 느닷없이 겨울이 쳐들어오기라도 한다면 빛깔도 모양도 내보지 못하고 쪼그라든다. 나무는 내년을 기약하지만, 올해의 잎에게는 올해 가을이 모든 시간의 끝이다. 이 세상 한 귀퉁이의 저물어가는 작은 산비탈을 잠깐 밝히다가, 실바람의 도움으로 미련 없이 땅으로 돌아가는, 눈부신 나뭇잎들은 이렇게 살랑살랑 속삭인다. 그렇다고 모든 종류의 잎이, 이 세상의 모든 것이, 끝낼 때라고 해서 다 아름답지는 않다. 이를테면, 오동나무는 그 탐욕스럽게 큰 잎을 멍청하게 달고 버티다가 밤새 서리를 맞으면 처참하게 쭈글쭈글해져서, 중력을 증명이라도 해보인다는 듯이 퍽 하며 떨어진다. 예감도 없는 나무의 잎처럼 준비 없이 끝을 맞는 것은 가

▶ 118-119쪽 : 전라북도 고창군 문수산.

2

다. 그래서 아쉽고 더 아름답다.

　옛적부터 우리나라에서는 소나무와 대나무를 높이 쳤다. 겨울에도 푸르름으로 한결같은 곧은 절개를 지킨다고 여기기 때문이다. 그 나무들은 다른 나무들이 잎을 다 떨구어버리고 본질만 남아서 겨울잠을 잘 때도 푸르기는 푸르다. 그러나 자세히 보면 푸르기는 하지만 여름 같지는 않다. 푸른 빛깔은 맑지 않으며 싱싱하지도 않다. 그 애타게 푸르름을 지키려는 모습은 어쩌면 죽지 못해서, 갈잎나무들처럼 훌훌 털어버리지 못해서 저러는 게 아닐까 싶어 보일 때도 있다. 그렇게 체면을 지키며 겨울을 나는 것들은 갈잎나무들처럼 신록으로 화려하게 다시 시작할 수도 없다. 그렇더라도 그런 늘푸른 나무들에도 상고대가 만발한다. 그 잎이 두껍기는 하지만 그런 차고 정갈한 눈의 세례를 받고도 푸르름을 유지하는 지조는 위대하다. 뿐만 아니라 헐벗었던 가지에 새봄마다 싱싱한 새잎을 피워올리는 갈잎나무 또한 위대하다. 개울가에서 살다가 자동으로 냉동된 인가목의 붉은 열매 속의 씨앗에서도 봄이 오면 푸른 새싹이 돋을 것이다. 식물은 순응과 순환의 법칙을 착실하게 따르는 착한 생명이다.

　삭막한 겨울이면 눈꽃이 피어 스산함을 잠깐 멀리 떠나보내며, 그 꽃이 자취를 감추고 나면 이윽고 진짜 꽃이 핀다. 살기에 바빠서, 꽃철따라 저절로 바뀌는 풍경을 거들떠보지도 못하고 사는 이들이 많다지만, 착한 생명들이 철따라 아름답게 순응하는 풍경을 즐기는 것은 누구나 누릴 수 있는 사치이다.

전나무 잎새마다 송이송이 상고대가 피었다(설악산 중청).

야 어여 수슈 스시 등의 이를 악문 신음 소리를 내며 팔들을 흔들어대기도 하지만, 대체로 묵묵하게 하늘을 우러르고 있다. 잿빛 구름이 얕게 깔린 날, 찬 공기 사이로 너울거리며 눈발이 내릴 때 여윈 팔들은 기다렸다는 듯이 그 한송이 한송이를 받는다. 모든 팔과 새끼손가락들까지 흰빛으로 치장되면 사람들은 눈꽃이 피었다고 한다. 눈꽃이 피면 삭막하고 침침하던 숲과 골짜기가 다른 세상처럼 환해진다.

눈꽃이라고 불리는 것에는 다른 것이 또 있다. 온도가 빙점 아래로 떨어지면 안개가 가지 끝을 스칠 때 얼어붙어서 생기는 것이다. 상고대(나무나 수풀에 눈과 서리가 내려 얼어붙은 것)가 그 이름인데, 이것이 진짜 눈꽃이다. 눈은 가지 위쪽으로 쌓이지만 상고대는 결이 고운 얼음 입자들이 가지를 아예 감싸버린 것이기 때문에 더 아름답다. 눈이 내려 쌓인 것은 며칠간 "피어" 있을 수 있지만 상고대는 잠깐 사이에 져버린다. 상고대는 대부분 밤에 낀 안개가 온도가 내려갔을 때 나뭇가지에 엉켜서 얼어붙은 것이다. 그러므로 아침에 날이 밝아서 햇살이 퍼지며 온도가 올라갈 때, 그 빛살이 닿자마자 빛 부신 눈꽃은 스러져버린다. 세상의 어떤 꽃들보다 빨리 진

▶ 늘 푸르고 당당한 구상나무에 상고대가 밤새 속속들이 배어들어 흰 갑옷을 입혔다(지리산 노고단).

겨울
눈꽃

눈열매? 어린 소나무의 우듬지에 수북이 쌓인 눈이 열매처럼 보인다(지리산 성삼재).

식물 중에도 얼빠진 것들이 더러 있는데, 아마 사람 흉내를 내느라고 그러는 것이 틀림없을 것이다. 개나리꽃, 철쭉꽃, 벚꽃, 미치광이풀꽃 같은 것들은 넋 놓고 있다가 가을날 기온이 봄날 비슷하면 봄이 왔나 하고 부스스 몇 송이 피우다가 기온이 뚝 떨어지면 깜짝 놀라서 사그라뜨리는 것들이 있다. 자연에 있는 것들은 그런 경우가 아주 드물지만, 도시와 그 주변에 있는 것들 중에서는 흔하다. 공해로 더워진 공기 같은 환경 탓이다.

그러므로 혹시라도 이 땅에서 겨울에 느닷없이 피는 꽃이 있다면 그건 돌아버린 가여운 꽃일 터이다.

갈잎나무들은 겨울이면 마지막 잎까지 털어버린 앙상한 팔을 하늘로 벌리고 서 있다. 세찬 바람이 몰아칠 때면 견디기 힘들어, 아

▶ 개울가의 인가목 열매에 튀는 물망울이 얼어붙어 자동으로 냉동 보관되었다. 봄이면 이 열매의 씨앗에서도 새싹이 돋아 꽃을 피울 것이다(내설악 백담계곡).
▶ 110-111쪽 : 상수리나무에 상고대가 활짝 피었다. 흐리고 추운 날은 상고대가 오래 피어 있기도 한다. 짙푸른 하늘이 배경일 때 상고대는 더 눈부시나 햇빛이 닿자마자 스러진다(지리산 노고단).

봉선화과의 학명은 임파티엔스(*Impatiens*)인데, "참지 못한다"는 뜻의 라틴어에서 따온 이름이다. 그래서 꽃말이 "나를 건드리지 마세요"이다. 그런데 그 말은 실제로는 "나를 건드리세요"라고 유혹하는 말이다. 왜냐하면 그 씨앗이 여물었을 때 건드리면 탄력 있는 껍질이 터지면서 씨앗들이 튀어나가기 때문이다. 그러나 씨앗이 무거워서 그리 멀리 튀지는 못한다. 한해살이풀이면서도 한곳에 무리 지어 사는 것은 그렇기 때문이다.

높아가는 하늘에 비낀 저녁노을이 펼쳐졌다. 그것은 그 하늘 아래의 모든 것에게 가을이 왔다고, 서두르라는 신호를 보내고 있다.

명까지 한 친일파가 되었다는 점이다.

봉선화는 화훼류이나 그 친척인 물봉선은 이 땅의 자연에서 오래도록 자생한 토종식물이다. 그럼에도 그 꽃 모양은 어쩐지 서양 물을 먹은 것처럼 보이는데, 일본과 만주, 우수리에 분포되어 있다.

노랑물봉선화는 이름처럼 노란 빛깔이다. 그뿐만 아니라 물봉선은 높은 줄기 끝에 꽃을 달고 있지만 노랑물봉선화는 잎 겨드랑이에 꽃을 한 송이씩 달고 있다. 그런데 그 꽃 꿀주머니의 꼬리가 물봉선은 정교하게 나선형으로 감겨 있는데, 노랑물봉선화는 아래로 펴져 있다. 물봉선의 잎은 깻잎 비슷하지만, 노랑물봉선화는 그보다 가늘며 회청색이다.

물봉선은 아주 흔해서 여러 지방의 습기 많은 산자락에 가면 누구나 볼 수 있다. 노랑물봉선화는 드물어서 가끔씩밖에 볼 수가 없다. 그리고 흰물봉선꽃은 아주 귀해서 보기가 어렵다. 열몇 해 전에 흰물봉선꽃을 본 뒤로 아직껏 다시 만나지 못했다. 나는 꽃을 전문으로 연구하거나 찍지는 않는다. 다만 돌아다니다가 이 땅의 사람들과 오래도록 함께 산, 이 땅의 풍경을 이루는 꽃이거니 싶은 것을 우연히 만나면 잠깐 꿇어앉거나 엎드려서 경배를 올릴 뿐이다. 날이 저물었으므로 그때 꿇어앉아서 두 손 모으고 찍은 몇 장은 잘못해서 다 흔들렸다. 그 이듬해, 마침 그맘때 그 근처에 간 길에 흔들린 흰 꽃 생각이 나서 다시 찾아갔다. 오솔길이었던 월악산의 그 길섶은 차가 다니는 큰길로 바뀌어 있었고, 흰 꽃은커녕 흔한 물봉선의 흔적도 없었다.

흰물봉선꽃은 보기가 어렵다. 아주 드물게 물봉선들 무리에 섞여서 핀다(충청북도 제천시 월악산).

꽃이다. 일제 강점기의 비분을 토로하는 그 노래의 가사는 김형준이 썼고, 곡은 홍난파가 붙였다. 사물이 주는 느낌은 바라보는 시점이나 바라보는 사람의 감정에 따라서 달라진다. 김형준은 암울했던 시절이어서 봉선화를 "처량하게" 바라보았고, 홍난파는 그에 맞게 "구슬픈" 곡조를 붙였다. 그러나 봉선화는 "처량하게" 생기지 않았다. 웬만한 환경에서는 다 잘 적응하는 강인한 생명력을 가졌고, 그 붉은 꽃 빛은 화사하다. 여자 아이들이 손톱에 물들이던 붉은 빛깔의 꽃이 바로 "봉숭아"라고 흔히 부르는 그 꽃이다. 봉선화의 고향은 아프리카나 인도의 열대지역이다. 그 꽃이 언제 이 땅에 들어왔는지는 알 수 없으나 일제 강점기에도 지금처럼 여기저기에서 흔히 볼 수 있는 꽃이었던 듯하다. 그런데 더 알 수 없는 것은, 민족의 서러움을 표현한 그 구슬픈 "민족의 노래"를 작곡한 홍난파가 창씨개

▶ 꽃 모양은 물봉선과 비슷하지만 느낌이 다른 노랑물봉선화이다. 잎의 모양과 빛깔, 꽃이 줄기 끝이 아니라 잎의 겨드랑이에 달린 점, 그리고 꿀주머니의 끝이 말려 있지 않은 점이 물봉선과 다르다(충청남도 천안시 광덕산).

없다. 봉선화, 물봉선, 가야물봉선, 흰물봉선, 노랑물봉선화(족보를 보면 노랑물봉선에는 물봉선과는 달리 "화"자가 달려 있다)가 그것이다. 가야물봉선은 꽃 빛깔이 좀더 짙은 암자색이고 흰물봉선은 물론 흰색일 뿐, 다른 점은 똑같은 물봉선의 변종이다.

　봉선화는 흔히 "울 밑에 선 봉선화야 네 모양이 처량하다……"로 시작되며 "민족의 노래"라고 일컬어지는 이 노래에 나오는 바로 그

물봉선은 한해살이풀이지만 무리지어 산다. 씨앗이 비교적 무겁기 때문에 멀리 퍼지지 못하고 그 자리에서 싹이 트기 때문이다(경상북도 문경시).

가을의 문턱에서 핀 물봉선은 석 달 동안이나 지고 피기를 반복하면서 쇠락해가는 가을의 물가를 밝힌다. 아마도 물을 좋아하기 때문에 봉선에 "물"을 단 이름을 가지게 되었을 것이다. 산자락 길섶의 얕은 도랑가나 볕이 잘 드는 개울가에서 군락을 이루며 사는 물봉선은 아름다우나 연약하지 않다. 그것은 서리가 내릴 때까지 버티는 강인함도 가지고 있는 식물이다.

물봉선은 봉선화과의 한해살이 식물이다. 봉선화과의 식물은 전 세계에 450여 종이나 있는데, 우리나라에는 겨우 5종밖에

▶ 왼쪽의 꽃은 물봉선의 앞 모양을, 오른쪽의 것은 옆 모양을 보여주는데 꿀주머니의 끝이 나선형으로 정교하게 말려 있음을 볼 수 있다(경상북도 문경시).

가을 문턱에서
물봉선

저녁노을이 하늘 아래 모든 것에게 가을이 왔으니 서두르라는 신호를 보내고 있다(강원도 원주시 치악산).

물봉선이 피기 시작하면 무턱대고 완강하던 여름이 슬슬 눈치를 살피며 꽁무니를 뺀다. 8월 중순이 지나면 한낮의 열기는 여전하지만 아침저녁은 청량하다. 여름내 묵도를 올리듯이 묵묵히 길섶에 서서 기다리고 있던 물봉선들이 그 청량한 신호를 포착하자마자 꽃송이들을 높은 줄기 꼭대기에 내다 건다. 빵빵하게 바람 든 풍향계 같은 꽃송이들은 피는 것이 아니라 열매처럼 달린다. 물봉선꽃의 밝은 자주 빛깔은 조락의 가을이 아니라 봄빛을 느끼게 한다. 아무래도 신호가 너무 늦게 전달된 것이 아닐까 싶다.

▶ 물봉선은 토질이나 일조시간 같은 환경에 따라서 붉은빛이 조금씩 다르다. 갓 핀 꽃에 이슬이 내려서 더 아름답다(경기도 양평군).

단순한 아름다움을 넘어서려고 술패랭이로 변주를 했다가 다시 술이 더 섬세하고 긴 흰 빛깔로 둔갑을 했다. 오묘하다. 그러나 예술 작품이든 뭐든 간에 장식이나 기교가 지나치면 역겨울 수도 있다는 것을 패랭이꽃도 아는지라 아주 드물게만 이런 재주를 보여준다.

패랭이꽃은 석죽과의 식물인데, 전 세계에 80속 2,000여 종이 있으며, 우리나라에는 18속 47종이 있는 것으로 알려졌다.

서양에서 들어와 이 땅에서 5월 한 철이면 어버이날이나 스승의 날이라고 달아주고 바치는 카네이션꽃도 석죽과의 식물이다. 유럽의 패랭이꽃과 중국의 패랭이꽃을 교잡해서 개량하고 또 해서 만든 꽃이 오늘날 온갖 빛깔로 피어나는 카네이션꽃이다. 그 꽃에서 더는 야성의 흔적을 찾아볼 수가 없다. 겹겹으로 된 꽃잎이나 그 빛깔에서는 들꽃의 자연스러운 느낌이 나지 않는다. 서양 사람들이 집념을 가지고 개량해서 만든 꽃들, 꽃잎이 거의 겹으로 된 화훼류는 말하자면 모종의 직업을 가진 화장을 짙게 한 도시 여성들 같다.

석죽과의 속명은 디안투스(*Dianthus*)인데, 신〔Dios〕과 꽃〔Anthus〕을 합성해서 만든 말이다. "신의 꽃" 또는 "신성이 깃들어 있는 꽃"이라는 엄숙한 뜻이다. 그래서 어버이날, 스승의 날에 "사랑과 감사"라는 꽃말을 가진 카네이션을 바치는 것일까?

우리나라의 패랭이꽃에는 수염패랭이꽃, 술패랭이꽃과 그 밖의 것들 해서 다섯 가지가 있다. 그중에서 술패랭이꽃의 모양이 가장 다르다. 꽃잎의 끝이 여러 갈래로 갈라져 있어 술을 단 것 같다. 지역과 서식 조건에 따라서 꽃 빛깔의 붉은 농도가 조금씩 다른데, 아무래도 빛을 맘껏 받는 조건에서 자란 꽃들의 빛깔이 짙고 선명하다. 그리고 어쩌다 흰 꽃도 있다. 95쪽의 사진에 보이는 흰술패랭이꽃은 아직 족보(식물 사전)에 올라 있지 않은 미기록종이다. 어쩌다 발견한 흰술패랭이의 잔재주를 보고 잠깐 기뻤다. 패랭이꽃이 그

한여름의 높은 산에서 볼 수 있는 동자꽃도 석죽과의 식물이다(지리산).

에 들어가는 것으로 본다. 아주 오래 전에는 일본 열도도 대륙과 붙어 있었다. 그러므로 중국과 우리나라와 일본은 같은 식물이 많을 수밖에 없다.

이름도 순 우리말로 되어 있고 생김새도 소박하며, 우리나라의 옛 그림(이를테면 신사임당이 그린 「초충도(草蟲圖)」에는 사실적으로 그려진 패랭이꽃이 있다)이나 자수 같은 데서 패랭이꽃을 더러 볼 수가 있어서 틀림없는 "우리 꽃"으로 여기고 있다가, 중국과 일본과 그 밖의 여러 나라에도 있는 "세계 꽃"이라는 것을 알고는 김이 샌 적이 있다. 찾아보니 그 종명은 시넨시스(*Sinensis*), 곧 "중국의"라는 뜻을 가지고 있었다. 그리하여 "토종"이라는 것이 학문적이라기보다는 정서적이며 감정적인 용어라는 것을 새삼스럽게 깨달았다. 우리는 힘도 약하고 영토도 작으니까 "우리 것"에 지나치게 집착하는 것이 아닐까 싶기도 했다.

옛 그림에 나오는 것들은 그 아름다움 때문에 그리기도 했겠지만, 주로 그것이 가지고 있는 뜻을 상징하느라고 그려진 것들이 많다. 그런 그림에 나오는 패랭이꽃은 "장수를 빕니다"라는 뜻을 가지고 있다. 패랭이꽃의 한자 이름이 석죽(石竹)이기 때문이다.

▶ 술패랭이꽃은 꽃잎 가장자리가 술을 단 듯이 여러 갈래로 갈라져 있다(충청남도 태안군).

미기록종인 흰술패랭이꽃이다. 단순 소박에서 벗어나보려고 꽤나 고심한 듯 보통 술패랭이꽃보다 한껏 멋을 부렸다(충청남도 태안군).

각이 들어 있다. 그러나 정말 우리나라, 이 땅에만 있는 꽃(식물)이 존재할까?

    우리나라의 자생식물은 4,000여 종이며, 그중에서 400여 종이 우리나라에서만 자라는 "유일하고 독특한" 특산식물로 알려져 있다. 그러나 따져보면 과학적으로 세포배열이나, 잎이나 꽃의 모양이 조금 다른 것이 거의 대부분이다. 어찌 되었건 그 400여 종의 특산식물만을 "우리 토종"이라고 확실하게 부를 수 있을 것이다. 그러나 실제로는 이 땅에서 자생하는 4,000여 종이 다 "우리 토종"의 범주

패랭이꽃은 높은 산에서는 서식하지 않는다. 그러나 한라산의 백록담에서는 술패랭이꽃을 볼 수 있다. 오른쪽의 태안 것과 비교하면 꽃잎의 형태가 더 뚜렷하다(제주도 한라산).

　　패랭이꽃은 풀밭의 여러 풀들 사이에서 도드라지게 빛난다. 작지만 빛깔도 형태도 선명한 패랭이꽃은 단순한 아름다움을 보여준다. 시골티가 채 가시지 않은 모습의 그 순박한 꽃은 "우리 꽃"이다. 우리나라, 우리 동네, 우리 집……우리 꽃. 우리는 "우리"를 몹시 좋아한다. "우리 차"나 "우리 컴퓨터"는 우리나라에만 있는 게 아니라 우리가 생산한 것을 말한다. 그러나 우리나라에서 재배한 장미꽃이나 카네이션꽃 같은 것은 아무도 "우리 꽃"이라고 하지 않는다. "우리 꽃"이라는 말에는 그 꽃이 우리나라에만 있는 "토종"이라는 생

단순하거나 복잡한
패랭이꽃

작지만(지름이 약 2센티미터) 빛깔도 형태도 선명한 패랭이꽃은 단순한 아름다움을 보여준다. 시골티가 채 가시지 않은 모습의 그 순박한 꽃은 서식 조건에 따라서 붉은 빛의 농도가 조금씩 다르다(경상북도 안동시).

장마철이 지나면 그동안의 흐림을 보상하려는 듯이 해가 작열한다. 그 빛을 받은 식물들은 견디기 힘들어 잠시 시들기도 하지만 영 싫어하는 눈치는 아니다. 식물들은 막바지의 결실을 위해서 그 뜨거운 빛을 묵묵히 소화한다. 그래서 여름에 피는 꽃들은 빛깔이 더 선명하다. 고원지대의 한여름은 뜨겁고 밝은 해와 뭉게구름이 장대한 아름다움을 펼치고 있다.

▶ 뜨겁고 밝은 해와 맞서보려는 듯 뭉게구름이 잠깐 장대한 아름다움을 펼치는 한여름의 고원지대에서는 여러 식물들이 마지막 결실을 위해서 뜨겁고 밝은 빛을 묵묵히 소화한다(제주도 한라산 윗세오름).
▶ 92-93쪽 : 패랭이꽃은 메마른 풀밭의 여러 풀들 사이에서 도드라지게 빛난다. 온 나라에 두루 분포되어 있는데, 건조한 모래 성분이 많은 땅에서 잘 자란다(경상북도 문경시).

해 보인다.

　복수초도 미나리아재빗과의 식물이며, 매발톱, 자주종덩굴, 꿩의바람꽃, 동의나물, 작약, 그리고 미나리아재비는 말할 것도 없이 미나리아재빗과의 식물이다. 미나리아재비꽃은 노랗게 무리지어 있어서 신선하고 아름답다. 그러나 미나리아재빗과의 다른 식물들처럼 독을 가지고 있다. 그것은 세상의 여러 이치들과 크게 다르지 않아서, 잘 쓰면 약이 되나 잘못 쓰면 독이 된다.

　봄비에 흰 작약 꽃잎이 힘없이 스러져 땅 위에 뒹굴고 미나리아재비꽃의 노란빛이 사위고 나면 이내 여름이다. 봄의 함성은 그렇게 지나가는 바람결에 실려가버린다.

는 할미꽃과 제주도에만 있는 가는잎할미꽃, 북한의 관모봉과 근처의 몇몇 지역에서만 자란다는 분홍할미꽃과 산할미꽃이 있다. 그리고 돌연변이의 한 가지인 노란 빛깔의 할미꽃도 아주 드물게 있으며, 근래에 동강에서 발견된 동강할미꽃도 있다. 분홍과 노랑은 꽃빛이 많이 다르지만 다른 것은 잎이 작거나 가늘다는 다른 점을 가지고 있을 뿐이다.

할미꽃은 쌍떡잎 식물목 미나리아재빗과의 식물 가운데 하나이다. 미나리아재빗과(우리가 잘 아는 미나리와는 아무런 상관도 없으면서 왜 "미나리아재빗과"로 되었는지는 알 수 없다. 미나리는 산형과의 식물이어서 근본적으로 다른 "핏줄"인데 왜 엉뚱한 "아재비"에게 이름을 차용당했을까? 미나리아재비를 영어로는 버터를 담는 그릇과 닮았다고 "버터컵(buttercup)"이라고 하며, 라틴어로 된 학명은 치면 소리를 내는 종을 닮았다고 "종(Bell)"이다)의 식물들은 거의가 북반구의 온대지역에서 자라는데, 전 세계에 35속 1,500여 종이 있으며 우리나라에는 21속 105종이 있는 것으로 알려졌다.

미나리아재빗과의 식물들은 한해살이나 여러해살이 풀들과 덩굴식물들이 대부분이며, 모란 같은 나무도 몇 종 포함된다.

이른 봄 양지바른 숲 속에서 수줍게 피어나는 노루귀도 미나리아재빗과의 식물이다. 꽃이 지고 나면 낙엽 속에 묻혔다가 드러나는 세모난 잎들이 노루의 귀를 닮았다고 해서 그런 이름이 붙었다. 흰 꽃과 푸른 보랏빛 꽃이 뒤섞여서 피므로 더 아름답고 신선

이 미나리아재비꽃이 미나리아재빗과의 이름을 가지게 한 것이지만 이 꽃이 그 과의 식물들의 대표로 삼을 만한 특징을 가지고 있지는 않다(경상북도 포항시).

날려보내려는 어쩔 수 없는 본능의 직립이다. 그리도 조심성 있게 고개를 숙이고 세상을 살다가 때가 되면 꼿꼿이 머리를 들고 "자 바람아 불어와라, 더는 겁내지 않는다"는 것은 참으로 오묘하다. 그것은 백발에 물들여서 위장하고 늙어서도 여전히 눈치나 보며 기는 사람들보다는 때와 체통을 지킬 줄 안다. 꽃들은 도대체 세상을, 세상 이치를 어떻게 터득한 것일까. 다 이룬 뒤 더는 두려워하지 않는, 반짝반짝 바람에 날리는 할미꽃의 은발은 아름답다.

할미꽃에는 온 나라에 두루 분포하고 있

◀ 노루귀는 노루의 귀를 닮은 털이 숭숭 난 억센 잎은 낙엽 속에 묻혀서 보신을 하고 있으면서 가냘픈 꽃을 밖으로 먼저 내보내어 세상을 정탐하고 있다(강원도 정선군).

맺는 성과를 올렸으므로 더는 겸손과는 관계를 맺지 않아도 된다는 듯이. 작은 키에 다소곳이 고개를 숙이고 겸손해하는 태도를 짓던 것은, 찬바람을 피하기도 하고 꽃 속의 암술과 수술이 빗물에 젖지 않도록 하기 위해서이다. 차려입었던 솜털 외투 또한 이른 봄 밤에 이따금 기습하는 추위뿐만 아니라, 비에 몸이 젖는 것을 막기 위해서이다. 백발을 날릴 때의 꼿꼿한 자세는 오만해서가 아니라 조금이라도 더 바람을 맞아 조금이라도 더 멀리로 솜털에 싸인 씨앗을

왼쪽 : 뾰족한 꽃잎이 매의 발톱을 닮았다고 해서 매발톱이란 이름을 가지게 된 이 꽃도 미나리아재빗과의 한 종이다(강원도 인제군).
오른쪽 : 백작약은 자연에서는 아주 보기 힘들지만 정원이나 약재로 재배하는 곳에서는 흔하게 볼 수 있다(경상북도 의성군).

보이지만, 그보다 작은 풀꽃들은 주의를 기울이는 사람들의 눈에만 띈다.

할미꽃, 새봄에 갓 피었으나 나이 든 이름을 가진 그 꽃은 조숙한 천재와 같다. 다른 꽃들이 아직 꿈에 잠겨 있을 때 할미꽃은 이미 백발을 날리며 세상에 초연한 듯이 서 있다. 일찍 피어나 고개를 숙이고 있을 때는 잘 보이지 않지만, 꽃잎이 지고 백발을 날릴 때는 멀리에서도 잘 보인다. 꽃이 필 때는 땅딸막한 키에 겸손한 듯이, 아니면 수줍은 듯이 고개를 깊이 숙이고 있으나 꽃이 져갈 때쯤부터는 꽃줄기를 길게 늘이며 고개를 하늘로 쳐든다. 이만큼 씨앗을

▶ 할미꽃은 그러다 다 여문 뒤에는 더는 겸손해할 필요가 없다는 듯이 꼿꼿하게 머리를 들고 백발을 휘날린다. 그것은 조금이라도 더 바람을 맞아 조금이라도 더 멀리로 씨앗을 날려 보내려는 거룩한 본능 때문이다(강원도 인제군).

반짝반짝 바람에 날리는 아름다운 은발
미나리아재빗과의 꽃들

꽃이 필 때는 다소곳이 고개를 숙이고 겸손한 몸짓을 보이지만 씨가 여물면서부터는 목이 한껏 길어진다. 그러나 다 여물 때까지는 고개를 숙이고 있다(강원도 정선군).

봄은 마치 문민정부 들어선 뒤의 도심 같다. 억눌려 있던 목소리들이 한꺼번에 시위대의 외침으로 터지듯이 온갖 꽃들이 갖가지 빛깔로 터지며 빛을 내뿜는다. 아니, 그런 게 아니라 시위가 봄꽃을 닮았을 것이다. 추위에 억눌려서 움츠렸던 식물들이 또다시 추위가 오기 전에 씨를 맺으려고 한꺼번에 서두르고 한꺼번에 꽃피운다. 아마도 동물이나 식물은 같은 풍토의 영향 또는 지배를 받을 수밖에 없는 모양이다. 일 년은 두세 해살이 풀들에겐 아주 긴 것일 터인데도, "세상 돌아가는 것은 믿을 수가 없지, 그러므로 봄빛이 따스할 때 서둘러야 돼" 하는 것들이 많아서 대부분의 꽃들이 봄 한철에 몰려서 핀다. 그래서 봄의 들판과 산자락은 봄의 구호로 가득하다. 벚꽃이나 진달래, 철쭉 같은 큰 무리는 무심한 사람들의 눈에도 잘

▶ 할미꽃은 위도와 고도에 따라서 4-5월에 핀다. 비교적 따뜻할 때 피는 꽃이지만, 세상은 믿을 것이 못 된다는 듯이 털 외투를 차려입고 있다. 막 피었을 때는 땅딸막하지만, 꽃이 만개한 뒤부터는 이처럼 키가 커진다(강원도 인제군 내설악).

……나를 부끄러워 아니하시면
　　꽃을 껶어드리오리다.

　그 노래는 소월의 시 "진달래꽃"보다는 더 직설적이고 인간적이다. 뿌리는 것은 더 적극적으로 바치는 것이겠지만.

　　나 보기가 역겨워
　　가실 때에는
　　……
　　……
　　진달래꽃,
　　아름 따다 가실 길에 뿌리오리다.

　올 봄에도 진달래, 철쭉이 넘치게 피어 이 강산 잠시 눈부시다.

전을 부쳐먹는 것은 있는 사람들의 이야기일 뿐이고, 보통 사람들과 아이들은 꽃을 따서 먹었다. 그러므로 꼭 개꽃과 참꽃을 구별할 줄 알아야 했다. 산철쭉꽃은 진달래보다 빛깔이 연하며 꽃잎이 더 두껍다. 분홍 빛깔에 흰 빛깔이 섞인 산철쭉꽃은 진달래보다 우아하고 아름다워서 독을 가지고 있을 것으로는 보이지 않는다. 그러나 먹으면 틀림없이 배탈이 난다. 철쭉은 진달래와 꽃 모양이나 빛깔이 거의 비슷하다. 그러나 주의 깊게 보면 빛깔이 더 짙다. 진달래꽃인지 철쭉꽃인지 확실하게 아는 방법은, 그 꽃자루를 엄지와 검지 손가락으로 잡아보는 것이다. 찐득찐득하면 그것은 독을 가진 철쭉꽃이다.

  식물치고 안 그런 것이 어디 있을까마는, 진달래나 철쭉은 햇빛을 좋아한다. 그래서 다른 키 큰 나무들이 없는 볕바른 둔덕에 무리지어 있다. 꽃 한 송이를 꼼꼼하게 들여다보면 정교하게 아름답고, 멀리 물러서서 무리를 보면 화려한 빛깔이 눈부시게 아름답다. 진달래는 3월이면 남녘의 섬에서부터 피기 시작해서 4월 초순에는 서울 근처의 산들, 그리고 6월에는 백두산에서 핀다.

  「삼국유사」의 수로부인 편에는 "헌화가"가 나온다. 수로부인이 길을 가다가 "천야만야(千耶萬耶)한" 절벽 꼭대기에 무리지어 핀 진달래꽃(원문에는 척촉화(躑躅花)로 되어 있는데, 어떤 번역에는 철쭉으로 되어 있다)을 보고 누가 꺾어다주기를 바랐다. 그때 새끼 밴 암소를 몰고 가던 한 노인이 나타나서 꽃을 꺾어와서 다음과 같은 헌화가와 함께 바쳤다.

나 빛깔이 아니라, 잎이나 열매의 모양으로 구분된다. 그러므로 그것은 보통 사람들로서는 알아보기 어려운, 분류를 위한 학문의 문제일 뿐이다. 철쭉 또한 진달래과의 식물인데, 진달래와 철쭉을 구분할 수만 있어도 좋다. 철쭉에는 철쭉과 산철쭉이 있으며 흰철쭉도 있다. 철쭉은 진달래가 져갈 무렵부터 피기 시작한다. 진달래와는 달리 잎과 함께 꽃봉오리를 맺으며, 잎이 자랐을 때 꽃이 핀다. 성질 급하게 얼른 꽃부터 피우는 진달래보다는 싱싱한 잎의 풀빛을 후광으로 두르고 피는 산철쭉이나 철쭉이 더 화려하다. 이 세상 모든 빛깔의 꽃들은 다 연하거나 짙은 풀 빛깔의 잎을 후광으로 두르고 있다. 그러므로 풀 빛깔은 어떤 빛과도 조화가 되는 평화로운 빛깔이다. 싱싱한 풀 빛깔이 밑에서부터 위로 번져 올라갈 때 산은 푸르러지며 생기를 띤다. 그때 철쭉꽃이 핀다. 그러므로 철쭉꽃은 빛깔의 조화를 진달래보다 더 잘 안다.

지금은 모두가 배불러서 살 빼느라고, 살 안 찌려고 애쓰고 있지만 한 세대 전만 해도 꽃조차 먹을 수 있는 것과 먹을 수 없는 것으로 구분했다. 먹을 수 있는 진달래는 참꽃, 독이 있어서 먹으면 배탈이 나는 철쭉은 개꽃이라고 했다. 진달래꽃으로 화

◀ 철쭉은 산철쭉처럼 독이 있기 때문에 먹을 수가 없다. 그래서 개꽃이라고 불린다(전라북도 남원시 덕두산).
▼ 잎이 나오며 피는 산철쭉은 빛깔과 모양이 진달래보다 우아하지만 독을 가지고 있다(서울 북한산).

왼쪽: 흰진달래는 흔치 않지만 진달래 고유의 느낌을 주지 않아서 낯설다(서울).
오른쪽: 흰산철쭉꽃은 드물게 있어서 보기가 쉽지 않다(지리산).

직하게 결론부터 말한다. 여린 가지 끝에 여러 송이의 분홍빛을 켜고 "봄빛은 이래요" 한다. 양지바른 낮은 산들의 능선은 진달래의 분홍빛으로 뒤덮인다. 소월의 "영변에 약산"뿐만 아니라 온 나라의 낮거나 높은 산에는 거의 다 진달래 밭이 있다.

 여느 식물과 다르지 않아서 진달래도 끼리끼리 모여 산다. 진달래는 쌍떡잎 식물 진달래목의 진달래과에 속하는 낙엽 관목이다. (그중에는 가을이나 겨울에도 잎이 떨어지지 않고 반쯤 시든 것 같은 상태로 겨울을 버티는 것도 있는데, 산진달래라고 한다.) 전 세계에 50속 1,400종이, 우리나라에는 9속 23종이 있는 것으로 알려졌다. 진달래에는 진달래 말고도 산진달래, 흰진달래, 털진달래, 왕진달래, 반들진달래, 한라산진달래가 있는데, 흰진달래꽃의 흰 빛깔 말고는 꽃의 모양이나 빛깔은 다 같다. 그것들은 꽃의 모양이

▶ 산철쭉꽃은 잎과 함께 핀다(서울 북한산).
▶ 76–77쪽: 철쭉꽃은 진달래가 진 뒤에 핀다. 꽃 빛깔이 막 돋은 푸르른 풀 빛깔과 어우러져서 새봄의 생기를 펼치고 있다(전라북도 남원시 덕두산).

꽃들의 함성
진달래와 철쭉

막 핀 진달래꽃에서는 싱싱한 생명감이 느껴진다 (경상남도 창녕군 관룡산).

 갑자기 터지는 꽃들의 함성이 눈부신 빛깔로 산과 들에서 빛난다. 움츠렸던 겨울잠에서 깨어나며 부스스하던 산하의 구석구석이 환해진다. 마침내 봄이다. 꾸물꾸물 신중하게 오던 봄은 3월 말쯤부터는 빠르게 뛰기 시작한다. 둔한 사람이 확실하게 눈치를 채고 "봄이 왔구나!" 했을 때 봄은 이미 사라진다.
 진달래는 바빠서 대뜸 꽃부터 피운다. 재거나 뜸들이지 않고 솔

▶ 진달래는 높은 곳에서는 늦게 피기 때문에, 꽃이 피었을 때 잎이 조금 돋은 경우도 있다 (경상남도 창녕군 관룡산).
▶ 70-71쪽 : 갓 핀 진달래 꽃송이에 봄비가 내려앉았다. 꽃 속의 수술과 암술이 비를 맞지 않도록 고개를 숙이고 핀다(경상남도 창녕군 관룡산).
▶ 72-73쪽 : 잎보다 먼저 피어나 화려한 빛깔로 새봄을 노래하는 진달래꽃. 큰 나무들이 없는 능선에 군락을 이루는 경우가 많다(대구시 달성군 비슬산).

에 바빠서 그 작은 꽃의 정교한 아름다움을 들여다볼 시간이 없다. "꽃 봐라" 하고 경이로워할 겨를이 없다.

 남녘에서 그 꽃이 슬그머니 자취를 감추고 나면 겨울이 꼬리를 사리고 잠적한다. 환한 봄 햇살이 서둘러 잠자는 식물들을 깨우고, 놀란 그것들은 제가 제일 먼저란 듯이 화들짝 꽃봉오리를 터뜨리기 시작한다.

◀ 한라산 꼭대기는 한겨울이지만 그 아래는 봄기운이 짙다. 보리밭 가장자리의 돌담 아래를 기웃거리면 수줍게 피어 있는 "봄까치꽃"을 만날 수 있다(제주도).

남녘과는 거리가 먼 서울의 한강 둑 아래에도 2월 중순에 개불알풀꽃이 피었다. 꽃송이들이 얼고 마른 제 잎들 사이로 고개를 내밀고 이 세상을 관찰하고 서는 "아니야 속았어 따뜻한 건 공해 때문이었어" 하는 듯하다(서울 한강).

않다. 우리나라에는 그런 귀화식물이 200종이 넘는 것으로 알려져 있다.

  이 풀 이름을 중국에서는 디진(地錦, 땅의 비단)이라고 한다. 그리고 다행히도 식물 사전에 올라 있는 이 풀의 호적명 대신에 시골에서는 "봄까치꽃"이라고 부른다. 그리고 이 풀꽃의 꽃말은 "기쁜 소식"이다. 그러므로 "봄까치꽃"은 까치처럼 이른 봄이 왔다는 기쁜 소식을 알리는 꽃이라고 마음대로 해석해도 누구든 크게 꾸짖지는 않을 것 같다.

  겨울에 새봄을 선물하는 "봄까치꽃"의 푸른 꽃송이는 아침에 피었다가 저녁에는 시든다. 그러나 잎겨드랑이마다 달린 수많은 그 꽃송이는 한 달이 넘도록 날마다 새 꽃을 피운다.

  위도나 고도가 높은 곳은 아직 눈으로 덮여 있어 식물들이 깊은 겨울잠을 자고 있을 때, 이미 꽃을 피워 생명의 아름다움을 속삭이는 작은 전위(前衛)가 "봄까치꽃"이다. 세상의 많은 사람들은 살기

봄까치꽃이 흰민들레와 어쩌다 함께 자리를 잡고 어쩔 수 없는 공존을 하고 있다. 민들레는 너무나 뚱뚱하고 "봄까치꽃"은 너무나 작다(경상북도 경주시).

그 이름으로 인해서 혼동하기 쉬우나 아주 다르다. 개불알풀에는 줄기가 서 있는 선개불알풀과 꽃이 조금 더 큰 큰개불알풀이 있는데, 개불알풀의 학명은 베로니카 디디마 릴라키나(*Veronica didyma lilacina*)이다. 우리말로는 "잎이 마주 난 라일락 빛깔의 성 베로니카"가 된다. 이 고상하고 거룩한 이름이 어찌하여 "개불알"로 둔갑했는지는 알 수 없다. 이 풀은 아프리카와 유럽과 아시아 대륙에 널리 퍼져 있는 식물인데, 언제 어떤 경로로 "비자"를 받아 입국하여 귀화 절차를 밟았는지 또한 알 수가 없다.

외국에서 들여왔지만, 사람이 계속해서 돌봐줘야만 자라고 번식할 수 있는 것은 외래식물이라고 하며, 자연에서 저 혼자 잘 자라며 번식해나가는 것을 귀화식물이라고 한다. 귀화식물은 씨앗을 많이 맺고, 넓은 영역으로 확산되어 어디에나 적응해서 잘 자라며, 자라는 속도와 꽃피는 시기가 이르다는 특성을 가지고 있다. 한마디로 모험심이 많으며 강인한 사람, 귀화한 사람과 성질이 그리 다르지

주 작은(지름이 3-5밀리미터쯤 되는) 개불알풀의 꽃이 산뜻한 빛깔로 피어서 "작다고 깔보지 마세요" 하고 있다. 누구라도 무심코 마른 풀밭을 바라보다가 그 작고 산뜻한 꽃과 마주치게 되면 "꽃 좀 봐" 하고 탄성을 내지 않을 수 없다. 개불알풀의 꽃은 제주도뿐만 아니라 해남 같은 따뜻한 지방에서는 겨울에도 핀다. 같은 종류의 꽃이라고 하더라도 위도와 고도에 따라서 피는 시기가 다르다. 중부지방에서는 4-5월에 피는 것으로 알려져 있는 개불알풀꽃이 2월 말 서울의 한강 둑 아래에 핀 것을 보기도 했다. 한라산이 정수리에 흰 눈을 수북이 이고 있는 한겨울에도 그 남쪽 바닷가는 푸르다. 식물들은 위도보다는 고도에 더 민감한 것 같다. 서울에서도 사는 그 풀은 한라산에는 없다.

개불알풀꽃을 어느 해 겨울에 처음 보고, 작디작지만 그 산뜻한 빛깔의 강인한 생명력을 보고 이 땅의 토종식물이거니 하고 좋아했었다. 물론 처음 보았을 때는 이름도 몰랐었다. 알아보니 땅 위에 엎드린 줄기에 촘촘하게 달린 그 수줍어하는 작은 꽃 모습에는 어울리지도 않는 "개불알"이란 이름을 달고 있어서 놀랐고, 토종이 아닌 귀화식물이라는 점에서 한 번 더 놀랐다. "개불알"이 좋은 건지, 서로 다른 두 가지 식물에 그것이 달려 있다. 개불알꽃이라는 이름의 난초과 식물과 현삼과의 2년초인 이 개불알풀은

쑥부쟁이의 마른 몸 위에도 주체하기 힘들 정도로 "겨울 꽃"이 피었다(지리산 노고단).

작은 꽃, 큰 기쁨

성긴 눈발이 날리고, 사람들이 주머니에 손을 깊이 찌르고 종종걸음 칠 때, 들꽃들은 기억 저편에서 잠자고 있다. 그러나 찾아보면 겨울에 피는 꽃들이 전혀 없는 것은 아니다.

고은의 "작은 시 몇 수" 중에 정말 작은 시가 있다.

갈보도 좋아하네
꽃 좀 봐
열네 살 선희도 좋아하네
꽃 좀 봐.

이른 봄에 핀 꽃을 보고 놀라고 반기고 기뻐하는 기색을 눈 깜빡할 사이에 포착한 이 시의 제목은 「3월 30일」이다. 그쯤이면 꽃노래가 저절로 나올 때다. 꽃피지 않는 철의 꽃타령은 썰렁하다. 그러나 남쪽의 따뜻한 지방이나 섬들의 볕 잘 드는 양지 쪽에는 겨울에도 참신하게 피는 꽃들이 더러 있다. 겨울일지라도 꽃핀 그곳은 봄이다. 남녘에서 볕바른 길가의 마른 풀밭을 꼼꼼하게 살펴보면 아

▶ 62-63쪽 : 개불알풀은 남쪽 지방에서 많이 자라지만 온 나라에 두루 퍼져 있다. 지역에 따라서 이 꽃은 1월에서 5월까지 피는 적응력이 좋은 식물이다(경상북도 경주시).

노을빛이 드리운 들판의 억새밭이 불타며 한 해를 장렬히 마무리하고 있다(경기도 강화군).

동지가 지나면서부터 기운 해는 차츰차츰 올라가기 시작한다. 그러면 하루 빛은 날마다 "노루 꼬리" 만큼씩 길어지기 시작한다. 겨울이 지나가고 있다.

고 보통은 강아지풀과 억새, 그리고 갈대를 겨우 구별할 수 있다. 잡초는 그 근성이 강하여 생명력이 모질다. 웬만큼 가물거나, 아니면 물에 잠겨도 끄떡없이 살아남는다.

시골에서는 가을 들판에서 백발을 흔들며 바람을 타는 억새를 "새"라고 부르며, 물가에 도열해서 열병식이라도 하는 듯이 모여 있는 갈대를 "갈"이라고 부른다. 억새에는 참억새, 금억새, 물억새, 얼룩억새와 그 밖에도 몇 가지가 더 있다. 억새는 그 줄기가 억세어 잘 썩지 않기 때문에 그것으로 지붕을 이어서 덮는 초가도 있었다. 그런 초가를 "샛집" 또는 건새집이라고 했다. 갈대의 줄기로는 돗자리나 삿갓을 만들었다.

땅거미 진 들판 한구석이 빛으로 반짝인다. 한 해의 저물어가는 하루, 그 마지막 빛을 받은 억새가 머리의 갈기를 흔들며 이미 검푸른 그늘에 잠긴 들판 멀리로 노을빛을 흩어보낸다. 이윽고 빛이 사위어지면 사방은 적막해진다. 밤이 깊으면 찬바람에 잠 못 이룬 억새풀이 서걱대며 뒤척이는 소리가 멀리까지 퍼진다.

갈대는 저를 흔드는 것이 제 조용한 눈물인 것을 몰랐다.
산다는 것은 속으로 이렇게
조용히 울고 있는 것이란 것을
그는 몰랐다.

— 신경림의 「갈대」 중에서

정처 없이 내리던 첫눈이 여린 강아지풀의 이삭에 기댔다(강원도 인제군 내설악).

두렁이나 산비탈에 자리잡고 싹터서 오래오래 번성하기를 바란다. 그런 간절함이 여리나 빛나는 은빛 날개에 달려 있다.

억새를 보고 사람들은 흔히 갈대라고 한다. 그러나 갈대는 따로 있다. 억새는 키가 1미터쯤이지만 갈대는 3미터쯤 된다. 이삭도 갈대가 훨씬 더 크며 회색이다. 가을부터 겨울까지 들판이나 산자락에서 기우는 빛을 받고 번쩍이는 백발을 흔들고 있는 것은 억새이다. 갈대는 물가에 빽빽하게 무리지어 있으며, 억새보다도 더 억세 보인다.

억새와 갈대는 볏과의 식물이다. 볏과에는 500속에 4,500여 종이나 있다. 벼는 물론이고 보리, 귀리, 조, 율무, 옥수수도 볏과의 식물이다. 볏과의 식물은 거의가 초본이지만 드물게 대나무 같은 목본도 있다. 그러나 대부분은 우리가 흔히 "풀" 또는 "잡초"라고 부르는 풀이다. 그런 잡초에는 한 해의 열매인 이삭이 달려 있다. 봄과 여름의 빛을 받으며 자랄 때의 삶을 즐겼는지는 알 수 없지만, 풀들은 그 이삭을 위해서 온 삶의 정성을 다 바쳤다. 그 이삭을 보

1. 갈대는 물가의 습지에 무리지어 있다. 키가 3미터나 되는 그 풀숲은 새들이 둥지를 틀고 안전하게 살기에 좋다(전라남도 진도군). 2. 주로 숲 속과 풀밭에서 자라는 실새풀로 다 자라면 60-150센티미터 정도가 된다(경상북도 영양군 일월산). 3. 산조풀과 그 밖의 볏과 식물들에는 모두 이삭이 달린다. 이삭이 달리기 전에는 정체를 구별하기 힘든 잡초로 보인다(경상북도 죽령). 4. 한 해의 저물어가는 하루, 그 마지막 빛을 받은 억새가 머리의 갈기를 흔들며 이미 검푸른 그늘에 잠긴 들판 멀리로 노을빛을 전한다(전라북도 고창군).

한 송이라고 착각하기도 한다. 그 꽃이 지고 나면 씨앗을 맺으며, 그 끝이 부풀어 반짝이는 솜털이 된다. 그 씨앗을 날 수 있게 하는 솜털 장치는 바람을 타고 멀리멀리 씨앗이 날아가게 한다. 억새나 갈대는 여러해살이풀이어서 한곳에 오래도록 자리잡고 뿌리로도 번지지만, 종족 보존 본능이 강하여 씨앗이 멀리로 날아가 어느 논

저물어가는 들판을 밝히는 황혼의 꽃들
볏과의 식물

억새의 꽃이 아닌 열매이다. 긴 털 아래에는 씨앗이 달려 있다. 이런 열매를 두고 우리는 흔히 꽃이라고 착각한다(강원도 강릉시).

해가 기운다. 기울기 시작하면 빛은 짧아지고 어둠은 길어진다. 겨울이 시작된 것이다.

썰렁하게 가라앉는 긴 겨울밤의 잔인함을 겪었던 사람들은 따뜻하고 불빛 환한 방의 화목한 웃음소리를 위해서 일 년 내내 안간힘을 썼다. 창 밖에는 찬바람이 불어도 내 방은 평온하기를, 내 이부자리 속은 따뜻하고 폭신해서 서걱서걱 마른풀처럼 뒤채지 않기를 누구나 바란다.

들판의 억새와 갈대가 지나가는 바람을 맞고 서걱댄다. 마른풀들에게도 겨울은 기나길다.

억새와 갈대는 겨우내 남아서 찬바람에 부대낀다. 그러나 그것은 그들이 바라는 바이다. 흔히 억새나 갈대의 흰 열매를 꽃으로 아는 경우가 많다. 실제로는 열매이지만 우리 눈에는 꽃이다. 저문 들판을 밝히는 황혼의 꽃이다. 꽃들은 이른 가을부터 피는데, 긴 꽃줄기에 셀 수 없을 만큼 많이 달려 있는 작은 꽃송이들의 다발을 흔히 꽃

▶ 양지쪽 길가에서 잘 자라는 수크령. 길갱이 또는 낭미초(狼尾草)라고도 한다. 30-80센티미터 정도 자라고 뿌리줄기에서 억센 뿌리가 사방으로 자란다(경상북도 문경시 주흘산).

그러나 좋아하거나 사랑하지도 않으면서, 이름을 불러준다고 다 나의 꽃이 되는 것은 아니다.

청초하고 순박하게 생긴 쑥부쟁이는 누구에게나 소슬한 이 땅의 가을을 느끼게 한다. 그 꽃은 추수를 끝낸 저문 들판에 오래도록 피어서 가을을 길고 길도록 잇는다. 남녘에서는 겨울도 버텨내고 봄까지 피어 있는 것들도 있다. 그것은 끈질긴 이 땅의 민초들 같다. 그래서 더 아름답다.

◀ 과꽃은 본디 북한의 부전고원과 백두산에만 있던 야생화이다. 그것이 18세기에 프랑스로 채집되어간 뒤에 프랑스, 영국, 독일에서 화훼종으로 개량된 것이다. 원종은 북한에서 천연기념물로 지정되어 있다(경상북도 경주시).

초 중에는 드물지만, 분홍빛이거나 일부분에 분홍빛을 띠는 것들도 있다. 구절초의 뿌리와 잎은 부인병의 약재로 쓰이기도 한다.

쑥부쟁이는 들판이나 산자락을 가리지 않는 적응력을 가지고 있기 때문에 여기저기에서 흔하게 볼 수 있는 가을꽃이다. 이것이 가장 흔히 "들국화"라고 불린다. 쑥부쟁이라는 고약한 이름보다는 "들국화"가 더 그 꽃에 어울린다. 그렇지만 그 꽃의 고유한 이름은 쑥부쟁이이다. 그것에는 민쑥부쟁이, 개쑥부쟁이, 갯쑥부쟁이, 까실쑥부쟁이……등 열 가지나 있다. "이름 모를 꽃"이라고 하는 경우가 많은데, 그것은 수사(修辭)로 그렇게 말하기도 하지만 이름을 몰라서 그렇게 부르는 수도 많다. 이름을 모르면 실제로 그것을 모르는 것이다. 사람도 그렇고 물건도 마찬가지이다.

    내가 그의 이름을 불러주기 전에는
    그는 다만
    하나의 몸짓에 지나지 않았다.
    내가 그의 이름을 불러주었을 때
    그는 나에게로 와서
    꽃이 되었다.

김춘수의 시 「꽃」은 여러 가지의 뜻을 함축하고 있다.
거의 비슷비슷한 꽃 모양과 빛깔을 가진 쑥부쟁이의 수많은 근친들을 다 구별해서 그 이름을 불러주기는 쉽지 않다.

연기념물로 지정되어 있는 식물이다. 그것이 18세기에 프랑스로 채집되어간 뒤에, 프랑스와 독일과 영국에서 각각 개량되어 널리 퍼져서 오늘날의 과꽃이 되었다. 본디의 과꽃은 푸른빛이 도는 자주색인데, 개량된 것으로는 빨강, 보라, 노랑, 그리고 하얀 꽃이 있다. 서양 물을 먹고 달라진 모습으로 돌아온 과꽃은 여기저기 시골 마을의 담 밑에 소담하게 무더기로 피어 있다. 모습과 빛깔이 바뀌었다고 하더라도 그것은 이 땅에, 이 땅의 풍경에 잘 어울린다.

노란 빛깔의 자잘한 산국꽃은 가지 끝에 빽빽하게 피어 있기 때문에 멀리서 보면 노란 덩어리 같다. 촌티가 나서 더 친근한 느낌을 주는 잘디잔 그 꽃은, 맑고 서늘한 바람이 스치고 지나갈 때면 고개를 살랑살랑 흔들며 진한 향내를 멀리까지 날려보낸다. 캐어다 심어도 씩씩하게 잘 자라므로, 시골집들의 마당이나 울타리 가에서도 이 꽃을 흔히 볼 수 있다. 갓 피어난 꽃을 따다 말린 뒤에 뜨거운 물에 우려서 차로 마시기도 하고, 말린 것을 베갯속으로 쓰기도 한다. 이 꽃의 향내에는 진정작용이 있어서 두통에 좋다고 한다. 같은 종이지만 꽃의 지름이 1.5센티미터쯤 되는 것을 산국(山菊)이라고 하며, 2.5센티미터쯤 되는 것을 감국(甘菊)이라고 한다.

그것에 비하면 좀 높은 산이나 깊은 골짜기에서 피는 구절초는 귀티가 난다. 그러므로 언뜻 화훼류 같은 느낌을 주기도 한다. 꽃의 지름이 큰 것은 5-6센티미터가 되는 것도 있고, 하얀 빛으로 말쑥한 꽃잎은 두툼하여 부티까지 난다. 구절초라고 이름 붙은 것은 산구절초, 바위구절초, 포천구절초……등 다섯 가지가 있다. 산구절

해국은 바닷가의 바위틈에 자리잡고 피어 있는 경우가 많다. 그러므로 강한 바람과 가뭄에도 잘 견디려고 키가 작으며 잎이 두껍다. 저문 바다 너머로 저녁노을이 걸려 있다(전라남도 진도군).

산구절초 중에는 아주 드물게 꽃이 작고 분홍빛인 것도 있다(제주도 한라산).

서양에서 들여와 관상용으로 오래 전부터 흔하게 마당에서 재배되어 친근한 것들도 국화과의 식물들이다. 그중에서 과꽃은 조금 생각해볼 만한 사연을 가지고 있다. 본디 야생의 과꽃은 북한의 함경남도에 있는 부전고원과 백두산에 자생하는 것으로서, 북한에서 천

▶ 솜다리는 서양에서는 에델바이스라고 불린다. 알프스 같은 고산지대에 있는 것과 친척인 이 작고 귀한 꽃은 고산식물이다. 우리나라에서는 멸종 직전인데, 설악산의 높은 능선들에서 겨우 명맥을 유지하고 있다(강원도 설악산).

제주도에만 있는 바늘엉겅퀴꽃도 국화과이다. 우리나라에는 열한 가지쯤의 엉겅퀴가 있다. 바늘엉겅퀴는 적의 침입을 막으려고 잎을 날카로운 바늘로 무장하고 있다(제주도 한라산).

루고 미루다가 마침내는 화닥닥, 그러나 잘 해치우는 머리 좋은 아이들 같다. 국화과의 식물들은 쌍떡잎 식물 가운데서 가장 진화된 식물이다. 그것은 세계에 2만여 종이나 있으며, 우리나라에는 300여 종이 있다.

가을 하면 흔히 "들국화"를 떠올리지만 그런 이름을 가진 식물은 없다. 가을에 피는 야생의 국화과 꽃들을 두루 싸잡아서 그렇게 부를 뿐이다. 국화과의 꽃이라고 해서 다 가을에 피지는 않는다. 민들레, 풀솜나물, 머위, 씀바귀, 그리고 서양에서는 에델바이스라고 부르는(가련한 장사꾼들이 뜯어다 팔고 어리석은 사람들이 캐가고는 해서 멸종 직전의 단계에 있는) 높은 산의 솜다리 같은 것은 봄에, 망초, 금불초, 버드쟁이나물 같은 것들은 여름에 꽃이 핀다.

국화과의 식물들은 어릴 때는 거의 다 나물로 먹을 수가 있다. 쑥, 취, 고들빼기, 머위 같은 것이 가장 흔하게 나물로 해서 먹는 국화과의 식물들이다. 그리고 쑥갓, 우엉, 상치 같은 것들은 오래 전부터 농작물로서 재배하며 개량되어온 식물들도 국화과이다.

해바라기, 데이지, 과꽃, 금잔화, 백일홍, 달리아, 코스모스처럼

▶ 꽃잎도 크고 해서 귀티가 나는 구절초는 높은 산에서 무리지어 피는 경우가 많다(경상북도 문경시 황장산).

기우는 햇빛, 맑고 서늘한 바람 속에서
국화과의 꽃들

감국은 야생종이지만 정원에서도 잘 자란다. 꽃은 잘디잘지만, 향내는 짙다(서울).

차츰차츰 해가 기운다. 그리하여 서늘한 밤이 길어지기 시작하면 무심한 표정으로 늦장을 부리던 식물들이 서두르기 시작한다. 더는 노닥거리며 게으름을 피울 시간이 없다는 것을 알아챈 식물들이 꽃을 피우기 시작하면 가을이 온 것이다. 여러 가을꽃들이 있지만, 그중에서도 국화과의 꽃들이 가을 분위기를 가장 가을답게 치장한다. 그러나 그 꽃들은 서두르는 기색도 없이 꽃피우고, 겨울이 오기 전에 소중한 씨앗을 다 여물게 한다. 가을에 피는 꽃들은, 숙제를 미

▶ 가을이면 흔히 볼 수 있는 쑥부쟁이꽃이 아침 햇살을 받아 그 아름다운 자태를 드러냈다. 흔하게 볼 수 있는 꽃이지만 환경에 따라서 빛깔이나 꽃의 크기가 다를 수도 있다(강원도 평창군 대관령).

살 수 있도록 순치되지 않고 자연의 야성을 그대로 가지고 있기 때문이다. 화분이나 정원에서 가꾸는 서양 식물들은 오랜 세월 동안 가다듬어져서 개량된 것들이다.

　세상이 어수선하기 때문에 식물들 중에도 얼이 빠져서 얼떨떨해 하는 것들이 더러 있다. 온도만 비슷하면 언제든지 피는 민들레나 따스한 늦가을을 봄인 줄 착각하고 피는 개나리 같은 것들이 그렇다. 이른 봄에 피는 꿀풀과의 광대나물이 따스한 늦가을에 피어났다가 느닷없이 눈을 맞고 있는 것도 본 적이 있다. 때가 아닌 계절에 잘못 피어난 것들은 다행히 기온이 내내 따스하다고 치더라도 꽃가루를 매개해주는 곤충들을 만날 수가 없다. 이미 겨울잠에 들었다가도 따스한 기온이면 나와서 돌아다니는 얼빠진 곤충도 있기는 하겠지만, 그 얼빠진 것들끼리 만나기는 거의 불가능하다.

　봄의 광대나물부터 여름의 꿀풀, 그리고 가을의 꽃향유에 이르기까지 꿀풀과의 꽃들은 차례로 곤충들을 불러들여서 꽃가루를 옮기게 한다. 수정하여 씨를 맺게 하려는 식물들의 종족 보존 본능은 꽃을 아름답고 향내 나며 꿀이 많게 한다. 꽃들은 곤충을 찾아 떠날 수는 없으므로 꽃 빛깔의 파장이나 향내로 멀리 있는 곤충들을 초대하여 꿀을 대접한다. 한갓 미물이라는 곤충들도 먹을 꿀만 밝히는 게 아니라, 그 향내와 빛깔과 모양까지도 제가끔 좋아하는 것이 있다.

　우리는 만물의 영장이라면서도 작디작은 곤충이 좋아하는 것은 다 좋아한다.

는 문제가 해결되고 생활다운 생활을 하게 되면 사람들은 온갖 냄새에도 다 까탈을 부리게 된다. 비누나 향수 같은 것에서부터 방 안이나 거리의 냄새까지 다 신경을 쓰게 된다. 근래에 유행하는 "허브"를 보면 그것은 분명하다. 그것은 다만 물질이 아닌 것에도 부쩍 관심을 나타내기 시작했다는 증거이리라. 생활필수품 이외에도 신경을 나누어줄 만큼은 안정되었기 때문일 것이다.

로즈메리, 바질, 라벤더 같은 향내가 나는 화분을 가진 집들이 많다. 그런 향내가 나는 서양 풀들은 거의가 다 꿀풀과의 식물들이다. 주로 지중해 지방에 많은 꿀풀과의 식물은 3,200여 종이나 되는데, 우리나라에는 55종이 있다. 꿀풀, 벌깨덩굴, 꿀방망이, 익모초, 용머리, 광대나물, 백리향, 꽃향유……그리고 음식에 넣어먹는 박하, 방아풀, 들깨 같은 것들이 꿀풀과의 식물들이다.

서양에서는 식품에 첨가하거나 향수 같은 것들을 만들려고 오래 전부터 그런 식물들을 재배해왔다. 그러므로 지금 우리나라에 들어와 있는 식물들은 거의가 잘 자라고 향기가 짙도록 개량된 것들이다. 우리보다 훨씬 전에 배고픔을 면했으므로 그런 것에도 먼저 신경을 쓸 수 있었을 것이다. 우리나라에도 향내가 좋은 그런 식물들이 흔하게 있으나 미처 신경 쓸 겨를이 없었으므로 아직껏 자연에 자연 그대로만 있을 뿐이다. 근래에는 토종식물을 재배하는 유행도 생겨나서 여기저기서 많이 팔기도 한다. 그러나 그런 것들은 거개가 사왔을 때 한번 꽃피고 나면 그만인 경우가 많다. 그것은 그런 식물들이 자연에서보다 볕이 잘 들지 않는 곳이나 화분에서도 잘

꽃향유는 무리지어 늦여름부터 늦가을까지 핀다. 은은한 향내를 온종일 날리는 꽃향유의 무리 속에서 겨울을 예감한 벌들이 이른 아침부터 바쁘게 서둔다(충청남도 대둔산).

봄에 피는 벌깨덩굴은 숲 가장자리의 볕이 잘 드는 곳에서 흔히 자란다. 싱싱한 꽃에서 싱그러운 봄내가 난다(강원도 설악산).

로 치장하는 것도 있다. 그 무늬를 액점이라고 하는데, 자기가 좋아하는 곤충이 정확하게 내려앉을 자리를 알려주는 역할을 한다. 거기에 내려앉아 은밀한 곳의 꿀을 빨려고 몸을 들이밀 때 꽃가루가 곤충의 몸에 묻게 된다. 꽃과 곤충들은 서로 그런 것을 어떻게 알아냈을까?

어릴 적에 시골에서 자란 이들은 꿀풀이나 다른 꽃을 따서 향기로운 꿀을 빨아먹곤 했었다. 양이야 보잘것없지만 혀끝에 맴돌던 그 달디단 맛과 향내는 물리치기 어려운 유혹이었다.

배고픈 시절에는 향내 같은 것에 신경 쓸 겨를이 없다. 그러나 먹

▶ 봄에 피는 광대나물이 따뜻한 늦가을을 봄인 줄 착각하고 피어났다가 느닷없이 눈을 맞았다. 여러해살이풀이므로 얼어죽더라도 아마 새봄에는 새로 싹을 틔울 수 있을 것이다(충청남도 천안시 광덕산).

백리향은 아주 멀리까지 향내를 날려보낸다고 해서 그런 이름을 가졌다. 작고 강인하지만 향내는 짙다(제주도 한라산).

두른 것과 같다. 털 외투를 입은 꿀풀은 향내와 빛깔과 꿀로 자기가 좋아하는 벌들을 꼬인다. 꿀풀과의 풀들은 봄부터 가을까지 두루 걸쳐 꽃 피는 것이 많지만, 그 대표적인 것들은 여름에 핀다. 꿀풀 무더기에서는 갈무리할 꿀을 빠느라고 벌들이 부산하다. 꽃들은 저마다 좋아하는 곤충이 있으며, 곤충 또한 저마다 좋아하는 향내와 빛깔과 꿀이 있다. 어떤 꽃들은 꽃잎 중간을 얼룩무늬

향내는 바람에 날리고
꿀풀과의 꽃들

꿀풀에는 보랏빛 꿀풀과 붉은 꿀풀, 그리고 아주 드문 흰 꿀풀이 있다. 흰 꿀풀은 아직껏 만나지 못했다. 오른쪽의 보랏빛 꿀풀과 견주어보면, 왼쪽의 붉은 꿀풀은 조금 더 붉은빛을 띠고 있을 뿐이지만 다른 종으로 친다(강원도 정선군).

한여름, 땡볕이 내리쬐어 열기나는 산길 모퉁이를 돌아갈 때 문득 꿀 향내가 바람에 날려온다. 뚜리뚜리 둘러보면 윙윙대는 벌 떼 소리 나는 곳이 있다. 거기에 보랏빛 꿀풀들이 모여서 군락을 이루고 있다. 무더운 여름의 꽃들은 거의 빛깔이 짙고 두껍다. 그리고 자세히 보면 잎과 꽃이 섬세한 털로 덮여 있는 것들이 많다. 무더위 속의 땡볕에서 수분 증발을 덜 시키며 견디려고 털 외투를 차려입은 것이다. 그것은 무더운 사막 근처의 사람들이 터번을 쓰고 긴 옷을

▶ 무엄하게도 용머리 위에 벌이 올라앉아서 쉬고 있다. 곤충의 도움 없이는 수정이 되지 않으므로 꽃들은 빛과 향과 꿀로서 자기가 좋아하는 곤충을 불러들인다(강원도 양양군).

지" 하고 식물의 휴면을 조작하는 것이 휴면 타파이다. 그리하면 알뿌리는 잘 크며 꽃피는 시기가 빨라진다. 용하나 끔찍하다. 구근들은 속은 줄도 모르고 쑥쑥 자라서 얼른 순결한 꽃을 피운다. 한겨울에도 도시 사람들의 품에 안겨서 도시를 떠돌다 마침내 쓰레기통에 버려지는 불쌍한 꽃, 백합의 사연은 그러하다.

그에 견주면 산과 들의 혹독한 추위 속에서나마 기나긴 겨울잠을 자고 스스로 깨어나 꽃피우는 얼레지, 둥굴레, 원추리, 은방울꽃은 행복하다. 그래서 저 자연의 품속은, 자연의 것은 더 아름답다. "자연을 보호하자"라고 말하지만 우리에게는 자연을 보호할 만한 능력이 물론 없다. 그것을 있는 자리에 그대로 두고 보기만 하면 된다. 그 것을 자기 집, 자기 방으로 못 옮겨서 안달하는 사람은 불행하다. 한 해에 두어 번, 들이나 산의 숲에 가서 조용히 시간을 보낼 수 있는 사람이라면, 그곳의 모든 꽃은 그 사람의 것이다.

북한산, 오대산, 태백산, 설악산의 숲에서, 숲의 녹음이 짙어지기 전에 풀들은 서두른다. 그늘이 덜 질 때 빨리 꽃피우고 열매 맺으려고 숨가쁘게 뛴다. 그래서 숲 그늘의 풀들은, 풀꽃들은 날마다 다르게 아름답다.

레, 얼레지, 달래, 무릇, 산자고, 원추리, 은방울꽃 같은 것들은 다 백합과의 식물이다. 그런 식물(植物)들은 차디찬 겨울을 힘겹게 넘긴 뒤, 봄빛 환한 천지에 겨우 목을 내밀자마자 쏙 뽑혀서 밥상 위의 식물(食物)로 된다. 기나긴 날 동안 준비했던 꽃송이를 부풀려보지도 못한 채 사람의 입으로 들어간다. 풀들은, 특히 여린 풀들은 오래도록 풀 같은 백성〔民草〕들을 먹여살려왔다. 싹도 돋기 전의 얼레지, 둥굴레, 원추리 등의 녹말 많은 뿌리들은 곡식 떨어진 이 땅 사람들의 구황식품이 되어 모진 목숨을 잇게 했다. 그러나 흐르고 흘러 이제는 맛이나 약으로 먹는다.

둥굴레와 얼레지의 말린 뿌리나, 산나물마저 중국산이 들어온다. 상업은 위대하지만 분별력은 좀 모자라는 듯하다. 둥굴레를 약재나 차의 재료로 쓰기 위해서 이제는 재배하기도 한다. 그래서 둥굴레는 원예나 농업에서 쓰이는 기술인 "휴면 타파"를 당한다.

휴면 타파라는 원예 용어는 원예답지 않게 거칠고 으스스한 느낌을 준다. 쉬려고 자는 잠을 때려 깨부순다? 주로 알뿌리를 가진 백합과 같은 식물들이나 그 밖의 여러 식물들은 꼭 사람들처럼 잠을 자고 쉬어야지만 새로 싹이 돋고 튼튼하게 성장한다. 그런데 이익을 좇기에 바쁜, 성질 급한 사람들이 알뿌리가 긴 기간 동안 잠자며 쉬는 것을 그냥 두고 기다릴 리가 없다. 그래서 그 알뿌리들을 일정 기간 동안 저온에서 저장한 뒤에 그늘에 말림으로써 잠잔 것으로 치도록 속인다. 그러고 나서 "자 이제 겨울이 지나갔다, 충분히 잤

야생 꽃들을 옮겨심기보다는, 산이나 들로 나가 그대로 두고 볼 때 풀꽃들의 진정한 아름다움을 볼 수 있다(◀ 말나리, 태백산. ▶ 얼레지, 오대산 노인봉).

다. 그러나 그게 아니라 일백 백(百)자이다. 알뿌리 일백 개가 합해져 있다고 해서 백합이다. 개량된 백합은 사람이 보라고 피지만, 본디 야생 백합은 스스로의 생존을 위해서 핀다. 그것은 억센 생명력으로, 백 개가 합쳐진 실한 알뿌리에 종족 번식을 위한 영양을 저장한다.

예전의 서양 사람들은 백합의 후손도 아니면서 그 뿌리를 캐먹고 연명하기도 했다. 관상 이전에 그것은 식용이었다. 아스파라거스, 튤립, 히아신스, 마늘, 파, 양파, 부추 등은 백합과의 식물들이다.

백합과의 식물은 세계에 4,000종쯤 있으며, 우리나라에는 145종이 있는 것으로 알려져 있다. 그 많은 종들은 다 먹을 수 있다. 뿌리는 물론 잎도 먹으며, 어떤 것은 꽃도 먹는다. 5월에 들어서면 푸른 봄나물들이 많이 나온다. 그 여러 가지 여린 봄나물들 중에서 둥굴

숨가쁜 사연들
백합과의 꽃들

둥굴레, 얼레지, 달래, 무릇, 산자고, 원추리, 은방울꽃 등 백합과에 속하는 식물은 전 세계에 4,000종쯤 있으며 우리나라에는 145종이 있는 것으로 알려져 있다. 전 세계에 분포해 있으나 온대나 열대에서 잘 자란다(둥굴레, 설악산).

향기 짙고 큰 백합꽃의 꽃말은 순결이다. 그러나 그것은 마치 순결은 오래갈 수 없다는 듯이, 이내 시들어 쭈그러진다. 썩는 반점으로 얼룩진 백합의 몰골은 처참하다. 인위적으로 개량되어 시도 때도 없이 피는 꽃들의 뒤끝은 대개 그러하다. 그러나 자연의 꽃들은 뒤끝이 깨끗하다. 한 가지 꽃이 사라진 뒤에 다른 꽃이 피어나며, 자연은 자연스럽게 순환한다.

백합의 백은 그 꽃 빛깔 때문에 흔히 흰 백(白)자를 떠올리게 된

▶ 숲의 녹음이 짙어지기 전에 꽃피우고 열매를 맺어야 하기 때문에 풀들은 서두른다. 그래서 숲 그늘의 풀꽃들은 날마다 다르게 아름답다(은방울꽃, 소백산).
▶ 28-29쪽 : 각시원추리(지리산 노고단).

꽃의 꽃 모양은 거의 다 비슷하며, 빛깔은 앞에서 언급한 바와 같고, 잎의 모양이 길거나 둥글거나 두껍거나 갈라져 있거나에 따라서 종의 구별이 이루어지는 경우가 많다. 그 많은 비슷비슷한 종을 알고 구별하는 일은 학자들에게 맡겨두고, 우리는 제비꽃을 그저 좋아하고 즐기고 사랑하면 된다. 제비꽃은 온 나라의 들판으로부터 높은 산꼭대기에 이르기까지 낯을 가리지 않는다. 햇볕과 알맞게 습기를 머금은 모래땅이 있는 곳을 좋아한다. 그러므로 상록수 숲이 점점 우거져 온종일 볕이 들지 않거나 지형의 변화로 늘 물이 질퍽하게 되면, 제비꽃들은 이사를 떠나야만 살아남을 수 있다. 여러해살이풀이므로 환경만 바뀌지 않는다면 제비꽃들은, 우리가 어렸을 적에 "쌀밥"이나 "보리밥"이라고 빛깔에 따라서 구별해 부르던 씨앗으로부터 싹튼 것까지, 여러 대가 옹기종기 모여서 집단생활을 한다. 그러나 환경이 바뀌면 그 집단은 와해될 수밖에 없다. 숲이 점점 울창해지는 서울의 북한산이나 평창의 노인봉, 그리고 속초의 설악산 같은 곳에서 눈여겨본 바로는, 뒤로 물러설 퇴로가 거의 없기 때문에 나무들이 적은 꼭대기 쪽으로 햇볕을 찾아 제비꽃 군락이 옮겨 가고 있다.

  새해 새봄의 샛노란 제비꽃들이, 여윈 팔 벌리고 서서 아직 으스스 몸을 떨고 있는, 많이 차지한 공간 그 권력을 지키기가 아마 힘겨워서겠지, 키 큰 낙엽수들 발치에서 목숨의 경이로운 빛을 내고 있다.

제비꽃은 풀 종류 중에서 가장 먼저 봄소식을 전해 주는 꽃이다. 봄이면 여러 종류의 제비꽃이 각각 다른 모양과 색깔로 땅에 납작 엎드려 겸손하게 피어난다(1. 남산제비꽃, 오대산 ; 2. 고깔제비꽃, 설악산 ; 3. 제비꽃, 도봉산 ; 4. 화엄제비꽃, 지리산).

가장자리의 볕바른 곳에 올망졸망 무리지어 피어 있는 작은 제비꽃들을 볼 때 문득 가슴속 깊은 곳으로부터 더 큰 "고맙다!"가 터져나온다. 작은 제비꽃에게 경배를 올리듯이 무릎 꿇고 엎드려서 눈을 맞춘다. 아직은 시린 바람이 부는 산, 앙상한 큰 나무들 발치에 샛노란 제비꽃들이 새봄을 예찬하는 감탄사처럼 피어 있다! 그 작은 점 같은 노랑제비꽃들이 천천히 산의 모든 계곡과 등성이를 마침내 완연한 봄빛으로 물들인다.

학명이 비올라(*Viola*)인 제비꽃은 전 세계에 6속 850여 종이 있는데, 우리나라에는 42종이 자생하는 것으로 알려져 있다. 키도 꽃도 다 작지만, 개체 수로 공간 확보를 하려는 듯이 종의 수가 많다. 그러나 땅에 납작 엎드려 겸손하게(제비꽃의 꽃말은 성실, 겸손이다) 피어 있는 것으로 보아서 결코 권력 같은 것에의 집착은 없는 것이 확실하다. 그것들은 누구에게 과시하기 위해서 핀 것이 아니라, 제 생명과 빛깔과 봄을 스스로 즐기고 있음이 분명하다. 우리나라에 자생하고 있는 것들로만 보자면, 노랑, 보라, 자주, 그리고 흰 빛깔의 제비꽃들이 있다. 그것들은 제각기 빛깔별로 모여서 서식지를 정해두고 유서 깊은 가문의 자손들처럼 살지만, 더러는 여러 빛깔의 것이 뒤섞여서 혼거하는 경우도 있다. 따라서 "잡종"들도 생겨날 확률이 크다. 새로 생긴 잡종을 우리는 "신종"이라고 부른다. 그런 신종이 아마도 계속 생길 것이므로 종의 수는 점점 불어날 것이 틀림없다. 이렇게 종이 많은 식물이므로 얼른 보아서는 누가 누군지를 거의 구별할 수 없을 정도로 다 비슷비슷하게 생겼다. 여러 제비

작고 아름다운, 떨고 있는……
제비꽃

이른 봄 북한산에 핀 제비꽃. 제비꽃은 병아리처럼 귀엽다고 하여 병아리꽃이라고도 한다(▲ 흰제비꽃. ▶ 노랑제비꽃).

이 세상에서는 크기로 순위가 결정되는 것들이 많다. 땅도 사람도, 그 사람의 머리나 주머니, 그리고 주먹도 커야만 행세를 할 수 있다. 큰 집, 큰 차, 큰 텔레비전……모든 큰 것들은 당연히 큰 공간을 차지하며 큰 공간을 지배한다. 크다는 것은 마침내 큰 공간을 차지하는 권력을 가졌다는 것을 뜻한다. 그래서 대체로 거의 모두가 큰 것들을 탐한다. 사람들은 꽃조차 큰 것을 좋아하며 작은 꽃을 크게 만들기도 한다. 예를 들면, "팬지"라고 부르는 삼색제비꽃이 그렇다. 야생의 제비꽃을 영국과 네덜란드의 원예가들이 머리와 손을 써서 크게 피도록 개량한 것이다. 그 "팬지"는 야생 그대로가 아니므로 더는 자연이 아니다. 그래서 자연으로부터 낯선 도시들, 우리나라의 서울과 지방의 여러 작은 마을들에 이르기까지로 유배되어서 이른 봄 거리를 장식하는 형벌을 받게 되었다. "팬지"들은 복잡한 거리의 화단에서 매연을 들이키는 벌을 받으면서도 기쁜 표정으로 사람들에게 봄이 왔음을 예쁜 모습으로 알린다. 고맙다. 그러나 그보다는 산에 가서 숲 핀다고 하여 설련화(雪蓮花) 또는 얼음새꽃이라고도 하는 복수초는 온 나라의 여러 지역에서 두루 핀다. 그러나 중부지방에서는 4, 5월에야 그 꽃을 볼 수 있다. 다른 지역의 그것은 꽃이 먼저 피었다 진 뒤에 잎이 나지만, 제주의 것은 꽃과 잎이 함께 핀다. 그러므로 초록빛 후광을 두른 제주의 것이 훨씬 더 아름답다. 이 꽃 또한 저 그리스 신화의 미소년 아도니스가 서양 이름이다. 유럽의 복수초는 붉은빛인데, 아도니스의 피가 꽃이 되어서 그렇다고 한다. 그래서 서양에서는 꽃말이 "슬픈 추억"이다. 그러나 그 신화와 관계없는 동양에서는 전혀 다른 꽃말인 "영원한 행복"이다. 서양과 동양은 그만큼 멀고 멀다.

  짐승이건 식물이건 간에 다 같은 종족끼리 모여 살기는 마찬가지이다. 그것들은 제가끔 대를 이으며 번성하기 좋은 조건을 찾아서 정착한다. 수선화 무리, 복수초 무리 같은 몇백 년 또는 몇천 년에 걸쳐서 이루어진 그런 무리들은 이제 이 땅에서 서서히 와해되어가고 있다. 산중을 가로지르는 느닷없는 길, 그리고 개발이라는 이름의 무참한 파괴에 맞설 대책이 작고 아름다운 꽃들에게는 없다.

일찍 피는 꽃은 일찍 열매를 맺는다. 여물어가는 유채 너머로 봄바다가 저문다(제주도 한림).

몰도 아닌 그 중간쯤의 발음을 한다. 조선 이후에 사라진 언어의 화석이 그곳에서는 아직도 쓰이고 있는 것이다. 그것은 말[馬]의 마늘이란 뜻이다. 여리고 아름다운 꽃에 어울리지 않는 이름인데, 그 여린 꽃 또한 생명력이 강해서 예전부터 제주 사람들의 괄시를 받으면서도 아직 명맥을 유지해오고 있다. 밭에 번지는 수선화를 그곳 농부들은 호미로 캐어서 밭둑으로 던져버리곤 했다. 추사 김정희 선생이 그곳에서 귀양살이할 때 그 광경을 보며 안타까워하는 시를 쓴 것이 있는데, 지금도 마찬가지이다. 수선화는 그 던져진 돌더미 위에서도 뿌리를 내리고 모진 목숨을 이어나갔다. 그러므로 수선화는 이중적이다. 가녀리고 아름답지만 그 뒤에 아주 강한 삶의 의지를 감추고 있다. 어찌 된 일인지 우리나라의 식물 사전에는 수선화가 화훼식물로 분류되어 있다. 그것은 야생의 수선화는 없다는 뜻이다. 그러나 제주 남녘 대정 땅의 수선화는 엄연히 야생으로 여러 대를 이어오고 있다. 아마도 머나먼 옛날 중국 땅으로부터 해류에 실려온 모진 뿌리들이 제주 땅에 정착한 것이리라. 수선화는 저, 물에 비친 아름다운 자기 자신을 바라보며 황홀해하다가 빠져 죽은 미소년 나르시스가 꽃으로 피어났다는 신화의 바로 그 꽃이다. 그래서 꽃말이 "자기애"이다.

바닷가뿐만이 아니라 그때쯤의 볕바른 한라산 자락에서는 복수초가 샛노랗게 피어나며 새봄의 깃발을 수줍게 편다. 눈 속에서도

▶ 수선화(제주도 남제주군 대정읍).
▶ 16-17쪽 : 제주도 한라산 어리목 부근.

민들레(제주도 남제주군 대정읍).

곳에 2월 초쯤 마중을 나가보면 뜻밖의 꽃들을 볼 수 있다. 지난 가을의 쑥부쟁이나 해국 같은 꽃들이 기어코 지지 않은 채 짙은 보랏빛으로 남아, 누구에게나 시간은 똑같지 않다는 듯이 세월을 가지 못하게 묶어둔 것을 볼 수 있다. 그 곁에 약은 민들레꽃이 납작하게 엎드려 있기도 하다. 민들레는 눈치를 잘 보기 때문에 아무 때라도 온도만 맞으면 얼른 꽃을 피우고 수많은 자손을 바람에 날려보내는 끈질긴 식물이다. 추울 때는 바람을 덜 타려고 꽃대를 자라목처럼 움츠려서 짧게 하곤 납작 엎드려 있다. 그러나 온화해질 때 피는 것들은 목을 길게 해서 우아하게 모양을 낸다. 그 긴 목은 우리에게는 모양이지만 민들레에게는 기능이다. 조금이라도 더 높아야 낙하산이자 날개를 단 자손들이 더 멀리로 날아갈 수 있다.

제주 남녘에서 2월 중순쯤부터 막 피는 꽃은 수선화이다. 그 꽃을 그 고장 사람들은 토박이말로 몰마농이라고 한다. 놀랍게도 제주 사람들은 아래아(ㆍ) 발음을 아직도 고스란히 써서 말도 아니고

▶ 복수초(제주도 제주시 봉개동 절물오름).

겨울에 피는 꽃은 없다

동백꽃(전라남도 완도군).

땅이 넓은 나라에는 겨울에 피는 꽃도 있다. 아니, 겨울에 피는 꽃이 아니라 늘 봄이거나 여름인 땅이 있다. 한반도는 작다. 그 남쪽 끝머리라고 하더라도 겨울에는 겨울이고 여름에는 여름일 뿐이다. 그러나 식물들은 예민해서 작은 반도의 남쪽과 북쪽을 아주 잘 헤아릴 수 있다. 그래서 같은 꽃이라도 남쪽 끝과 북쪽 끝(적어도 우리가 마음대로 갈 수 있는 그 절반의), 낮은 곳과 높은 곳에서 피는 시기는 석 달까지도 차이가 난다. 식물들의 그런 예민함을 이용하여 한겨울에 하우스에서 연탄불(!)로 많은 꽃을 피우게도 한다. 가련한, 그런 속은 꽃 말고 야생의 진짜 꽃은 겨울에는 피지 않는다. 동백꽃은 이름처럼 겨울에 피기도 한다. 그러나 동백이라고 해서 다 겨울에 피는 것은 아니다. 운 좋게 따뜻한 볕바른 곳에 자리잡은 동백나무들이 성급하게 피는 것일 뿐이다. 그러나 대개의 동백꽃은 이른 봄에 핀다. 어떤 곳에서는 동백이 늦게 피기 때문에 아예 "춘백(春栢)"이라고 부르는 곳도 있다.

겨우내 웅크리고 있다가 봄이 그리워 제주도 남쪽의 바닷가 같은

1

4

지리산 설경
195

무서운 꽃
200

봄을 재촉하는 야생화
206

바래봉 철쭉제
220

만추, 그 열매
230

말마늘 또는 나르시스
244

소나무
260

아름다운 시간은 그리 길지 않다
270

후기 : 이 땅 풍경을 이루는
285

2

가을빛
117

가을 바다
121

여름 빛깔, 패랭이
125

바닷바람
129

이른 봄
133

산벚 고운 빛
137

3

그래도 반가운 꽃
143

풀빛 자연
150

우리는 거의 물이다
160

가을 속으로
172

마침내 열매
184

自然紀行 | 차례

1

겨울에 피는 꽃은 없다
11

작고 아름다운, 떨고 있는…… : 제비꽃
20

숨가쁜 사연들 : 백합과의 꽃들
26

향내는 바람에 날리고 : 꿀풀과의 꽃들
34

기우는 햇빛, 맑고 서늘한 바람 속에서 : 국화과의 꽃들
42

저물어가는 들판을 밝히는 황혼의 꽃들 : 볏과의 식물
52

작은 꽃, 큰 기쁨
60

꽃들의 함성 : 진달래와 철쭉
68

반짝반짝 바람에 날리는 아름다운 은발 : 미나리아재빗과의 꽃들
82

단순하거나 복잡한 : 패랭이꽃
90

가을 문턱에서 : 물봉선
100

겨울 : 눈꽃
108

강운구(姜運求)

경북대학교 문리과대학 영문학과를 졸업했으며, 「조선일보」 및 「동아일보」 기자, 「뿌리 깊은 나무」의 편집위원 등을 역임했다. 제한된 전람회장의 벽면보다는 잡지나 책의 지면에 더 비중을 두며 1983년부터 지금까지 프리랜서로 활동하고 있다. 한국 작가주의 사진가 1세대로 가장 한국적인 질감의 사진을 남기는 작가로 평가받고 있다. "우연 또는 필연"(1994), "모든 앙금"(1998), "마을 삼부작"(2001) 등 세 차례의 개인전을 가진 바 있으며, 사진집으로 「내설악 너와집」(1978), 「경주남산」(1987), 「우연 또는 필연」(1994), 「모든 앙금」(1998), 「강운구」(2004)가 있고, 사진과 함께한 산문집으로 「시간의 빛」(2004)이 있으며, 공저로 「사진과 함께 읽는 삼국유사」(1999), 「능으로 가는 길」(2000), 「한국 악기」(2001) 등이 있다.

ⓒ 강운구 2008

自然紀行

저자 / 강운구
발행처 / 까치글방
발행인 / 박종만
주소 / 서울시 종로구 행촌동 27-5
전화 / 02 · 735 · 8998, 736 · 7768
팩시밀리 / 02 · 723 · 4591
홈페이지 / www.kachibooks.co.kr
전자우편 / kachisa@unitel.co.kr
등록번호 / 1-528
등록일 / 1977. 8. 5
초판 1쇄 발행일 / 2008. 7. 10
     2쇄 발행일 / 2008. 7. 19

값 / 뒤표지에 쓰여 있음

ISBN 978-89-7291-445-7 03810

自然紀行

강운구 글·사진

까치

自然紀行